经济预测科学丛书

经济景气分析方法

郑桂环　张　珣　韩　艾
张嘉为　汪寿阳　著

科学出版社
北京

内 容 简 介

本书系统介绍了近二十年来国内外景气分析的进展,汇集了近几年作者在经济景气分析方面的理论探索和实际应用的成果。首先,介绍国内外景气分析的历史发展情况与我国景气分析工作的发展现状;其次,从信息提取方法、基于模型的合成指数方法研究、多维景气分析方法与景气调查数据分析多个角度,系统地介绍了多种在国际上较为前沿的景气分析领域的新方法,同时结合中国经济实际情况与各方法特点将其应用到中国宏观经济的景气分析中;最后,介绍了基于景气分析的决策支持系统实现的思路与方法。

本书对于从事宏观经济管理研究的研究人员、政府相关决策和管理部门的工作人员,以及行业景气分析的从业人员都有较高的参考价值。本书也适合高等院校的管理科学、宏观经济、产业经济等专业的教师、研究生及企业的有关部门管理人员阅读。

图书在版编目(CIP)数据

经济景气分析方法/郑桂环等著.—北京:科学出版社,2011
(经济预测科学丛书)
ISBN 978-7-03-030166-6

Ⅰ.①经… Ⅱ.①郑… Ⅲ.①经济周期分析-方法 Ⅳ.①F037.1

中国版本图书馆 CIP 数据核字(2011)第 016167 号

责任编辑:马 跃 / 责任校对:何艳萍
责任印制:徐晓晨 / 封面设计:耕者设计工作室

科 学 出 版 社 出版
北京东黄城根北街 16 号
邮政编码:100717
http://www.sciencep.com

北京廖诚则铭印刷科技有限公司 印刷
科学出版社发行 各地新华书店经销
*
2011 年 2 月第 一 版 开本:B5(720×1000)
2017 年 1 月第五次印刷 印张:11 1/2
字数:220 000
定价:**62.00** 元
(如有印装质量问题,我社负责调换)

编辑委员会

总　序

　　中国科学院预测科学研究中心(以下简称"预测中心")是在全国人民代表大会副委员长、中国科学院院长路甬祥院士的直接推动和指导下成立的,由中国科学院数学与系统科学研究院、中国科学院地理科学与资源研究所、中国科学院科技政策与管理科学研究所、中国科学院遥感应用研究所、中国科学院研究生院和中国科技大学等科研与教育机构中从事预测科学研究的优势力量组合而成,依托单位为中国科学院数学与系统科学研究院。

　　预测中心的宗旨是以中国经济与社会发展中的重要预测问题为主要研究对象,为中央和政府管理部门进行重大决策提供科学的参考依据和政策建议,同时在解决这些重要的预测问题中发展出新的预测理论、方法和技术,推动预测科学的发展。其目标是成为政府在经济与社会发展方面的一个重要咨询中心,成为在社会与经济预测预警研究领域的一个有重要国际影响的研究中心,成为为中国和国际社会培养经济预测高级人才的主要基地之一。

　　自 2006 年 2 月正式挂牌成立以来,预测中心在中国科学院路甬祥院长和白春礼常务副院长等领导的亲切关怀下,在政府相关部门的大力支持下,在以全国人民代表大会原副委员长、著名管理学家成思危教授为主任的学术委员会的直接指导下,四个预测研究部团结合作、勇攀高峰、与时俱进、开拓创新。预测中心以重大科研任务攻关为契机,充分发挥相关分支学科的整体优势,不断提升水平和能力,不断拓宽研究领域和开辟研究方向,不仅在预测科学、经济分析与政策科学等领域取得了一批有重大影响的理论研究成果,而且在支持中央和政府高层决策方面做出了突出的贡献,得到了国家领导人、政府决策部门、国际学术界和经济金融界的重视与高度好评。例如,在全国粮食产量预测研究中,提出了新的以投入占用产出技术为核心的系统综合因素预测法,预测提前期为半年以上,预测各年度的粮食丰、平、歉方向全部正确,预测误差远低于西方发达国家的预测误差;又如在外汇汇率预测和国际大宗商品价格波动预测中,创立了 TEI@I 方法论,并成功地解决了多个国际预测难题,在外汇汇率短期预测和国际原油价格波动等预测中处于国际领先水平;再如,在美中贸易逆差估计中,提出了计算国际贸易差额的新方法,从理论上证明了出口总值等于完全国内增加值和完全进口值之和,提出应当以出口增加值来衡量和计算一个国家的出口规模和两个国家之间的贸易差额,发展出了一个新的研究方向。这些工作不仅为中央和政府高层科学决策提供了重要的科学依据和政策建议,所提出的新理论、新方法和新技术也为中国、欧洲、美国、日本、东南亚和中东等国家和地区的许多研究机构所广泛关注、学习和采用,产生了广泛的社会影响,并且许多预测报告的重要观点和主要结论为众多国内外媒体大量报道。最近几年来,预测中心获得了五项省部级科技奖一等奖、五项重要国际奖励,以及张培刚发展经济学奖和孙治方经济学奖等。

预测中心杰出人才聚集,仅国家杰出青年基金获得者就有 15 位。到目前为止,中心学术委员会副主任陈锡康教授、中心副主任黄季琨教授和中心主任汪寿阳教授、中心学术委员会成员胡鞍钢教授和石勇教授先后获得了有"中国管理学 Nobel 奖"之称的"复旦管理学杰出贡献奖"。预测中心特别重视优秀拔尖人才的培养,已经有两名研究生的博士学位论文被评为"全国优秀博士学位论文"、三名研究生的博士学位论文获得了"全国优秀博士学位论文提名奖"、四名研究生的博士学位论文被评为"中国科学院优秀博士学位论文"和一名研究生的博士学位论文被评为"北京市优秀博士学位论文"。

为了进一步扩大研究成果的社会影响和推动预测理论、方法和技术在中国的研究与应用,预测中心在科学出版社的支持下推出这套"预测科学丛书"。这套丛书不仅注重预测理论、方法和技术的创新,而且也关注在预测应用方面的流程、经验与效果。此外,丛书的作者们将尽可能把自己在预测科学研究领域中的最新研究成果和国际研究动态写得通俗易懂,使更多的读者和所在机构能运用所介绍的理论、方法和技术去解决他们在实际工作中遇到的预测难题。

在这套丛书的策划和出版过程中,科学出版社总经理林鹏先生、分社社长陈亮先生和责任编辑马跃先生提出了许多建议,做出了许多努力,在此向他们表示衷心的感谢!我们要特别感谢中国科学院院长路甬祥院士、常务副院长白春礼院士、副院长江绵恒教授、副院长施尔畏教授、副院长李家洋院士、副院长李京海院士、副院长詹文龙院士、副院长丁仲礼院士、副院长阴和俊教授、党组副书记方新教授、秘书长李志刚教授、副秘书长何岩教授、副秘书长邓麦村教授、副秘书长谭铁牛教授、副秘书长曹效业教授和副秘书长王恩哥教授等领导长期对预测中心的关心、鼓励、指导和支持!没有科学院领导们的特别支持,预测中心不可能取得如此大的成就和如此快的发展。感谢依托单位——中国科学院数学与系统科学研究院,特别是院长郭雷院士和王跃飞书记的长期支持与大力帮助!没有依托单位的支持和帮助,难以想象预测中心能取得这样大的发展。特别感谢学术委员会主任成思危教授的精心指导和长期帮助!预测中心的许多成就都是在他的直接指导下取得的。还要感谢给予预测中心长期支持、指导和帮助的一大批相关领域的著名学者,包括中国科学院数学与系统科学研究院的杨乐院士、万哲先院士、丁夏畦院士、林群院士、陈翰馥院士、崔俊芝院士、马志明院士、陆汝钤院士、严加安院士、刘源张院士、李邦河院士和顾基发教授,中国科学院遥感应用技术研究所的李小文院士,中国科学院科技政策与管理科学研究所的牛文元院士和徐伟宣教授,上海交通大学的张杰院士,国家自然科学基金委员会管理科学部的郭重庆院士和张维教授,西安交通大学的汪应洛院士,大连理工大学的王众托院士,中国社会科学院数量经济与技术经济研究所的李京文院士和汪同三学部委员,国务院发展研究中心的李善同教授,香港中文大学的刘遵义院士,香港城市大学的郭位院士和黎建强教授,航天总公司710所的于景元教授,北京航空航天大学的任若恩教授和黄海军教授,清华大学的胡鞍钢教授和李子奈教授,以及美国 Princeton 大学的邹至庄教授和美国 Cornell 大学的洪永森教授等。许国志院士在去世前的许多努力为今天预测中心的发展奠定了良好的基础,而刚仙逝的钱学森院士也对预测中心的工作给予了不少鼓励和指导,这套丛书的出版也是预测中心对他们以往工作的纪念!

汪寿阳

目　　录

第1章 绪 论

在宏观经济预警中,经济景气分析方法是一种重要的方法,它在实际的宏观经济管理部门中得到了广泛的应用。通过经济景气分析,可以对经济波动的特征和规律进行研究,对经济运行的基本趋势和拐点进行预测,可以为政府宏观调控提供大量的重要信息,为政府决策提供有价值的参考意见。

所谓经济景气分析方法,是指基于经济周期波动理论和指数理论,采用一些相关的统计计量工具和方法构建相关的景气指数,对宏观经济的景气波动进行监测和预警(图 1-1)。经济景气分析方法一般有三种,即古典循环、增长循环和增长率循环,而本书采用的是增长率循环。经济景气分析方法在确定一个主题后,首先需要确定基准指标;其次选择信息提取工具,提取景气分析所需的循环波动项;再次还需要选择拐点确定的方法,目前比较常用的是 BB 算法;最后采用如下两个主要的分析工具进行景气分析。

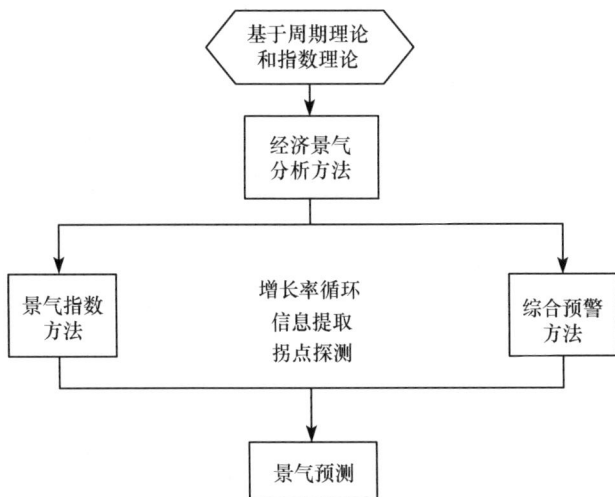

图 1-1 经济景气分析方法框架

一是景气指数方法(又称先行指标方法)。景气指数方法是根据指标与基准循环的对应关系,将指标分为先行、一致、滞后三个指标组,再从指标组中选择一定的指标集合,根据一定的合成算法将这些指标集合分别合成为先行景气指数、一致景气指数和滞后景气指数(图 1-2)。先行景气指数先于经济周期变化,可用于经济周期的短期预测;一致景气指数可用于表征经济周期的运行状态;而滞后景气指数则可用于确认经济周期的完备性。先行指标主要用于判断短期经济总体的景气状况，因为其在宏观经济波动到达高峰或低谷前，先行出现高峰或低谷，所以可以利用它判断经济运行中是否存在不安定因素、程度如何，并可以推测经济波动的趋向，辅助对经济周期波动进行预测和分析，有利于政府和中央银行采取正确的调控措施，以促进经济的健康发展，有利于企业的经营决策。

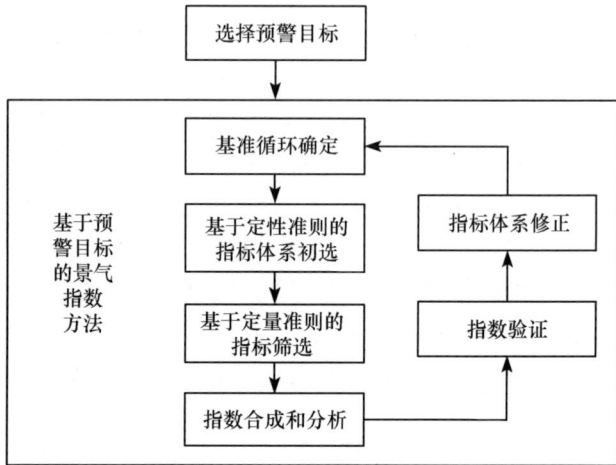

图 1-2　景气指数方法框架

二是综合预警方法。综合预警方法选取一些重要的宏观经济指标作为信号灯体系的基础，从这些指标出发，通过一些阈值的确定，评判当期各个指标对经济形势某一方面的冷热情况，并综合这些指标给出当前宏观经济总体的冷热判断(图1-3)。借鉴类似于交通信号灯的方法，预警信号灯系统用"深蓝"、"浅蓝"、"绿"、"黄"、"红"

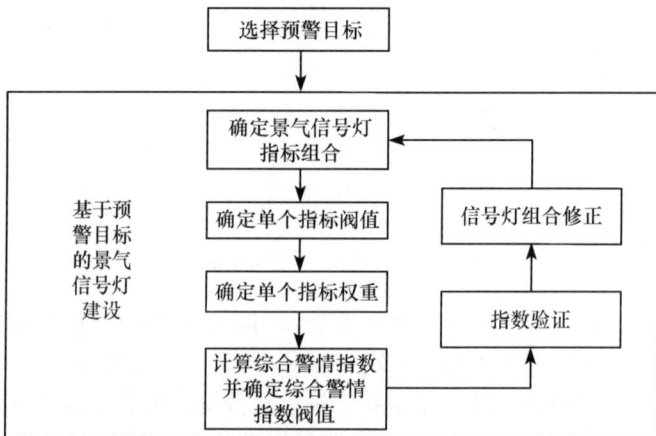

图 1-3　综合预警方法框架

五种颜色代表整个经济状况中出现的"过冷"、"趋冷"、"正常"、"趋热"、"过热"五种情形,因此预警信号灯给人的印象直观易懂。同时,当预警信号灯出现代表"趋冷"或"趋热"的"浅蓝"或"黄"两种颜色时,可以预先知道宏观经济已经偏离了正常运行的轨迹,从而可以提前采取一些宏观调控手段防止"过冷"或"过热"情形的发生。

基于周期理论和指数理论的经济景气分析方法一直是国内外常用的宏观经济分析工具之一,在宏观经济管理部门得到广泛的应用。西方经济统计学家们经过多年的研究和努力,在经济分析理论和方法方面积累了很多非常有价值的研究成果(Stock and Watson, 1988; Hamiltion, 1989; Klein, 1989; Diebold and Rudebusch, 1996; Forni et al., 2000, 2005; Achuthan and Banerji, 2004; Marcellino, 2006; Carriero and Marcellino, 2007),在实践上也积累了丰富的经验,其中包括信息提取工具的不断完善;从非模型基础的合成指数方法到模型基础的合成指数方法;多维预警目标及多维分析框架的引入等。国内相关研究从理论角度对该领域的探讨并不多,主要是侧重于应用分析方面,而且使用的工具也主要是传统的信息提取工具 X12-ARIMA 和传统的非模型基础的合成指数方法。

本书的作者参与了多个与中国人民银行、国家发展改革委员会合作的有关景气预警分析的课题,积累了丰富的经济景气分析经验,也对其理论方法有着深刻的理解。在项目实施中,课题组一直被一些问题困扰。例如,X12-ARIMA 在提取循环波动项的时候存在数据漂移问题;传统的非模型基础的合成指数方法缺乏经济理论的支持,也无法刻画动态关系;现有的方法主要是针对单个预警目标的单维分析,在处理多维问题的时候,缺乏一些有效的工具;在国际上,景气分析离不开景气调查数据,但国内的景气调查数据还没有得到有效应用;在景气分析决策支持系统的研究方面,如何综合模型库、方法库、知识库等也是一个需要不断探索的问题。

因此,本书从理论上介绍国际上经济景气分析方法的新进展,以及课题组近几年在景气分析方面理论上的突破,并使用这些新方法,对我国的数据进行景气分析,具有重要的理论意义和应用价值。本书首次引入了最新的信息提取工具直接滤波方法(direct filter approach, DFA)进行分析;系统地介绍了传统非模型方法之外的其他方法及其应用;首次在国内引入了经济持久期的概念;创新性地提出了多维景气指数的建立方法和多维景气分析的工具。同时,在这些工作的基础上,本书结合实际的应用经验,提出了具有广泛应用价值的基于景气分析的决策支持系统的框架。

1.1　景气分析的历史发展

宏观经济预警研究的理论基础是经济周期理论。经济周期,又称经济循环或商业循环,是指资本主义市场经济生产和再生产过程中周期性出现的经济扩张与经济紧缩交替更迭、循环往复的一种现象。经济学家萨缪尔森曾对资本主义经济的发展作了这样的描述:"在繁荣之后,可能有恐慌与暴跌。经济扩张让位于衰退。国民收入、就业和生产下降。价格与利润跌落,工人失业。当最终到达最低点以后,复苏开始出现。复苏可以是缓慢的,也可以是快速的。新的高涨可以表现为长期持续的旺盛的需求、充足的就业机会及增长的生活标准;也可以表现为短暂的价格膨胀和投机活动,紧接而至的是又一次灾难性的萧条。简单说来,这就是所谓的'经济周期'。"经济周期是经济中不可避免的波动。虽然每次经济周期并不完全相同,但它们却有共同之处,即每个周期都有繁荣与萧条的交替。

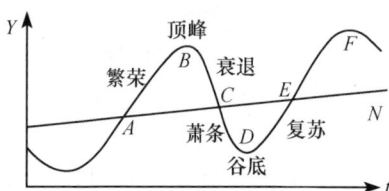

图 1-4　经济周期波动的四个阶段

一个经济周期具体可分为四个阶段:繁荣、衰退、萧条、复苏(图 1-4)。其中,繁荣与萧条是两个主要阶段;衰退与复苏是两个过渡阶段。繁荣是国民收入与经济活动高于正常水平的一个阶段。繁荣阶段的经济指标特征是:生产迅速增加、投资增加、信用扩张、价格水平上升、就业增加、公众对未来乐观。萧条阶段是国民收入与经济活动低于正常水平的一个阶段。萧条阶段的经济指标特征是:生产急剧减少、投资减少、信用紧缩、价格水平下降、失业严重、公众对未来悲观。

经济周期波动伴随着一系列经济、金融统计指标的周期性波动,但不同的统计指标波动的步调并不一致。不同统计指标的波动轨迹与经济波动轨迹之间的时间先后关系有所不同。指标波动轨迹在时间上和波动起伏上与经济波动轨迹基本一致的叫一致指标。在相同时间上的波动轨迹与经济波动轨迹不一致,在时间轴上向前平移的指标称为先行指标;在时间轴上向后平移的指标称为滞后指标。根据这一理论,本书发展了先行指标体系方法用于宏观经济预警。

对宏观经济预警工作的研究始于 19 世纪末,从发展历史看,大体可划分为以下五个发展阶段。

第一阶段(19 世纪末～20 世纪 30 年代初),以哈佛指数为代表的"晴雨计"时期。随着资本主义经济发展和各国积累的经济统计数据逐渐增加,早在 19 世纪末,西方统计学界就开展了对经济先行指标体系建设的研究工作,出现了大量对经济周期波动进行测定和预测的研究。但是大规模的系统研究,实际上是从 20 世纪开始的,这一时期影响最大的是美国的哈佛指数。哈佛指数较好地预测了美国 20 世纪 20 年代的经济波动,得到广泛的应用和承认。但是,对资本主义经济危机时期的错误判断导致了哈佛指数的失败。

第二阶段(20 世纪 30 年代初～50 年代末),以美国全国经济研究局(NBER)为主的时期。在经济学家 W. C. 米歇尔和 G. H. 穆尔等人的主持下,学者们先后在基准循环(reference cycle)、指数类别划分(领先、同步和滞后)和扩散指数(diffusion index,DI)等方面作了开创性和基础性的研究。NBER 研究了近 500 个经济指标的时间序列,并选择了 21 个指标构成超前指示器来预测经济拐点。

第三阶段(20 世纪 50 年代末～70 年代末),第二次世界大战后经济周期波动监测研究的大发展时期。从 20 世纪 60 年代初开始,由于政府部门(如美国商务部)的参与,使先行指标研究逐步走向成熟。随着第二次世界大战后经济复苏,以扩散指数和合成指数为代表的指标体系建设得到了迅速发展,景气动向调查方法逐渐兴起,宏观经济计量模型也被应用到经济分析中,季节调整方法的成熟为数据处理提供了良好的工具,先行指标体系建设得到了突飞猛进的发展。

第四阶段(20 世纪 70 年代末～90 年代末),经济周期波动研究的新阶段。经济周期的理论继续向前发展,增长循环和增长率循环取代了古典循环。先行指标体系的建设从原有的国内范围扩展到国际范围,经济景气分析方法的应用范围逐渐推广。一些发展中国家也开始进入该研究领域,巴西、日本、新加坡、韩国、印度和中国台湾等国家和地区建立了自己的经济景气监测预警系统;同时,经济形势的新发展导致各国和地区纷纷展开对原有指标体系的修正工作。时间序列分析、状态空间模型等新的方法被应用到经济周期波动研究之中,出现了一些基于模型基础的方法。例如,利用状态空间模型和卡尔曼滤波建立由多个经济变量去掉趋势变动后合成的景气指数来反映经济周期波动;利用 Markov 状态转移模型来判断经济周期波动的转折点;利用定期的景气调查方法综合具有微观基础的信息来反映宏观经济波动等。

第五阶段(21 世纪初至今),进入 21 世纪后,随着世界经济的联系越来越紧密,经济景气分析方法的国际化进程加快。全世界有超过 500 个国家和地区建立了自己的宏观经济预警系统,预警关注的对象也从单个经济体扩展到多个经济体。目前,美国经济周期研究所(ECRI)用增长率循环方法研究了包括美国、中国在内的 20 个国家的经济景气指数,并对外发布。经济合作与发展组织(OECD)在 2006年开始将巴西、中国、印度、印度尼西亚、俄罗斯和南非六个非成员国大型经济体纳入其先行指标体系,并定期发布。

进入 21 世纪后,经济景气分析理论和方法的研究取得了一系列进展,主要表现在三个方面:合成指数的研究、信息提取方法的探索、多维分析方法的探讨。一些新发展的信息提取方法被应用到经济景气分析中,取得了较好的效果。直接滤波方法(DFA)就是其中的一种,目前主要用于瑞士经济研究所的预警工作。指数分析方面,在原来的模型基础的指数合成方法的基础上,又提出了一些基于模型的、用于预测预警目标的方法。此外,ECRI 还率先提出了经济周期立方体的概念和多维分析的框架。

1.2　我国景气分析的发展现状

我国对经济周期波动的研究起步较晚,20 世纪 80 年代中后期得到很大发展,但在 20 世纪 90 年代后才受到普遍重视。

我国宏观经济预警工作以先行指标体系的构建为主。最早的先行指标研究始于 1988 年,以袁兴林和黄运成关于工业生产景气循环基准日期的测算为标志,掀起了一股研究热潮。例如,一些研究机构(如吉林大学系统工程研究所、卡斯特经济评价中心等)和专家(如董文泉和顾海兵等)从理论和实践等方面开展了深入的研究,内容涉及数据处理、指标遴选和指数合成等诸多方面。在此基础上,国家统计局和国家信息中心等政府部门将信息技术引入到先行指标研究中,试图建立中国的经济运行先行指标体系。景气信号灯方面,我国于 1988 年由吉林大学商学院开始初步尝试建立宏观经济监测系统,并发展出我国信号灯的雏形。

20 世纪 90 年代初期,国家信息中心将经济景气分析方法在国家经济信息系统内推广。1993 年,由王长胜、朱军主编的《经济景气分析预警系统的理论方法》和《经济景气分析预警系统的应用研究》介绍了经济景气分析预警系统的理论方法,系统总结了 20 世纪 80 年代末、90 年代初我国开展经济景气监测预警工作取得的成果。

20 世纪 90 年代中后期,中国社会科学院数量经济与技术经济研究所、中国人民银行调查统计司、国家信息中心、国家统计局、国务院发展研究中心和吉林大学、东北财经大学等单位和高校,致力于开发使用的景气分析预测系统、宏观经济计量模型、景气指数调查系统等,使得宏观经济波动的分析和预测工作得到了很大的发展。董文泉等(1998)合著了《经济周期波动的分析与预测方法》一书,该书较全面地介绍了 20 世纪 60~90 年代国际上研究经济周期波动的各种实用的经济计量方法,并着重介绍了景气指数方法。书中还介绍了他们开展中国宏观经济景气指数研究的成果。

进入 21 世纪后,因国内外经济政治环境发展的需要,我国再次掀起对预警研究的热潮。这一阶段的主要特点是不断有新的机构参与,也不断有新的方法被提出和应用。先行指标体系和景气信号灯的实践范围进一步扩大,而理论基础也逐渐完备。

1) 基准指标

2000 年,吉林大学的吴桂珍、高铁梅以国内生产总值(GDP)作为基准指标,在影响经济状态的很多领域中选择一些敏感指标,建立了中国宏观经济的季度监测预警系统,并利用该系统对中国宏观经济的态势进行了评价和分析。

2) 增长循环

2001 年,吉林大学的李晓芳、高铁梅利用 H-P 滤波方法和阶段平均法(PAT)对我国经济指标进行了趋势分解,并作了比较分析。然后,他们利用去除趋势的一致经济指标构造了我国增长循环的合成指数,并与基于增长率循环的合成指数进行了比较研究。

3) 信息提取

在信息提取方面,原先使用的传统方法是 X12-ARIMA,该方法可以考虑西方的一些节假日,但不能考虑我国的春节因素。近年来,我国在如何剔除春节因素影响方面取得了一些研究成果。由高铁梅教授领导的课题组,于 2003 年提出了两种剔除春节因素的方法:先验月份调整方法;比例因子修正春节因素方法。2006 年,中国人民银行和中国人民大学、南开大学、武汉理工大学等单位的研究人员一起,改造了 X12-ARIMA 软件,使之适用于消除中国春节等节假日因素的影响,并推出了相关软件。此外,他们还与中国科学院(以下简称中科院)预测科学研究中心合作,把该软件嵌入相应的经济预警决策支持系统中,直接应用到实际的经济景气分析工作中。在德国技术合作公司(GTZ)的资助下,2006 年年底,国家发展和改革委员会综合司组织举办了"国外经济景气调查方法新进展"研讨班,邀请 Schips 教授介绍了直接滤波方法(DFA)的应用。2007 年 10 月,国家发展和改革委员会综合司和中国科学院预测科学研究中心合作举办了"实时数据分析"研讨班,不仅邀请了 Schips 教授详细介绍 DFA 方法的应用,还邀请了该算法的提出者 Wildi 博士对 DFA 理论知识进行了详细的讲授,并给研讨班提供了用于 DFA 计算的 R. 语言程序,还针对 DFA 方法的程序实现进行了培训。2008 年,中科院预测科学研究中心的课题组使用 DFA 方法作为提取循环波动项的工具提取信息,在此基础上给出景气分析结果,实证结果表明,DFA 方法有效提高了拐点探测的准确性,并能更早地探测出拐点。

4) 预警目标多样化

预警目标不断多样化,从原先的经济增长发展到通货膨胀、进出口贸易、金融、行业等方面的景气预警。例如,国家统计局和国家信息中心先后开展了行业预警工作;中国科学院预测科学研究中心定期发布通货膨胀景气预测报告;郑桂环等在 2006 年建立了进口、出口、贸易平衡的先行指标体系,以及相应的合成指数;韩艾等在 2008 年对金融周期进行了研究。

5) 多维景气分析

随着预警目标的多样化,多维分析显得十分必要。2006 年,高铁梅教授领导的课题组通过建立物价、房地产行业、出口、汽车行业等不同领域和宏观经济总量的先行、一致、滞后景气指数系统,监测和预测宏观经济运行中各种不同类型的波动,进而从结构上把握我国宏观经济波动的总体状况和未来发展趋势,这是国内研究人员首次从多维角度构建景气指数系统。2008 年,中国科学院预测科学研究中心(韩艾、郑桂环等)创新性地提出了直接构建多维指数的方法,以及多维指数分析方法(郑桂环等),包括空间向量分析和多维落点概率分析。多维景气分析又迈出了重要的一步。

6) 模型方法的应用

中国科学院预测科学研究中心在 2008 年年初组建了专门讨论班,了解并掌握国际上相关的基于模型基础的指数合成方法,并编写相关程序,使用我国的实际数据进行实例分析。这方面的工作将在第 3 章和第 4 章进行详细介绍。

7) 决策支持系统的开发

2006～2008 年,中国人民银行、国家发展和改革委员会、博时基金公司先后与中科院预测科学研究中心合作,开发了宏观经济与金融景气监测预警的决策支持系统。在这些系统中,提供了灵活的配置模式,支持用户定制所需要的经济分析主题,采取基于主题和分析工具相结合的分析模式为多维分析提供了基础。同时,操作层与展现层动态结合,除了有面向业务人员分析和建模的操作层外,系统还将开发专供高级用户和领导使用的展现层。展性层可以清晰地展现业务人员和专家对经济形势的分析,而无须了解具体的业务细节。此外,该系统在软件平台中运用 DFA 信息提取方法、多维景气分析、扇形图分析、IFO 经济周期钟形图分析、预测结果集成等先进的分析方法,作为对已有的经济监测预测预警方法模型的有益补充,为宏观政策决策提供了具有世界领先水平的分析方法与分析工具。

在景气分析方法应用方面,近年来取得了非常可喜的进展。自 2004 年初开始,国家信息中心预测部每月在《上海证券报》上发布宏观经济景气分析的月度报告,公布运用景气方法监测分析经济运行状况的结果,在社会上产生了很大影响。国家信息中心主办的中国经济信息网也定期发布宏观经济景气指数。国家统计局开始在《中国经济景气月报》上公布消费者信心指数、中国宏观经济景气指数和预警信号。中国人民银行调查统计司开始在中国人民银行官方网站等媒体上发布企业调查、居民户调查和银行家调查的数据和分析报告,并尝试运用调查数据进行经济动向的分析预测。

此外,从 2005 年开始,国家发展和改革委员会综合司牵头组织了由国家统计局景气中心、国家信息中心经济预测部、中国人民银行调查统计司和中国科学院预测科学研究中心组成的季度景气分析座谈会,使得景气分析工作的交流活动走向制度化。而且,每次会议形成的报告都上报国家发展和改革委员会领导,部分报告还上报给国务院领导,为宏观经济决策提供参考。

经济景气分析开始走向区域化。例如,2006 年,中国人民银行上海分行与北京北邮中望信息科技有限公司(以下简称北邮中望)合作开发了上海市经济预警系统;2007 年,北京市统计局与北邮中望合作开发了北京市景气监测预警系统;2007 年,中国人民银行长春支行与中科院预测科学研究中心合作,开发了吉林省经济与金融监测预警系统;2008 年,中国人民银行宁夏支行与中科院预测科学研究中心合作,开发了宁夏回族自治区经济与金融监测预警系统。还有一些省份虽然没有建立景气预警的决策支持系统,但开展了相关的区域经济景气分析研究,如浙江、安徽、广东等。

1.3 内容简介

综合前面的分析可知,目前普遍使用的传统的景气分析工具,已经不能满足分析的需要,迫切需要更有效的工具和方法。例如,在循环波动项的提取中,因 X12-ARIMA 方法的数据漂移问题使尾端数据拐点判定经常失真,从而给景气状态的实时判断带来困难;传统的非模型方法的指数合成方法,在经济理论上受到了诸多的批判,国外提出的基于模型的一些指数合成方法,由于模型复杂、相关计算程序使用比较烦琐,尚未嵌入决策支持系统中,极大地限制了这些方法在实际宏观经济管理部门的应用;随着预警目标的多样化,以及多维景气分析框架的引入,多维景气指数分析方法的提出显得非常迫切和重要;国内虽然在 20 世纪 90 年代末期开始完善景气调查系统,但景气调查数据在景气分析中的应用还有待于进一步的探索。

本书作者在参与多个景气预警分析及系统开发项目的基础上,首先引入国际上一些最新的景气分析方法,编写相关程序,使用我国的宏观经济数据,进行景气研究的实例分析;最后课题组近几年来在经济景气分析的理论方法方面不断探索,取得了重要进展,在应用上也积累了丰富的经验,本书将逐一地进行介绍。为了对这些方法的应用提供便利,本书在最后附上了相关的程序代码。把这些相关程序全部统一用 R. 语言编写,并放到网上供大家免费下载使用,将是我们下一步的工作。此外,作者在景气分析的决策支持系统实现方面也积累了很多经验,这些也将在本书中介绍。

本书的主要内容简介如下。

第 1 章绪论,简单介绍了景气分析的历史发展情况,并且对我国景气分析理论方法的探索及实际应用方面的发展现状作了详细的介绍。

第 2 章信息提取方法的新进展及应用,介绍了信号提取的定义和理论,说明了为什么滤子能实现信号提取的目的,并重点讲解了两类重要的滤子:移动平均滤子和 ARMA 滤子;在此基础上,介绍了 TRAMO(time series regression with ARIMA noise, missing observation and outliers)/SEATS(signal extraction in ARIMA time series),X12-ARIMA,H-P 滤波和直接滤波方法等新发展的信号提取方法的理论与应用。

第 3 章一致合成指数研究的新进展及应用,在简要介绍了非模型基础的传统的合成指数方法的基础上,引入非参数方法(以下简称 SW-CCI 方法)、FHLR-CCI 方法和 MS-CCI 方法,并编写相关程序,给出了基于我国数据的应用实例分析。

第 4 章先行合成指数研究的新进展及应用,介绍了 VAR-CLI、SW2-CLI、FHLR2-CLI、MS-CLI 及一些其他的方法,并编写相关程序,给出了基于我国数据的应用实例分析。

第 5 章多维景气分析方法,提出了多维一致指数构建及多维指数分析的方法,结合我国数据,建立宏观经济二维景气分析系统、金融周期多维景气分析系统。

　　第 6 章景气调查数据分析,首先介绍了采购经理调查和银行家调查这两个我国新开展的却非常重要的景气调查的基本情况,最后对景气数据的分析方法和工具进行说明,并以一个实际的指数分析例子说明景气调查数据在景气分析中的应用。

　　第 7 章基于景气分析的决策支持系统实现的新思路,本章基于中国科学院预测科学研究中心与中国人民银行及国家发展和改革委员会等机构合作开发经济金融监测预警系统的经验,介绍宏观经济监测预警系统的架构设计、功能框架、系统特性和系统实现,并通过一个具体的应用案例分析,介绍与中国人民银行合作的"中国经济金融监测预警系统"的操作情况。

参 考 文 献

东北财经大学宏观经济分析与预测课题组.2006.构建多维框架景气指数系统的初步尝试.数量经济技术经济研究,7:49～57

董文泉,高铁梅,姜诗章,等.1998.经济周期波动的分析与预测方法.长春:吉林大学出版社

韩艾,郑桂环,汪寿阳.2008.我国金融周期景气分析——广义动态因子模型的一个应用.系统工程理论与实践.已接受

李晓芳,高铁梅.2001.应用 H-P 滤波方法构造我国经济增长循环的合成指数.数量经济技术经济研究,9:100～103

李晓芳,吴桂珍,高铁梅.2003.我国经济指标季节调整中消除春节因素的方法研究.数量经济技术经济研究,4:64～67

王长胜,朱军.1993.经济景气分析预警系统的应用研究.北京:中国计划出版社

吴桂珍,高铁梅.2000.我国宏观经济季度监测预警信号系统的建立.统计研究,增刊

中国人民银行调查统计司.2006.中国序列 X12-ARIMA 季节调整:原理与方法.北京:中国金融出版社

朱军,王长胜.1993.经济景气分析预警系统的理论与方法.北京:中国计划出版社

Achuthan L,Banerji A. 2004. Beating the business cycle—how to predict and profit from turning points in the economy. New York:Doubleday. 97～126

Banerji A,Hiris L. 2001. A multidimensional framework for measuring business cycles. International Journal of Forecasting,17:333～348

Carriero A,Marcellino M. 2007. A comparison of methods for the construction of composite coincident and leading indexes for the UK. International Journal of Forecasting,23:219～236

Dettling M,Wildi M. 2007. Case study on the direct filter approach,R tutorial,10

Diebold F X,Rudebusch G D. 1996. Measuring business cycles:a modern perspective. The Review of Economics and Statistics,78:67～77

Hanilton J D. 1989. A new approch to the economic analysis of nonstationary time series and business cycle. Econometrica,57:335～344

Klein P A,Moore G H. 1985. Monitoring growth cycles in market-oriented countries:developing and using international economic indicators. Cambridge,Massachusetts:Ballinger for NBER

Klein P A. Analyzing modern business cycles: essays honoring Geoffrey H. Armonk, N. Y. M. E. Sharpe

Marcellino M. 2006. Leading indicators. Handbook of Economic Forecasting, 1:879~960

Moore G H. 1950. Statistical indicators of cyclical revivals and recessions. Business Cycle Indicators, 1. Princeton: Princeton University Press

Niemira M P, Klein P A. 1997. 邱东等译. 金融与经济周期预测. 北京: 中国统计出版社

Schips B, Wildi M. 2004. Signal extraction: a direct filter aproach and clustering in the frequency domain. Sydney: the ISF conference

Schips B, Wildi M. 2005. Signal extraction: how(in)efficient are model-based approaches? An empirical study based on TRAMO/SEATS and Census X-12-ARIMA. KOF working paper No. 96, Zürich

Stock J H, Watson M W. 1988. A probability model of coincident economic indicators. NBER Working Paprs, No. 2772

Wildi M. 2004. Signal extraction: efficient estimation, unit roots and early detection of turning points. Lecture Notes in Economics and Mathematical Systems, 547. New York: Springer Berlin/Heidelberg

Wildi M. 2004. Signal extraction: efficient estimation, Unit-root tests and early dection of turning points No. 547. Lecture notes in economics and mathematical systems, Springer

Wildi M. 2008. Real-time signal extraction, beyond maximum likelihood principles. Now York: Springer Berlin Heideberg

Zhang X, Zheng G H, Lai K K, et al. 2007. Forecasting macroeconomic using integrated early warning system, advances in forecasting science and risk management. Lecture Notes in Decision Sciences, 10:256~278

Zhang X, Zheng G H, Shang W, Xu S Y, Yang X Y, Lai K K, Wang S Y. 2009. An integrated decision support framework for macroeconomic policy making based on early warning theories. The International Journal of Information Technology & Decision Making, 8(2):335~359

Zhang X, Zheng G H, Xu S Y, et al. 2007. Web-based collective intelligence decision support system for future china's economic early warning and policy making. The 8th International Symposium on Knowledge and Systems Sciences, 11, Ishikawa prefecture, Japan

Zheng G H, Wang S Y. 2007. Forecast, trade cycle and leading index, advances in forecasting science and risk management I. Lecture Notes in Decision Sciences, 10:234~257

Zheng G H, Zhang J W, Han A, et al. 2010. A study of multi-dimension climate index approach and its application, International Journal of Society Systems Science, 2:52~62

Zheng G H, Zhang J W, Zhang X, et al. 2008. A study on China business cycle based on DFA. The 29th CIRET(Centre for International Research on Economic Tendency Surveys)Conference, Chile, Oct. 8~11

Zheng G H, Zhang X, Shang W, et al. 2008. Macro finance early warning information system. accepted. Frontiers of Computer Science in China, 3:226~234

第2章 信息提取方法的新进展及应用

2.1 引 言

由于社会经济活动的复杂性,经济时间序列包含了不同性质的组成成分。组成成分根据其波动特点,可以分为长期趋势要素、循环要素、季节变动要素和不规则要素。

长期趋势要素(trend,T):代表经济时间序列长期的趋势特性。

循环要素(cycle,C):以数年为周期的一种周期性变动,可能是一种景气变动、经济变动或其他周期变动,可以代表经济或某个特定工业的波动。

季节变动要素(seasonal patterns,S):每年重复出现的循环变动,以 12 个月或 4 个季度为周期的周期性影响,是由温度、降雨、年中的月份、假期和政策等引起的。

不规则要素(irregular factors,I):又称随机因子、残余变动或噪声,其变动无规则可循,这类因素是由偶然发生的事故引起的,如故障、罢工、意外事故、地震、水灾、恶劣气候、战争、法令更改、测定误差等。

通常假设这四种要素以加法或乘法模式组成了原序列 X。

$$加法模型:X = T + C + S + I \tag{2.1.1}$$
$$乘法模型:X = TCSI \tag{2.1.2}$$

景气分析的理论基础是经济周期理论,其关注的对象是经济发展趋势分析及判断目前经济处于周期中的具体状态。在进行景气分析之前,需要将经济时间序列进行分解,剔除其中的季节变动要素和不规则要素,以防止这两个要素遮盖或混淆经济发展中的客观变化。对于增长率循环而言,一般假定增长率序列中不含趋势项,因此只需要剔除季节变动要素和不规则要素;对于增长循环而言,由于总量数据中通常包含趋势项,还需要进一步去除趋势要素,最终提取出循环要素。从时间序列中提取分析人员所需要的特定组成成分,一般称为"信号提取"(signal extraction)。

在经济时间序列分析中,信号提取面临的第一个问题是如何定义经济分析所需要的组成成分。大部分信号提取的任务是去掉不规则项和季节项,提取循环项或者趋势项。然而,这些组成成分的真实值都是不可观测的变量,只能由分析人员定义一个理想的提取结果。因此,最早的信号提取方法,假设时间序列的各个组成成分满足一定的固定模式,是时间变量的某个函数,通过回归方法来实现。然而,各个组成成分具有明显的周期波动差异，更自然的想法是在频域空间中来定义要素。趋势项在频率为 0，即周期无穷大处达到峰值，月度数据的循环项主要分布在 $\pi/7 \sim \pi/14$，即周期为 $14 \sim 28$ 个月，月度数据的季节项能量分布在 $\pi/6 \sim 2\pi/3$，即周期为 $3 \sim 12$ 个月，而不规则项为白噪声，能量分布在高频部分。因此，根据时间序列的特点设计带宽滤子（band-pass filter），用来提取用户制定频率范围内的组成成分，是主流信号提取方法的通用思想。

根据滤子设计思想的不同，可将信号提取方法分为两类。第一类方法基于经验，事先定义固定参数和结构的滤子直接对经济时间序列滤波，主要包含各种移动平均方法。著名的 X 系列方法即属于这类。第二类方法事先只定义滤子的结构，再根据具体时间序列的特征，对滤子进行优化，主要是基于 ARMA 滤子的各种方法。如 TRAMO/SEATS 方法、直接滤波方法（direct filter approach）。

滤子效果的评价也是一个很有趣的问题。因为真正的组成成分不可观测，只能假设分析人员具有对理想信号的经验知识，然后通过比较理想信号与信号提取方法的输出信号来评价方法的优劣。实践中通常根据具体应用背景来评价方法效果。对于经济景气预警分析及短期预测，其主要目的是提前并可靠地预报经济拐点。提前，意味着滤子的速度要快；可靠，意味着滤子的准确度要高，拐点误报率低。此外，由于滤子往往受样本区间的影响，选择不同样本区间，同一个时点上的滤波结果并不一定相同，这个误差称为修订误差。修订误差小，滤子的稳定性高，在实际应用中才会更可靠。这些准则通常存在着矛盾，好的信号提取方法是二者的平衡。

相应地，新方法主要针对这两点进行改进。滤子会出现延迟和不稳定的现象，主要是由于当使用对称滤子时，必须要对数据两端进行扩展。由于两端数据是根据历史数据假定，当真实数据可获取以后，扩展样本区间提取的结果就会发生变化。所以，新方法从以下几个角度进行改进：①使用非对称滤子，如直接滤波方法；②识别数据产生模型，根据模型预测将来的数据，尽可能提高预测准确度，如 X12-ARIMA 方法。此外，对数据的预处理，如缺失值补充、异常点探测等，也会影响到滤波结果，X12-ARIMA、TRAMO/SEATS 等方法在这些方面也作了一定的改进。

本章将首先介绍信号提取的定义和理论，说明为什么滤子能实现信号提取的目的，并重点讲解两类重要的滤子：移动平均滤子和 ARMA 滤子。在此基础上，重点介绍 TRAMO/SEATS、X12-ARIMA、H-P 滤波和直接滤波方法。

2.2　定义与理论

2.2.1　滤子

序列 γ_k 满足有限可加条件 $\left(\sum\limits_{k=-\infty}^{\infty} |\gamma_k|^2 < \infty\right)$，则序列 γ_k 是一个滤子（filter）。

如果序列 X_t 和 Y_t 之间存在关系为

$$Y_t = \sum_{k=-\infty}^{\infty} \gamma_k X_{t-k}$$　　　　　　　　(2.2.1)

则 X_t 和 Y_t 分别称为滤子 γ_k 的输入序列和输出序列。X_t，即观察到的经济时间序列；Y_t，即经过滤波后分析人员感兴趣的成分。

滤子(filter)相当于输入序列和输出序列之间的处理器，是信号提取的核心，如图 2-1 所示。

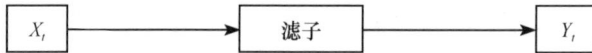

图 2-1　滤子的定义

式(2.2.1)是滤子的时域表达方式。这种表达方式简单易懂，但不容易看出其具体的物理意义。因此，可将式(2.2.1)换算到频域空间。将时域中的序列 X_t 进行傅里叶变换得到频域中的输出序列 $X(\omega)$，将滤子 γ_k 通过傅里叶变换变换到频域中后称为转移函数 $\Gamma(\omega)$，$X(\omega)$ 和 $\Gamma(\omega)$ 的乘积即为频域中的输出序列 $Y(\omega)$，最后可通过傅里叶逆变换将 $\Gamma(\omega)$ 和 $Y(\omega)$ 均变回到时域空间，得到滤子 γ_k 和输出序列 Y_t。时域和频域中滤子的对应如图 2-2 所示。

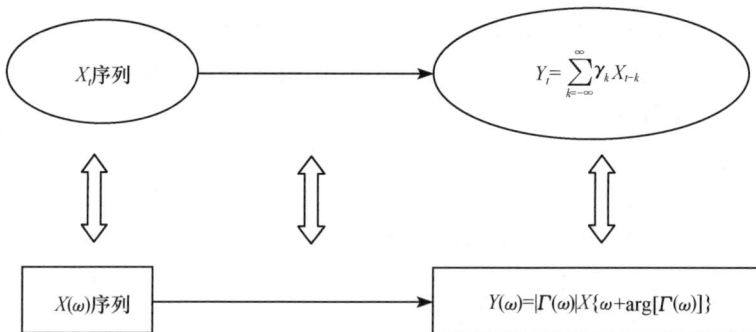

图 2-2　时域和频域的滤子对应

时域中的滤子通过公式变换为频域中的转移函数 $\Gamma(\cdot):[-\pi,\pi]\to\overline{\mathbb{C}}$，即

$$\Gamma(\omega) = \sum_{|k|<\infty} \gamma_k \exp(-ik\omega) = \gamma_0 + \sum_{|k|>1} \gamma_k(\cos(k\omega) - i\sin(k\omega))$$　　(2.2.2)

如果所有的 $\gamma_k \in \mathbb{R}$，则 γ_k 是实滤子，$\Gamma(\cdot)$ 是实转移函数；如果对任意的 k 均满足 $\gamma_k = \gamma_{-k}$，则 γ_k 是对称滤子，$\Gamma(\cdot)$ 是对称转移函数；如果 $\Gamma(\cdot)$ 是对称的且属于实数域，则对任意的 ω，$\Gamma(\omega) \in \mathbb{R}$。在不引起混淆的情况下，通常将 γ_k 和 $\Gamma(\cdot)$ 都称为滤子。

当 γ_k 是对称滤子，式(2.2.2)变为

$$\Gamma(\omega) = \gamma_0 + 2 \sum_{|k|>1} \gamma_k \cos(k\omega) \qquad (2.2.3)$$

考虑非对称三次移动平均滤子 $\{\theta_k\}$，记为 $M(\theta_k)$，简写为 M，其定义为

$$M(x_t) = \frac{1}{3} x_{t-2} + \frac{1}{3} x_{t-1} + \frac{1}{3} x_t \qquad (2.2.4)$$

其对应的转移函数为

$$M(\omega) = \frac{1}{3} \exp(2i\omega) + \frac{1}{3} \exp(i\omega) + \frac{1}{3} \qquad (2.2.5)$$

2.2.2　振幅、相位和时间延迟函数

为了更好地理解滤子的物理意义，需要先介绍三个重要的概念，即振幅、相位和时间延迟函数。转移函数 $\Gamma(\omega)$ 可以写为

$$\Gamma(\omega) \equiv |\Gamma(\omega)| \exp(i\arg(\Gamma(\omega))) \qquad (2.2.6)$$

式中，$|\Gamma(\omega)|$ 表示 $\Gamma(\omega)$ 的模，而转移函数 $\Gamma(\omega)$ 的振幅 $A(\omega)$ 定义为

$$A(\omega) \equiv |\Gamma(\omega)| \qquad (2.2.7)$$

在以后的章节中，我们将振幅函数称为增益函数（gain function）。$\Gamma(\omega)$ 的相位函数 $\Phi(\omega)$ 定义为

$$\Phi(\omega) = -\arg(\Gamma(\omega)) \qquad (2.2.8)$$

对于实最小相位滤子，其相位满足定义

$$\Phi(\omega) = i(\ln\Gamma(\omega) - \ln A(\omega)) \qquad (2.2.9)$$

接下来我们将用一个例子来说明振幅和相位函数对滤波效果的影响。假设输入序列 $X_t = R\sin(\omega t + \varphi)$，它是一个频率为 ω、周期为 $2\pi/\omega$、振幅为 R、相位为 φ 的序列。假设滤子为三次移动平均滤子 $\{\theta_k\}$，则根据式（2.2.4）有

$$M(x_t) = \frac{1}{3} R(\sin(\omega t + \varphi - 2\omega) + \sin(\omega t + \varphi - \omega) + \sin(\omega t + \varphi))$$

$$= \frac{1}{3} R(1 + 2\cos\omega)\sin(\omega t + \varphi - \omega) \qquad (2.2.10)$$

因此，$A(\omega) = \frac{1}{3}(1 + 2\cos\omega)$，$\Phi(\omega) = -\omega$。则其增益函数如图 2-3 所示。

图 2-3 的横轴是频率 ω，分别表示 30 度、60 度，直到 180 度，转换成周期，对于月度数据对应的就是 12、6、4、3、2.4 和 2 月。图 2-3 在频率为 120 度，即周期为 3 个月的时点上振幅为 0，表明该滤子将原时间序列频率在 120 度上的信号全部剔除了，也就是以季度为周期的振动。但是该滤子在低频上具有较高振幅，较好地保留了与低频率相对应的趋势和循环项。

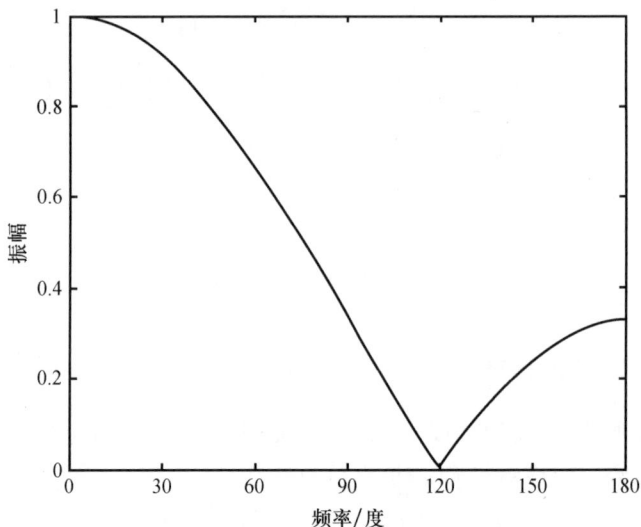

图 2-3　非对称三次移动平均的增益函数

进一步,定义时间延迟函数 $\varphi(\omega)$ 为

$$\varphi(\omega) = \Phi(\omega)/\omega \qquad (2.2.11)$$

时间延迟函数表明了该滤子在频率 ω 上引起的信号延迟。本例中, $\varphi(\omega) =$ $-\omega/\omega = -1$,因此将引起信号延迟一期。假设输入时间序列为 $X_t = \sin\frac{1}{3}t$,则输入信号与通过非对称三次移动平均滤子滤波后得到的输出信号如图 2-4 所示。非对称三次移动平均滤子由于滤掉了周期为 3 的部分信号,得到的输出序列比原序列更加光滑,但同时也引入了时间延迟,输出序列的拐点相比输入序列存在 1 期的延迟。

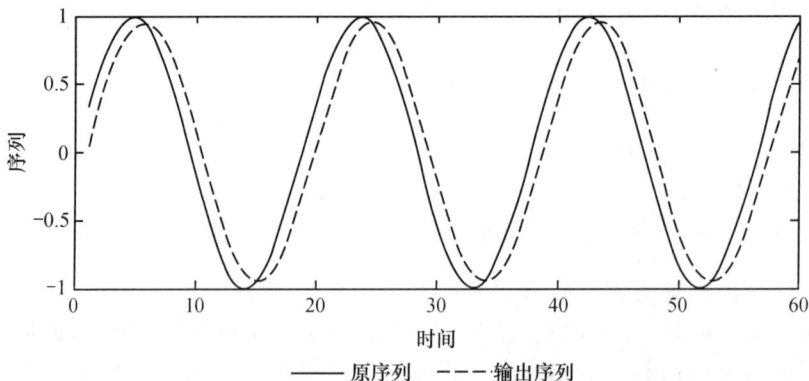

图 2-4　$X_t = \sin\frac{1}{3}t$ 经非对称三次移动平均滤子滤波后的输出结果

考虑输入时间序列 $x_t = \exp(-i\omega t) = \cos\omega t - i\sin\omega t, t \in \mathbb{Z}$,这个例子可以更直观地推导出相位函数和时间延迟函数的物理意义,即其对滤波输出序列的影响。由

$$\sum_{k=-r}^{\infty}\gamma_k\exp(-i\omega(t-k)) = \exp(i\omega t)\sum_{k=-r}^{\infty}\gamma_k\exp(-i\omega k) = \exp(i\omega t)\Gamma(\omega)$$
(2.2.12)

可推导出输入时间序列与输出时间序列的关系,有

$$\cos(t\omega) \rightarrow A(\omega)[\cos(t\omega)\cos(-\Phi(\omega)) - \sin(t\omega)\sin(-\Phi(\omega))]$$
$$= A(\omega)\cos(t\omega - \Phi(\omega))$$
$$\sin(t\omega) \rightarrow A(\omega)[\cos(t\omega)\sin(-\Phi(\omega)) - \sin(t\omega)\cos(-\Phi(\omega))]$$
$$= A(\omega)\sin(t\omega - \Phi(\omega))$$
(2.2.13)

因此得到如下表达式

$$\cos(t\omega) \rightarrow A(\omega)\cos(t\omega - \Phi(\omega)) \rightarrow A(\omega)\cos(\omega(t - \Phi(\omega)/\omega))$$
$$\sin(t\omega) \rightarrow A(\omega)\sin(t\omega - \Phi(\omega)) \rightarrow A(\omega)\sin(\omega(t - \Phi(\omega)/\omega))$$
(2.2.14)

通过上式,可以更直观地观察到滤子的增益函数和时间延迟函数对输出信号的影响。增益函数表明了对固定频率信号的放大($A(\omega)>1$)或者缩小($A(\omega)<1$),时间延迟函数表明了输出信号相对输入信号在时间轴上的平移。

需要注意的是,对于对称滤子而言,只要其转移函数为正,则其时间延迟函数为 0,即对称滤子不引入时间延迟。因此,对称滤子是信号提取中使用最早、最广的一类滤子。但是后边的分析将说明对称滤子要求数据两端延伸,因此又引入了所谓的"端点效应"问题,最终导致滤波结果的不稳定和延迟。有关增益函数定义及谱分析的更详细介绍可参见参考文献(Hamilton,1999;中国人民银行调查统计司,2006)。

2.2.3 移动平均滤子

记移动平均滤子 $\{\gamma_k\}$ 为 $M(\gamma_k)$,简写为 M,其定义为

$$y_t = M(x_t) = \sum_{k=-p}^{f}\gamma_k x_{t+k}$$
(2.2.15)

序列 t 时刻的值被原序列的加权平均值代替,这个加权平均值是 t 时刻的当期值,是过去 p 期的值及将来 f 期的值的平均,$p+f+1$ 称为移动平均阶数。当 $p=f$,即过去值的项数与将来项数相等时,则称为中心化移动平均。如果中心化移动平均滤子是对称的,则称为对称移动平均。一般说来,当对序列执行移动平均时,序

列的前 p 项和后 f 项是得不到平滑的。对这 $p+f$ 个点,需要采用非对称移动平均方法得到数值,或者补齐两端的数据。

可以证明移动平均滤子具有以下三个特性。

(1) 趋势保留:对于任意的移动平均滤子,要保留线性趋势(直线),其系数之和需等于 1,即 $\sum\limits_{k=-p}^{f} \gamma_k = 1$。

(2) 消除季节性:k 阶简单移动平均(即系数均为 $1/k$)可以剔除周期为 k 的固定季节性,因其增益函数在 $2\pi/k$ 时为 0。

(3) 减少不规则成分:移动平均会把序列中的白噪声转变成另一个随机变量序列 ε_t^*,方差为常数 $\sigma^2 \sum\limits_{k=-p}^{f} \gamma_k^2$,即减小不规则成分方差的数值等于 $\sum\limits_{k=-p}^{f} \gamma_k^2$。

根据以上特性,一个系数为 $\{\gamma_{-1}, \gamma_0, \gamma_1\}$ 的三项中心化移动平均,要使不规则成分最小化且保留直线,相当于求解问题

$$\min_{\gamma_k} \sum_{k=-1}^{1} \gamma_k^2$$

$$\mathrm{s.\,t.} \sum_{k=-1}^{1} \gamma_k = 1 \tag{2.2.16}$$

$$\sum_{k=-1}^{1} k\gamma_k = 0$$

解此问题可知,当 γ 均取值为 $1/3$ 时,其减小的方差最小。即系数为 $1/3$ 的简单移动平均是可以消除 3 阶季节成分,保留输入序列线性趋势并使得不规则成分方差最小的移动平均滤子。

本节的其余部分将介绍三种重要的移动平均滤子,这三种滤子在 X 系列季节调整程序中都有所应用。

2.2.3.1　复合简单移动平均滤子

复合移动平均滤子是简单移动平均滤子的组合。例如,$P \times Q$ 阶移动平均是指一个 P 阶简单移动平均(系数为 $1/P$)与一个 Q 阶简单移动平均的组合(系数为 $1/Q$),即连续两次分别使用这两种滤子对序列滤波。

因此,3×3 阶移动平均,即两次对时间序列进行 3 阶移动平均,最终的系数为 $(1,2,3,2,1)/9$。一般地,一个 $P \times Q$ 阶移动平均等同于一个 $P+Q+1$ 阶对称移动平均。

需要注意的是,当移动平均的项数 $Q=2q$ 为偶数时,通常采用 $2 \times Q$ 复合移动平均来解决这个问题,即先取前 q 个数据,当期数据和后 $q-1$ 个数据的平均得到一个中间序列,再对中间序列取前 $q-1$ 个数据,当期数据和后 q 个数据取平均得

到最终的输出序列。

以 2×12 阶移动平均为例,这是 $X11$ 中用于初步估计趋势—循环要素的滤子。2×12 阶移动平均又被称为中心化 12 项移动平均,其系数为

$$\{1,2,2,2,2,2,2,2,2,2,2,2,1\}/24$$

由于满足特性 1,这一滤子可以保留线性趋势。由于是对称滤子,其时间延迟为 0;其增益函数如图 2-5 所示。对于月度数据,该滤子可以滤掉周期为 12 个月、6 个月、3 个月、2.4 个月和 2 个月的组成成分。但是,对于周期长于 12 个月的组成成分,在滤波过程中也会有一些损失。例如,周期为 3 年的组成成分,对应的频率为 $1/18\pi$,通过 2×12 移动平均滤子滤波后只能保留 80%。此外,该滤子的系数平方和等于 23/288,说明其将不规则成分(白噪声)的方差降低了 90% 以上。

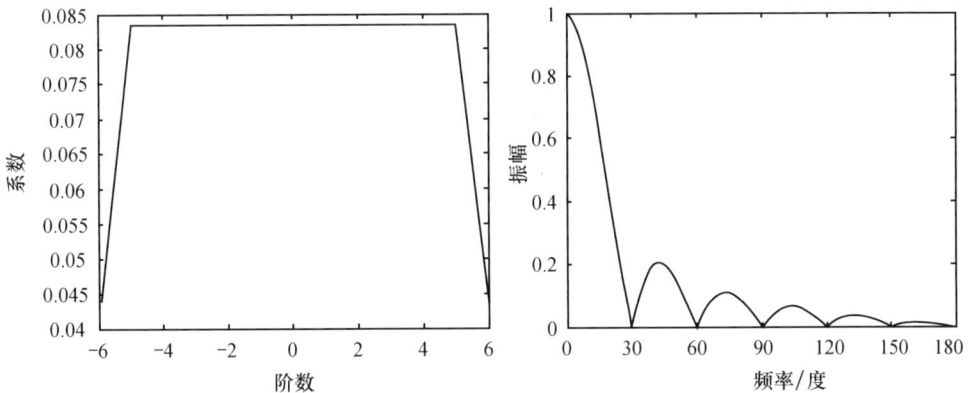

图 2-5 2×12 阶移动平均滤子的系数(左)和增益函数(右)

$X11$ 中用于季节成分估计的滤子是 $3\times3,3\times5$ 和 3×9 阶移动平均。这些滤子作用在每个月的季节-不规则要素上,因此分别相当于对同一个分量进行 49 项、73 项和 121 项移动平均,这些滤子都可以保留线性趋势。因为其增益函数正好在频率为 $1/6\pi$ 时取 1,可以较好地保留年度季节性特征。读者可以自行推导这些滤子的增益函数。

2.2.3.2 Henderson 移动平均滤子

复合移动平均滤子的一个问题是其系数并不平滑,这会在一定程度上影响提取的趋势—循环要素的平滑性。可以证明,滤子系数曲线的平滑性与提取的信号的平滑性是相关的,Henderson 移动平均滤子的思想就是设计一类系数平滑的移动平均滤子,使得其输出序列尽可能平滑。

Henderson 用 $H=\sum(\Delta^3\gamma_k)^2$ 来衡量滤子系数的光滑性,Δ 为一阶差分算子。

因此,式(2.2.14)的问题变为求解以下优化问题

$$\min_{\gamma_k} \sum_{k=-p}^{p} (\Delta^3 \gamma_k)^2$$

$$\text{s. t. } \sum_{k=-p}^{p} \gamma_k = 1$$

$$\sum_{k=-p}^{p} k\gamma_k = 0 \tag{2.2.17}$$

$$\sum_{k=-p}^{p} k^2 \gamma_k = 0$$

对于 $2p+1$ 项移动平均,设 $n=p+2$,有

$$\gamma_k = \frac{315[(n-1)^2 - k^2](n^2 - k^2)[(n+1)^2 - k^2][3n^2 - 16 - 11k^2]}{8n(n^2-1)(4n^2-1)(4n^2-9)(4n^2-25)}$$

$$\tag{2.2.18}$$

对于常用的 Henderson 5、7、9 项移动平均,其系数分别为

5 项:$1/286\{-21, 84, 160, 84, -12\}$

7 项:$1/715\{-42, 42, 210, 295, 210, 42, -42\}$

9 项:$1/2431\{-99, -24, 288, 648, 805, 648, 288, -24, -99\}$

2.2.4　ARMA 滤子

本节将详细介绍 ARMA 滤子。ARMA 滤子是目前最为广泛使用的滤子之一,ARMA 滤子的形式为

$$Y_t = \sum_{k=1}^{Q} a_k Y_{t-k} + \sum_{k=-r}^{q} b_k X_{t-k} \tag{2.2.19}$$

当多项式 $1 - \sum_{k=1}^{Q} a_k z^k$ 的根在单位圆外时,该滤子为平稳滤子(stable filter)。ARMA 滤子的转移函数为

$$\Gamma(\omega) = \frac{\sum_{k=-r}^{q} b_k \exp(-ik\omega)}{1 - \sum_{k=1}^{Q} a_k \exp(-ik\omega)}$$

$$= C\exp(ir\omega) \frac{\sum_{j=1}^{n} (Z_{2j-1} - \exp(-i\omega))(Z_{2j} - \exp(-i\omega))}{\sum_{k=1}^{n} (P_{2k-1} - \exp(-i\omega))(P_{2k} - \exp(-i\omega))}$$

$$\frac{\prod\limits_{j=2n+1}^{q+r}(Z_j-\exp(-i\omega))}{\prod\limits_{k=2n'+1}^{q+r}(P_k-\exp(-i\omega))} \tag{2.2.20}$$

式中,$Z_{2j}=\bar{Z}_{2j-1}(j=1,\cdots,n)$ 是复共轭零点;$P_{2k}=\bar{P}_{2k-1}(k=1,\cdots,n')$ 是复共轭极点;$Z_j(j=2n+1,\cdots,q+r)$ 是实零点;$P_k(k=2n'+1,\cdots,Q)$ 是实极点;常数

$$C=b_{-r}\frac{\prod\limits_{k=1}^{Q}P_k}{\prod\limits_{j=1}^{q+r}Z_j}。$$

考虑 ARMA(1,1)滤子,其定义为

$$y_t=ay_{t-1}+b_0x_t+b_1x_{t-1} \tag{2.2.21}$$

对应的转移函数为

$$\Gamma(\omega)=\frac{b_0+b_1\exp(-i\omega)}{1-a\exp(-i\omega)} \tag{2.2.22}$$

分子多项式 b_0+b_1x 的根为实零点 $Z=-b_0/b_1$,分母多项式 $1+ax$ 的根为极点 $P=1/a$,因此其转移函数也可表示为

$$\Gamma(\omega)=C\frac{Z-\exp(-i\omega)}{P-\exp(-i\omega)} \tag{2.2.23}$$

式中,$Z=-b_0/b_1$,$P=1/a$,$C=-b_1/a$。

如果所有的 $|P_k|>1(k=1,\cdots,Q)$,即滤子的 MA 表达式收敛,则该滤子被称为平稳滤子(stable filter)。如果 $|Z_k|>1(k=1,\cdots,q+r)$,即滤子的 AR 表达式收敛,则该滤子被称为可逆滤子(invertible filter)。同时满足平稳和可逆的 ARMA 滤子被称为最小相位滤子(minimum-phase filter)。

继续考察 ARMA(1,1)滤子,下文将通过计算 AR(1)和 MA(1)的增益函数和时间延迟函数说明 ARMA 滤子的滤波作用。

2.2.4.1　AR(1)滤子

AR(1)滤子的增益函数为

$$A(\omega)=C\frac{1}{|P-\exp(-i\omega)|} \tag{2.2.24}$$

该函数相对 ω 对称,并且当 $P>1$ 时,在 $\omega>0$ 上是单调增函数。特别的,当 $C=P-1$ 时,有 $A(0)=1,A(\pi)=(P-1)/(P+1)$。根据 $C=P-1>0$,AR(1)的相位转移函数为

$$\begin{aligned}\Phi(\omega)&=i\Big[\ln\Big(C\frac{1}{P-\exp(-i\omega)}\Big)-\ln\Big(|C|\frac{1}{|P-\exp(-i\omega)|}\Big)\Big]\\&=i[\ln(|P-\exp(-i\omega)|)-\ln(P-\exp(-i\omega))]\end{aligned}$$

$$\tag{2.2.25}$$

　　AR(1)滤子在 a 分别取 0.5、0.8 和 0.9 时的增益函数和时间延迟函数如图 2-6 所示。可见,该滤子较好地保留了低频成分的信息,而滤掉了高频成分,是一个低通滤波;但是,该滤子在低频成分有较大的时间延迟。随着 a 的增大,该滤子可通过的信号减少,同时时间延迟却增大。本小节以一个线性输入 $x_t=t$ 为例,来说明 AR(1)滤子的时间延迟效应,如图 2-7 所示。在频率为 0 时,a 取 0.5、0.8 和 0.9 分别对应着 1、4 和 9 个单位的时间延迟。

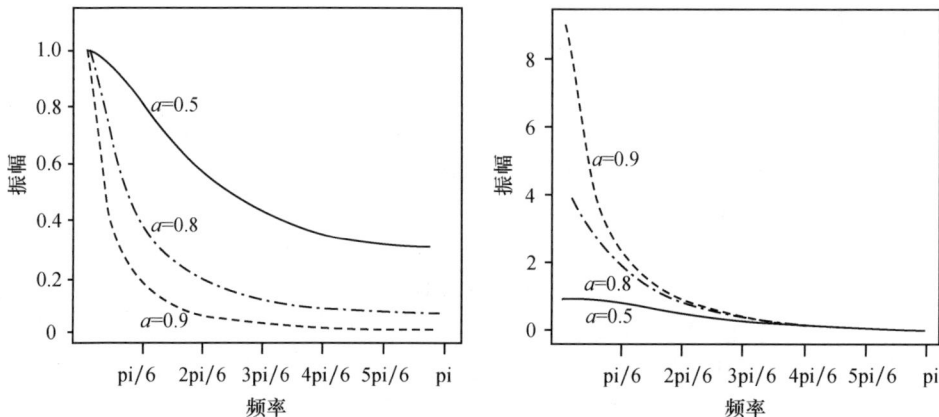

图 2-6　AR(1)滤子的增益函数(左)和时间延迟函数(右)

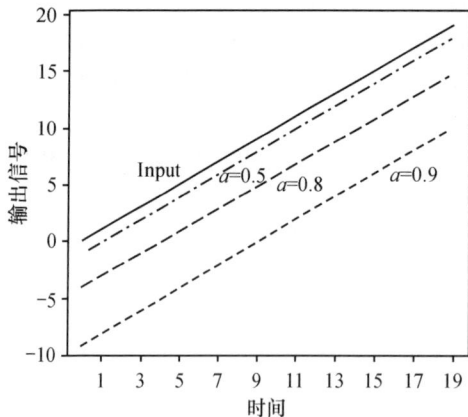

图 2-7　AR(1)滤子时间延迟效用

将 AR(1)滤子写做 MA(∞)滤子

$$y_t=(1-a)\sum_{k=0}a^k x_{t-k}$$

$$(2.2.26)$$

很明显,随着 a 的增大,给予过去观察的权重就越大,因此时间延迟也就越严重。

2.2.4.2　MA(1)滤子

MA(1)滤子的增益函数为

$$A(\omega)=C\mid Z-\exp(-i\omega)\mid$$

$$(2.2.27)$$

该函数相对 ω 对称,并且当 $Z>1$ 时,在 $\omega>0$ 上是单调增函数。特别的,当 $C=1/(Z+1)$ 时,有 $A(\pi)=1$,$A(0)=(Z-1)/(Z+1)$。根据 $C=1/(Z+1)>0$,MA(1)的相位转移函数为

$$\Phi(\omega)=i[\ln(C(Z-\exp(-i\omega)))-\ln(\mid C\mid\mid Z-\exp(-i\omega)\mid)]$$
$$=i[\ln(Z-\exp(-i\omega))-\ln(\mid Z-\exp(-i\omega)\mid)]$$

$$(2.2.28)$$

其符号与 AR(1)相位函数的符号刚好相反。标准化 MA(1)滤子在 b 分别取 0.5、0.8 和 0.9 时的增益函数和时间延迟函数如图 2-8 和图 2-9 所示。

$$y_t = \frac{1}{1+b}(x_t - bx_{t-1}) \tag{2.2.29}$$

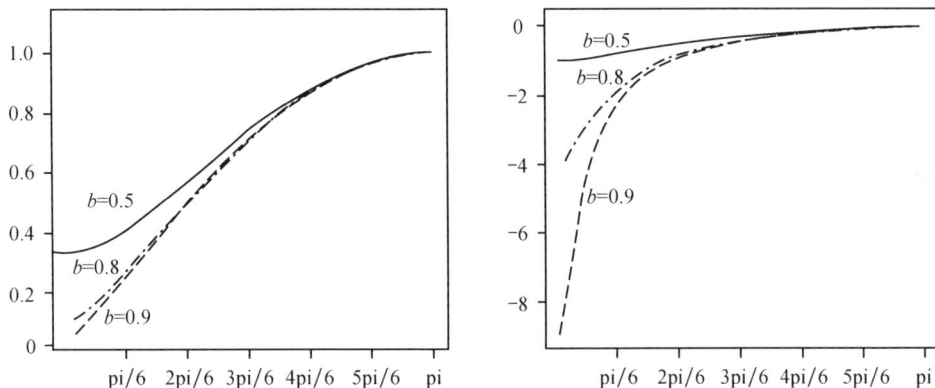

图 2-8　MA(1)滤子的增益函数(左)和时间延迟函数(右)

可见，该滤子较好地保留了高频成分的信息，而滤掉了低频成分，是一个高通滤波；时间延迟函数的值为负，说明该滤子的输出序列相对输入序列有所提前，在低频成分有较大的提前，在高频部分提前不明显。随着 a 的增大，该滤子可通过的信号减少，同时时间提前却增大。图 2-9 以一个线性输入 $x_t = t$ 为例，说明了 MA(1)滤子的时间提前效应。在频率为 0 时，a 取 0.5、0.8 和 0.9 分别对应着 1、4 和 9 个单位的时间提前。

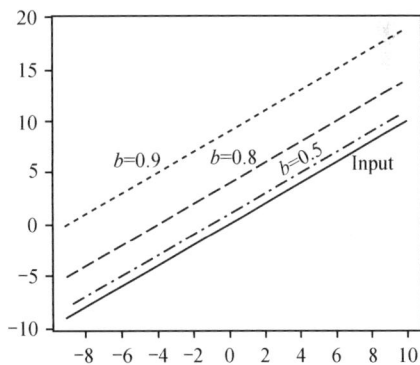

图 2-9　MA(1)滤子时间提前效用

2.2.4.3　ARMA(1,1)滤子

总结 AR(1)滤子和 MA(1)滤子的特性并推广到 AR 滤子和 MA 滤子，可发现：①AR 滤子是低通滤波，MA 滤子是高通滤波。②AR 滤子的时间延迟效用为正，MA 滤子的时间延迟效用为负(时间提前)。③随着系数增大，滤子可通过的带宽变窄，即滤子对时间序列的平滑能力增强；AR 滤子的时间延迟随 a 的增大而增大，MA 滤子的时间提前则随 b 的增大而增大。

在经济时间序列的信号提取中，往往同时要求：保持信号的低频部分(趋势项和循环项);去掉高频部分(季节因素和不规则因素);还要尽可能早地探测信号走势。因此,常常利用 AR 滤子的低通能力和 MA 滤子的时间提前能力,将二者组装成 ARMA 滤子来达到理想的滤波目标。例如,考虑实 AR(2)滤子,其转移函数为

$$\Gamma(\omega) = C \frac{1}{(P - \exp(-i\omega))(\overline{P} - \exp(-i\omega))} \tag{2.2.30}$$

特别地,设 $P = 1.2\exp(i\pi/12)$ 和 $C = (P-1)(\overline{P}-1)$,使得 $A(0) = 1$。其增益函数和时间延迟函数如图 2-10 所示。该滤子虽然在保留低频信号的同时去掉了高频信号,但在低频部分也引入了较大的时间延迟。

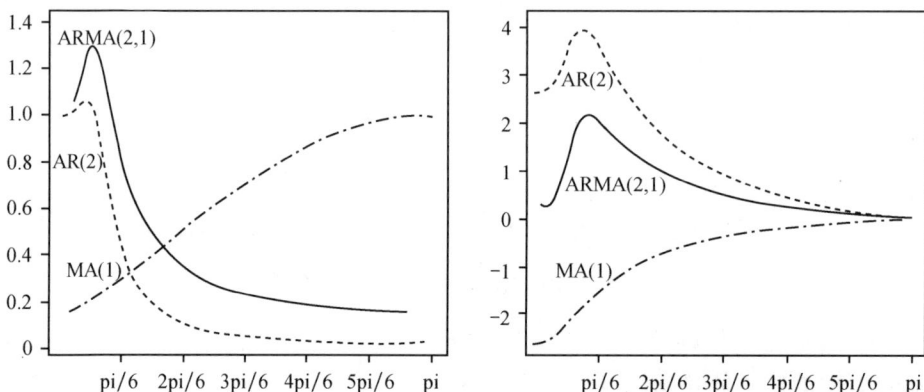

图 2-10 AR(2)、MA(1)和 ARMA(2,1)滤子的增益函数(左)和时间延迟函数(右)

将 AR(2)滤子与 MA(1)滤子组合成 ARMA(2,1)滤子,其增益函数和时间延迟函数如图 2-10 所示。ARMA(2,1)滤子糅合了 AR 和 MA 滤子的优点:既平滑了输入序列,又具有较小的时间延迟(在频率为 0 时,时间延迟为 0;在频率为 $\pi/6$ 时,时间延迟达到最大为 2)。

ARMA 滤子之所以被广泛采用,是因为 ARMA 滤子可以近似得到任何滤子的滤波效果。在本章详细介绍的信号提取方法中,TRAMO/SEATS 方法、CF 滤波,以及 DFA 方法,均直接采用了特别设计的 ARMA 滤子。

由于 ARMA 滤子只基于当期值和历史数据,不依赖将来的数据,所以,应用 ARMA 滤子时,在数据末端不存在数据扩展问题。反之,如果移动平均滤子依赖于将来的数据,则在数据末端必然要对数据进行扩展。虽然对称移动平均滤子不存在时间延迟问题,但从以后的分析中可以看到,数据扩展将引入新的问题。此外,当移动平均滤子只基于历史观察数据滤波时,移动平均滤子就变为了一个 AR 滤子。

2.3 TRAMO/SEATS 方法

TRAMO 和 SEATS 方法的全称是 time series regression with ARIMA

noise，missing observations and outliers（具有 ARIMA 噪声、缺失值和异常值的时间序列回归法）与 signal extraction in ARIMA time series（ARIMA 时间序列的信号提取法）。TRAMO 方法由 Agustin Maravall 和 Victor Gomez 开发，是一种适用于含有 ARIMA 噪声、缺失值和异常值的回归模型的估计、预测和检验方法。SEATS 方法是以 ARIMA 模型为基础的时间序列分解方法，其最早的计算机程序版本是 Burman 开发的英格兰银行 1982 年版季节调整程序。

　　TRAMO 和 SEATS 两种方法往往结合起来使用，先用 TRAMO 方法对数据进行预处理，然后用 SEATS 方法将时间序列分解出趋势、周期、季节及不规则等因素，其流程图如图 2-11 所示。TRAMO/SEATS 方法的优越性在于它可以灵活地设定回归变量，引入使用者自己设定的回归因子，这样基本可以解决其他季节调整程序无法处理的一些特定的季节因素（如中国日期不确定的春节或放长假等）的问题。由于本章的主要内容在于信息提取部分，本节将首先简要介绍 TRAMO 方法，然后详细介绍 SEATS 方法，最后用具体例子说明如何使用 TRAMO/SEATS 方法。

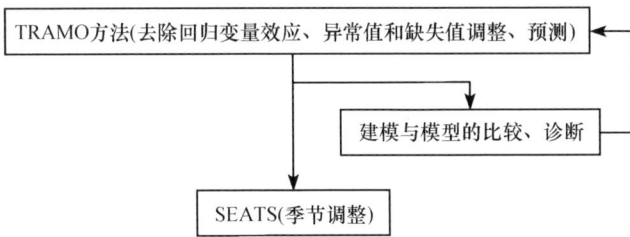

图 2-11　TRAMO/SEATS 方法基本流程图

2.3.1　TRAMO 方法

2.3.1.1　模型形式

　　假设输入时间序列为 $z=(z_1,z_2,\cdots,z_t)'$，定义回归模型

$$z_t = y'_t\beta + x_t \tag{2.3.1}$$

式中，$\beta=(\beta_1,\beta_2,\cdots,\beta_n)'$ 是回归系数向量；$y'_t=(y_{1t},y_{2t},\cdots,y_{nt})$ 是 n 个回归变量；$x_t=z_t-y'_t\beta$ 为模型残差，服从 ARIMA 过程

$$\phi(B)\delta(B)x_t = \theta(B)a_t \tag{2.3.2}$$

　　B 是滞后算子（$Bz_t=z_{t-1}$），$\phi(B)$、$\delta(B)$ 和 $\theta(B)$ 是 B 的多项式，a_t 是独立同分布的白噪声，均值为 0，方差为 σ^2。

　　$\delta(B)$ 是差分多项式，$\delta(B)=(1-B)^d(1-B^s)^D$。$d$ 是一般差分，D 是季节差分。如果 $d=D=0$，则通常将 z 替换为 $z=z-\mu$，$\mu=E(z)$。如果不替换，则模型可以包含常数 μ，然后将 μ 作为一个回归参数来估计。

　　$\phi(B)$ 是自回归多项式（AR）

$$\phi(B) = (1 + \phi_1 B + \phi_2 B^2 + \cdots + \phi_p B^p)(1 + \Phi_1 B^s + \Phi_2 B^{2s} + \cdots + \Phi_P B^{Ps})$$

式中,$(1+\phi_1 B+\phi_2 B^2+\cdots+\phi_p B^p)$是一般自回归项,$(1+\Phi_1 B^s+\Phi_2 B^{2s}+\cdots+\Phi_P B^{Ps})$是季节自回归项。$S$ 代表每年的观察值,月度时间序列对应 $S=12$,而季度时间序列对应 $S=4$。

$\theta(B)$是移动平均多项式(MA)

$$\theta(B) = (1 + \theta_1 B + \theta_2 B^2 + \cdots + \theta_p B^q)(1 + \Theta_1 B^s + \Theta_2 B^{2s} + \cdots + \Theta_q B^{qs})$$

式中,$(1+\theta_1 B+\theta_2 B^2+\cdots+\theta_p B^q)$是一般移动平均项,$(1+\Theta_1 B^s+\Theta_2 B^{2s}+\cdots+\Theta_q B^{qs})$是季节移动平均项。

2.3.1.2　回归变量定义

模型 2.3.1 中的回归变量由用户自定义,包括贸易日虚拟变量、日历效应虚拟变量、经济中的突发冲击和干扰等。常见的回归变量包括趋势常数、样本均值、固定季节效应、贸易日效应、假日效应、脉冲效应(加法异常点)、水平偏移、临时改变异常点、斜坡效应等。

两个典型的回归变量如图 2-12 所示。某时间序列的样本期从 1955 年 1 月至1972 年 12 月,假设该时间序列在 1960 年 1 月受到了一个永久性的冲击导致发生了结构性改变,则可用左图变量 Z_1 来刻画该冲击:Z_1 在 1955 年 1 月到 1959 年 12月取值为 0,在 1960 年 1 月到 1972 年 12 月取值为 1。右图变量 Z_2 刻画了某种固定效应对经济变量的影响:Z_2 在 1955 年 1 月到 1965 年 12 月取值为 0,但从 1966年开始,每年下半年的取值发生变化,如 1966 年 6~10 月取值为 2,1967 年 6~10月取值为 3,直到 1972 年 6~10 月取值为 7。

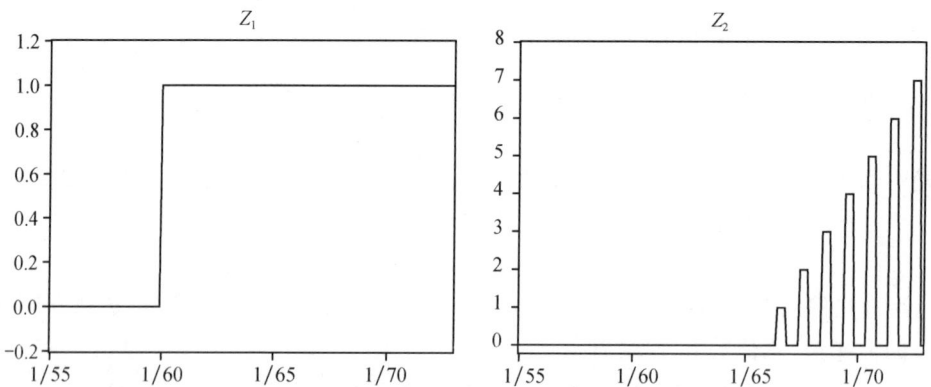

图 2-12　回归变量示例

通过引入回归变量,TRAMO 方法可消除原序列中的部分不规则因素、结构变化等,使得预处理后的数据满足标准 ARIMA 过程。

2.3.1.3 TRAMO 方法的特性

TRAMO 方法的特性可总结为以下五个方面。

(1) 采用极大似然方法(或非条件/条件最小二乘方法)估计模型式(2.3.1)和模型式(2.3.2)中的系数。

(2) 可探测和修正四种类型的部分异常值,包括创新性异常点(innovational outlier,IO)、相加性异常点(additive outlier)、水平漂移(level shift)和临时变化(temporary change)。

(3) 可计算序列的最优预测值及均方误差。

(4) 可对缺失序列进行插值处理并计算插值的均方误差。

(5) 提供自动模型识别和自动异常点识别与修正选项。

注意 TRAMO 方法仅适用于月度数据或者更低频的数据(季度、年度数据等),并且最多只能处理 600 个数据点。对于月度数据,要求的最短数据序列长度是 36,而季度数据是 16。

如果用户要求 TRAMO 方法自动识别和修正异常点,并且自动识别模型,则模型识别的流程如图 2-13 所示。首先得到差分阶数,然后设置初始模型。如果用户

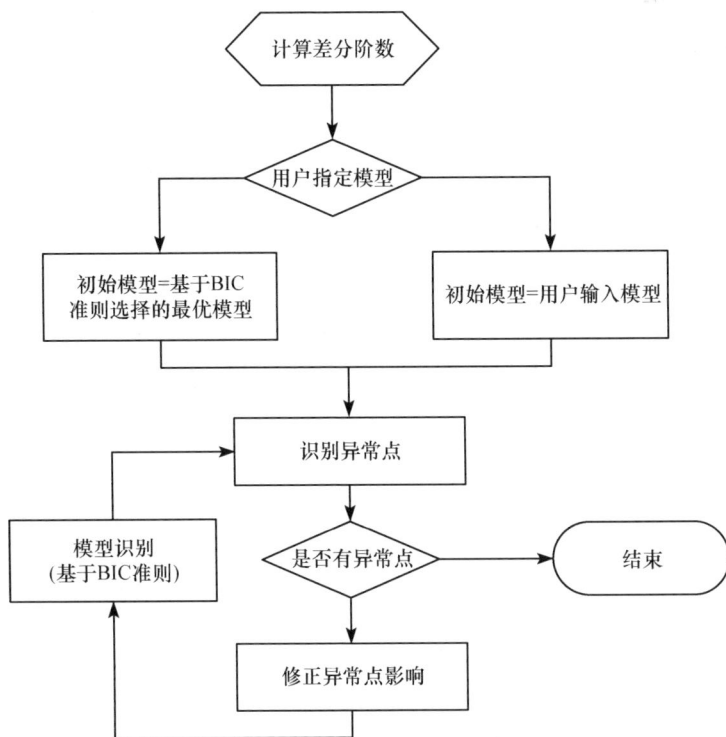

图 2-13 异常点识别和模型识别流程图

有预先输入的模型,则该模型即为初始模型,否则程序将基于 BIC 准则得到一个最优模型作为初始模型。之后,基于初始模型进行自动异常点识别和修正,再返回到模型识别。重复异常点识别与模型识别的过程直到不再有异常点。

TRAMO 方法中对缺失值的插值有两种处理方法。第一种是跳绳方法(skipping approach),它使用简化的固定点平滑方法对序列插值;第二种方法首先赋一个试探性的值给序列,然后假设每个缺失点对应的值都是一个异常点,再按照异常点修正的方法修正这个试探性的值。通常情况下,这两种方法得到的插值是一致的。

TRAMO 方法的主要用途包括异常点探测、插值,以及时间序列预测,但更重要的是对 ARIMA 序列的预处理。也就是说,给定一个时间序列,对缺失数据插值,识别异常点并去除其影响,去掉贸易日和复活节效应等,最终产生一个符合线性随机过程(如 ARIMA 模型)的序列。因此,TRAMO 模型被用于 SEATS 模型的预处理过程。SEATS 方法将 TRAMO 方法产生的线性序列联合并将序列的预测值分解为若干组成成分。

TRAMO 方法和 X12-ARIMA 中使用的预处理程序 regARIMA 方法具有一定的相似性。或者可以说,regARIMA 中的自动建模过程就是基于 TRAMO 过程的。而 X 系列季节调整程序的最新版,即 X13,也加入了 SEATS 方法。

2.3.2　SEATS 方法

输入序列首先经过 TRAMO 方法预处理,去除异常点、贸易日效应、复活节效应,以及用户设定的回归变量代表的效应,补齐缺失值,得到由模型式(2.3.1)线性化后的序列,以及识别和估计的 ARIMA 模型式(2.3.2)。再由 SEATS 方法将序列分解为几个组成成分。

2.3.2.1　模型形式

模型式(2.3.2)可以具体表示为

$$\phi_r(B)\phi_s(B^s)\Delta^d\Delta_s^D x_t = \theta_r(B)\theta_s(B^s)a_t + c \tag{2.3.3}$$

其紧凑形式为

$$\Phi(B)x_t = \theta(B)a_t + c \tag{2.3.4}$$

$\Phi(B)=\phi(B)\delta(B)$ 是自回归多项式(可包含单位根)。注意:如果 $\phi(B)$ 为 p 阶,$\theta(B)$ 为 q 阶,则 $\Phi(B)$ 的阶数为 $P=p+d+D_s$。SEATS 方法将服从模型式(2.3.2)的序列分解为四个组成成分。分解模型可以是加法或者乘法模型。由于乘法模型可转化为对数加法模型,这里只讨论加法模型。即原序列 X 可表示为

$$x_t = \sum_i x_{it} \tag{2.3.5}$$

这里的 x_{it} 分别指的是 x_{pt} 为趋势-循环要素;x_{st} 为季节要素;x_{ct} 为循环要素;x_{ut} 为不规则要素。

趋势-循环要素是时间序列的低频部分,其谱在频率为 0 处达到峰值;季节要素在季节频率处达到峰值;不规则要素描述的是短暂的、类似白噪声的行为,因此其谱非常平缓;循环要素是一个零均值的平稳成分,包含了趋势-循环要素和季节要素之外的非白噪声成分。SEATS 方法最大的特点在于,这些组成要素完全由根据输入序列识别的 ARIMA 模型结构决定。SEATS 方法根据一定的规则对识别的 ARIMA 模型进行分解,得到属于不同要素的 AR 项,或者 MA 项,这些分解出来的 AR、MA 项实际上就是 2.2.4 节中介绍的 ARMA 滤子。

与 TRAMO 方法一样,SEATS 方法也仅适用于月度时间序列或更低频的时间序列,数据长度不大于 600,月度数据长度不低于 36,而季度数据长度不低于 16。

2.3.2.2　ARIMA 模型的分解

设模型式(2.3.4)中的 $\Phi(B)$ 可因子分解为

$$\Phi(B) = \phi_r(B)\phi_s(B^s)\Delta^d\Delta_s^D \tag{2.3.6}$$

则 $\Phi(B)$ 的根按如下规则分配给各组成成分。

$\Delta^d = 0$ 的根:趋势-循环要素;$\Delta_s^D = 0$ 的根:因子分解为 $(\Delta S)^D = 0$,其中 $S = 1 + B + B^2 + \cdots + B^{s-1}$。

则 $\Delta = 0$ 的根属于趋势-循环要素,$S = 0$ 的根属于季节要素。

如果 $\phi_r(B) = 1 + \phi_1(B) + \phi_2(B^2) + \cdots + \phi_p(B^p)$,$\phi_s(B^s) = 1 + \phi_s B^s$,令 $z = B^{-1}$,则有

$$\begin{aligned} \phi_r(z) &= z^p + \phi_1 z^{p-1} + \phi_2 z^{p-2} + \cdots + \phi_p \\ \phi_s(z) &= z^s + \phi_s \end{aligned} \tag{2.3.7}$$

考虑 $\phi_r(z)$ 的根。

(1) 正实根:如果模 $\geqslant k$,为趋势-循环要素;如果模 $< k$,为循环要素。

(2) 负实根:如果 $S \neq 1$ 且模 $\geqslant k$,为季节要素;如果 $S = 1$ 且模 $< k$,为循环要素;如果 $S = 1$(年度数据),为循环要素。

(3) 复数根:令 ω 为根的频率,如果 $\omega \in [$ 季节频率 $\pm \varepsilon]$,为季节要素;否则,为循环要素。

考虑 $\phi_s(z)$ 的根:

令 ϕ 为 $(-\phi_s)^{1/s}$ 的根,则多项式 $\phi_s(z)$ 可写为

$$(z - \phi_s)(z^{s-1} + \phi z^{s-2} + \phi^2 z^{s-3} + \cdots + \phi^{s-1}) \tag{2.3.8}$$

如果 $\phi \geqslant k$,则 AR 根 $(1 - \phi B)$ 属于趋势要素,而 $(S-1)$ 的根属于季节要素。

如果 $\phi < k$,则根属于循环要素。

k 和 ε 是用户输入的参数。

$\Phi(B)$可转为如下形式

$$\Phi(B) = \phi_p(B)\phi_s(B)\phi_c(B) \qquad (2.3.9)$$

$\phi_p(B)$、$\phi_s(B)$、$\phi_c(B)$对应的根分别是趋势、季节和瞬时要素的根。令模型式 (2.3.4)中 $\Phi(B)$ 和 $\theta(B)$ 的阶数分别为 P 和 Q。

(1) $P \geqslant Q$,则模型式(2.3.3)的谱分解如下:

$$\frac{\theta(B)}{\Phi(B)}a_t = \frac{\tilde{\theta}(B)}{\Phi(B)}a_{1t} + v_1 \qquad (2.3.10)$$

式中,$\tilde{\theta}(B)$的阶数为 $\min(Q,P-1)$,v_1 是一个常数(如果 $P>Q$,则 $v_1=0$)。

谱 $\tilde{\theta}(B)/\Phi(B)a_{1t}$可进一步分解为

$$\frac{\tilde{\theta}(B)}{\Phi(B)}a_{1t} = \frac{\tilde{\theta}_p(B)}{\Phi_p(B)}\tilde{a}_{pt} + \frac{\tilde{\theta}_s(B)}{\Phi_s(B)}\tilde{a}_{st} + \frac{\tilde{\theta}_c(B)}{\Phi_c(B)}\tilde{a}_{ct} \qquad (2.3.11)$$

令 $j=p,s,c$,则有

$$\tilde{\theta}_j \leqslant \mathrm{order}(\phi_j)$$

如果用 $\tilde{g}_j(\omega)$表示$[\tilde{\theta}_j(B)/\Phi_j](B)\tilde{a}_{jt}$的谱,令

$$v_j = \min\{\tilde{g}_j(\omega):0 \leqslant \omega \leqslant \pi\} \qquad (2.3.12)$$

通过规范条件

$$g_j(\omega) = \tilde{g}_j(\omega) - v_j$$
$$j = p,s,c \qquad (2.3.13)$$
$$v = v_1 + \sum_j v_j$$

可得到各组成要素的谱。因子分解这些谱,则各组成成分模型如下:

$$\phi_p(B)p_t = \theta_p(B)a_{pt}$$
$$\phi_s(B)s_t = \theta_s(B)a_{st}$$
$$\phi_c(B)c_t = \theta_c(B)a_{ct} \qquad (2.3.14)$$
$$u_t = white\_noise(0,v)$$

谱因子的分解算法可参考 Maravall 和 Mathis(1994)。所有组成成分都满足平衡模型,即 AR 多项式的阶数和 MA 多项式的阶数是相等的。

(2) $P < Q$,则分解过程如下:

$$\mathrm{ARIMA}(P,Q) = \mathrm{ARIMA}(P,P-1) + \mathrm{MA}(Q-P) \qquad (2.3.15)$$

第一个组成成分的分解和情形(1)一样,因此分解过程如前所述,最后表达为

$$\mathrm{ARIMA}(P,P-1) = p_t + s_t + c_t + u_t \qquad (2.3.16)$$

$\mathrm{MA}(Q-P)$表示平稳短期偏移,只需要加入瞬时要素即可。因此,输入时间序列被分解为一个平衡的趋势-循环模型、一个平衡的季节模型、一个后尾的循环模型,以及一个白噪声序列。前三个组成成分都是规范的,不含噪声的。

2.3.2.3　实例分析

例 1:假设 TRAMO 估计的时间序列模型为

$$(1-0.4B-0.32B^2)\Delta\Delta_{12}x_t=\theta(B)a_t$$

式中,$\theta(B)$的阶数 $Q=16(>P=15)$。则首先因子分解 AR(2)项为$(1-0.4B)\times$$(1+0.8B)$,第一个因子是瞬时因素(缺省设置 $k=0.5$),第二个因子是季节因素(在频率 π 达到峰值),该序列的各组成成分可表示为

趋势要素:$\Delta^2 p_t=\theta_p(B)a_{pt}$

季节要素:$(1+0.8B)S_{s_t}=\theta_s(B)a_{st}$

循环要素:$(1-0.4B)c_t=\theta_c(B)a_{ct}$

不规则要素:白噪声

$\theta_p(B)$、$\theta_s(B)$和$\theta_c(B)$的阶数分别是 2、12 和 2。

例 2:我国工业增加值的 TRAMO/SEATS 方法分解。

TRAMO/SEATS 方法对我国工业增加值当期同比的分解结果如图 2-14 所示。原序列的数据区间是 1995 年 1 月至 2008 年 8 月。首先使用 TRAMO 方法对

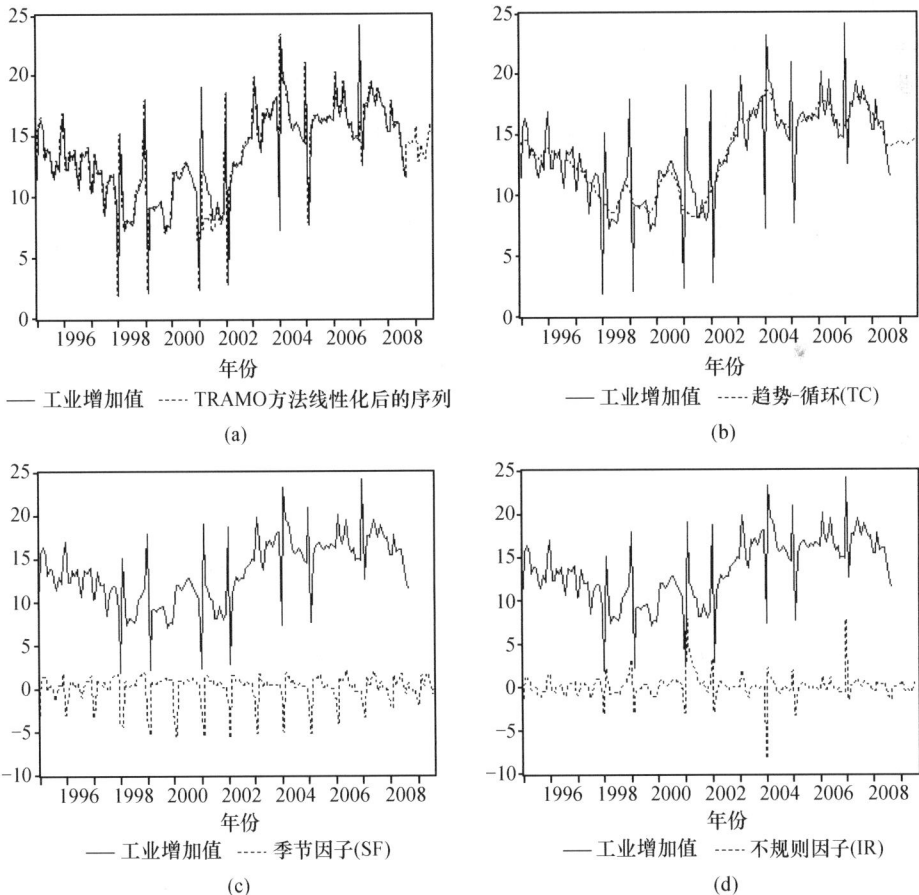

(a)

(b)

(c)

(d)

图 2-14　工业增加值的 TRAMO/SEATS 方法分解结果

数据序列执行预处理(插值补齐缺失数据,去除异常点影响,没有选择去除贸易日和复活节效应),识别的模型是 ARIMA$(0,1,2)(0,0,0)$ 模型。得到线性序列和提前 12 期的预测值如图 2-14(a)所示。图 2-14(b)显示了原序列与 SEATS 方法提取的趋势循环项的对比,图 2-14(c)是原序列与季节因子的对比,而图 2-14(d)是原序列与不规则因子的对比。可见,工业增加值月度数据存在着非常明显的季节性,原数据的剧烈波动主要来自不规则项的干扰,趋势循环项则较为平滑,主要对应着序列的总体走势。

2.4 X12-ARIMA 方法

X12-ARIMA 方法是以美国联邦普查局开发的 X11 季节调整程序及加拿大统计局开发的 X11-ARIMA 季节调整程序为基础开发的季节调整方法,是美国联邦普查局季节调整首席研究员 David Findley 关于季节调整研究的最新成果。作为 X11 方法和 X11-ARIMA 方法的升级版本,X12-ARIMA 方法包含了 X11 方法和 X11-ARIMA 方法的全部特性,但同时在以下几个方面做出了改进。

(1) regARIMA 模块:X12-ARIMA 方法最重要的扩展是开发了 regARIMA 模块用于序列的预处理。在开展具体的日历效应、贸易日效应调整之前,首先使用 regARIMA 模型对数据序列的两端进行延伸。

(2) 增加了几种新的模型、季节调整和日历效应诊断方法。能帮助使用者发现和纠正在季节和日历因素影响下的不规则因素,并且通过选择不同的程序对不同的时间序列进行调整,从而更好地改进序列端值和折断点(一般由节假日、股票交易日等特殊时点影响所致)的拟合度,提高预测效果。

(3) 异常值检测能力,能帮助模型参数估计和对附加的异常值和水平偏移的模型预测。

X12-ARIMA 方法的新特性总结如下:

(1) 滑动诊断程序;

(2) 产生给定序列的修正历史;

(3) 一种新的 Henderson 趋势滤波,该滤波允许用于选择任意偶数长度的 Henderson 滤波;

(4) 季节滤波的新选项;

(5) 若干新的异常点探测选项;

(6) 更详细的贸易日效应调整;

(7) 伪加法季节调整模式;

(8) 由于 X12-ARIMA 方法具有较强的适应性和功能的完善性,所以应用范围很广泛,在美国和加拿大的经济界已得到了广泛的应用,成为进行经济分析预测的有效工具。日本银行(Bank of Japan,BOJ)已采用此种方法,日本通产省的

MITI 法也吸收了 X12-ARIMA 方法的内容。可以预见越来越多的国家和组织将使用这种先进的方法。

X12-ARIMA 方法只适合季度和月度数据。前向预测或后溯估测数据点最多250 个，每一时序样本观察值最多 2500 个，交易日因子不超过 28 个，季节频长不超过 12(即 12 个月)。目前 X12-ARIMA 程序只可以引入交易日和异常值(比如复活节)作为回归因子,对于中国特殊的假日(如春节)还不能引入作为回归因子。可喜的是,中国人民银行调查统计司开展了针对春节效应的研究,并基于美国调查局的 X12-ARIMA 程序开发了中国人民银行版 X12-ARIMA 程序,其中包含了对春节效应的处理。

2.4.1 X12-ARIMA 方法流程

X12-ARIMA 方法有 regARIMA(linear regression model with ARIMA time series models,带有 ARIMA 时间序列误差的线性回归模型)和 X11 两个子模块。regARIMA 模块首先建立 ARIMA 模型,X11 模块再进行季节调整。完整的方法流程包括建模、季节调整和诊断三个阶段,如图 2-15 所示。

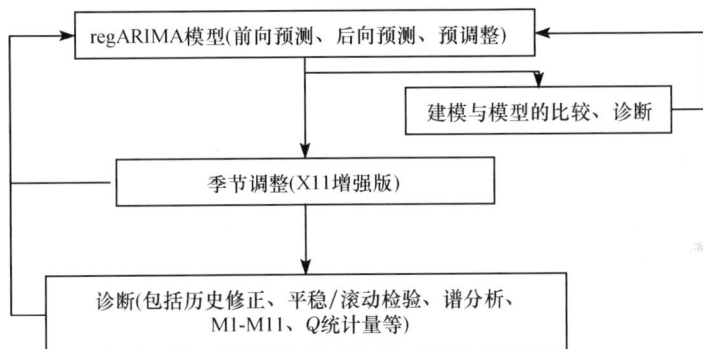

图 2-15　X12-ARIMA 方法基本流程图

regARIMA 模块是 X12-ARIMA 方法的重要创新,类似 TRAMO/SEATS 方法中的 TRAMO 方法,regARIMA 模型提供了根据 ARIMA 模型进行前向预测和后向预测、去除异常值和部分特殊效应影响,以及数据预调整的功能;季节调整模块采用的是 X11 增强版,其中包含了 X11 程序的全部功能,并进一步吸收了各国专家的意见加以改进;最后一个模块是诊断模块,输出各种统计量,用于检验选择的建模和季节调整选项的有效性。

2.4.2 regARIMA 模型

与 X11 相比,X12-ARIMA 方法的一个主要特征就在于它的 regARIMA 建模能力，regARIMA 模型对数据的扩展和异常值检测可提高模型估计和预测的准确性。RegARIMA 模型与 TRAMO 模型的模型形式相同（模型式（2.3.1）和式（2.3.2）），都是用回归变量来表示特殊效应，再假设残差满足 ARIMA 过程。模型式（2.3.1）和式（2.3.2）也可以写做

$$\phi(B)\delta(B)(z_t - y'_t\beta) = \theta(B)a_t \tag{2.4.1}$$

　　regARIMA 模型是一个带回归变量的、具有 ARIMA 误差的模型。具体来讲，regARIMA 模型用回归变量的线性组合来表示时间序列（水平值或对数形式）的均值，而时间序列的协方差符合 ARIMA 模型。如果模型不包括其他回归变量，则该模型默认回归变量的均值为 0，regARIMA 模型简化为标准的 ARIMA 模型。

　　与 TRAMO 模型中的回归变量形式一样，这里的回归变量可以是代表各种贸易日和日历效应的虚拟变量，以及经济受到的各种突然冲击和干扰。regARIMA 模型通过回归去除这些不规则事件对时间序列的影响，然后再使用 X11 方法对预处理后的时间序列进行季节调整。与 TRAMO 模型相同，regARIMA 模型支持四种类型的异常点：创新性异常点、相加性异常点、水平偏移、临时改变。

　　regARIMA 模型的另一个重要任务是对原始序列进行前后扩展。由于 X11 方法中的趋势估计和非对称季节移动平均过程均需要对序列前端和末端进行扩展，扩展序列的质量将直接影响到信息提取的序列质量。在 X12-ARIMA 方法中，序列扩展方法与加拿大统计局开发的 X11-ARIMA、TRAMO 方法是相同的。

2.4.3　X11 季节调整程序

　　X11 季节调整程序假定原序列的变动由以下四个要素构成：趋势-循环要素（TC）、季节变动要素（S）、不规则变动要素（I）、周工作日变动要素。

　　X11 首先去除数据的日历效应（包括周工作日效应），然后分解去除了日历效应的数据，得到 TC、S 和 I 要素。

　　季节调整程序 X11 按照对序列的处理顺序，可分为以下六个部分。

　　A. 预处理：先验调整计算。

　　B. 初步估计极端值和日历效应。

　　C. 最终估计极端值和日历效应。

　　D. 计算最终趋势循环要素、季节要素和不规则要素，以及季节调整后的序列。

　　E. 简明统计（计算各序列之间的比较）。

　　F. 简明统计（季节调整质量评价）。

　　下面分别简要介绍各部分的主要功能和详细步骤。

2.4.3.1　A 部分

预处理是 X11 程序为用户提供的一个选择处理，它包括对已知的预日历因子

D_p 和预调整因子 P 两个因子的处理。预日历因子指预先设定的周工作日变动，预调整因子指月份变动。设原序列 Z_p 包含有已知的 D_p 和 P，则原序列可用乘法模型表示为 $Z_p = CSID_rP$ 或用加法模型表示为 $Z_p = C+S+I+D_r+D_p+D$。预处理的主要任务就是将 Z_p 中的 D_p 和 P 从序列中去掉，以便对未知的日历因子 D_r、趋势 C、季节因子 S 和随机因子 I 作正式处理。设去掉 D_p 和 P 的序列为 Z，则 $Z=CSID_r$ 或 $Z=C+S+I+D_r$。大部分序列并不进行这一调整而直接跳到 B 部分。季度数据直接跳到 B 部分。

2.4.3.2　B 部分、C 部分和 D 部分

B 部分、C 部分和 D 部分是 X11 程序的主体部分，基本思想如下。对于乘积模式 $X_t = TC_tS_tI_t$ 的季节调整，是先用移动平均滤子估计 TC_t，再从 X_t 中去掉 TC_t，得 $S_tI_t = X_t/TC_t$；再用移动平均滤子处理 S_tI_t 估计 S_t，最后得到 I_t 估计值。

对于加法模式 $X_t = TC_t+S_t+I_t$ 的季节调整，也是先用移动平均滤子估计 TC_t，再从 X_t 中去掉 TC_t，得 $S_t+I_t = X_t-TC_t$；再用移动平均滤子处理 S_t+I_t 估计 S_t，最后得到 I_t 的估计值。

2.4.3.3　E 部分

E 部分将得到以下结果，用于比较不同序列之间的差异。

E_0：修正了的原序列。

E_1：修正了的调整序列。

E_2：原序列与调整序列各年度和之比（差）。

E_3：修正过的原序列和修正过的调整序列各年度和之比（差）。

E_4：原序列的百分变化率。

E_5：调整序列的百分化率。

通过将修正的原序列、调整序列和随机要素与未修正的比较，可以帮助我们寻找原序列的被修正值产生的原因，对于实际问题有一定意义。

2.4.3.4　F 部分

这一部分主要用于衡量季节调整的质量，其计算的量如下。

（1）平均绝对百分变化率。

（2）相对贡献率。

（3）平均游程。

（4）调整序列的对称滑动平均 MA_{MCD}。

以上各量的计算方法和作用可详细参考董文泉等（1998）。

X11 季节调整模块基于多次迭代的移动平均方法进行成分分解。假设现有序

列 X_t 为月度数据,已经通过 regARIMA 模块预调整和预测扩展,采用加法模型,则核心的季节调整过程,即 B、C、D 部分如下。

1) 第一阶段:初始估计

(1) 用 2×12 阶中心化移动平均滤子初步估计趋势-循环要素。

$$\text{TC}_t^{(1)} = M_{2 \times 12}(X_t) \tag{2.4.2}$$

(2) 估计季节-不规则要素。

$$(S + I)_t^{(1)} = X_t - \text{TC}_t^{(1)} \tag{2.4.3}$$

(3) 初步估计季节成分。针对季节不规则要素序列,取出相同月份的数据得到 12 个序列,再对每个序列采用 3×3 阶复合简单移动平均滤子,输出序列为季节要素。

$$\hat{S}_t^{(1)} = M_{3 \times 3}[(S + I)_t^{(1)}] \tag{2.4.4}$$

(4) 之后对标准化季节因子,使得因子之和在每一个连续的 12 个月内都近似为 0。

$$S_t^{(1)} = \hat{S}_t^{(1)} - M_{2 \times 12}(\hat{S}_t^{(1)}) \tag{2.4.5}$$

(5) 估计季节调整后的序列。

$$A_t^{(1)} = X_t - S_t^{(1)} \tag{2.4.6}$$

2) 第二阶段:估计季节因素及季节调整

(1) 用 13 项 Henderson 移动平均估计趋势-循环成分。

$$\text{TC}_t^{(2)} = H_{13}(A_t^{(1)}) \tag{2.4.7}$$

(2) 估计季节-不规则要素。

$$(S + I)_t^{(2)} = X_t - \text{TC}_t^{(2)} \tag{2.4.8}$$

(3) 对每个月份应用 3×5 项移动平均估计最终季节成分。

$$\hat{S}_t^{(2)} = M_{3 \times 5}[(S + I)_t^{(2)}] \tag{2.4.9}$$

(4) 标准化季节因子。

$$S_t^{(2)} = \hat{S}_t^{(2)} - M_{2 \times 12}(\hat{S}_t^{(2)}) \tag{2.4.10}$$

(5) 估计季节调整后的序列。

$$A_t^{(2)} = X_t - S_t^{(2)} \tag{2.4.11}$$

3) 第三阶段:估计最终季节调整后的序列

(1) 估计最终趋势。对数据作 $2H + 1$ 项 henderson 移动平均。H 根据数据序列本身的特点而定。

$$\text{TC}_t^{(1)} = H_{2H+1}(A_t^{(1)}) \tag{2.4.12}$$

（2）估计最终不规则成分。

$$I_t^{(3)} = A_t^{(2)} - \mathrm{TC}_t^{(3)} \tag{2.4.13}$$

（3）最终得到分解序列的加法模型。

$$X_t = \mathrm{TC}_t^{(3)} + S_t^{(2)} + I_t^{(3)} \tag{2.4.14}$$

可见，不考虑对极端值的探测和修正，以及对日历效应的估计，X11 季节调整程序可以看做是一些移动平均滤子的连续使用。中国人民银行调查统计司证明了 X11 季节调整程序对满足加法模型的季度数据和月度数据的调整可分别汇总为一个 57 项移动平均和 169 项移动平均，其对应的增益函数如图 2-16 所示。可见，X11 季节调整程序对季度数据的调整主要去除了 $\pi/2$ 频率的组成成分，而对月度数据主要去除了 $\pi/6$ 及其倍数频率的组成成分。

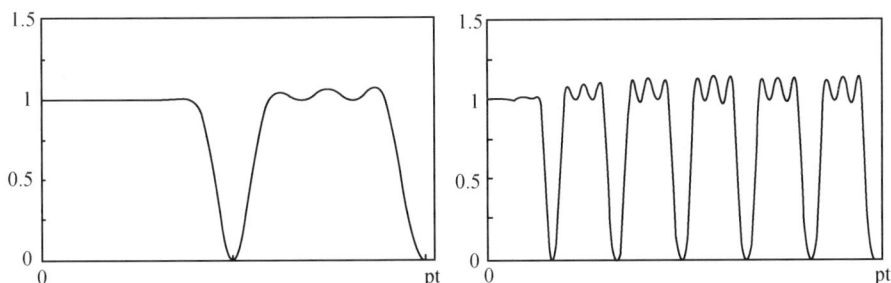

图 2-16　X11 所用的季度（左）和月度（右）移动平均滤子增益函数

由于采用的是对称移动平均，季度数据的最前 28 个数据和最后 28 个数据，以及月度数据的最前 84 个数据和最后 84 个数据，即前后 7 年的数据，是无法采用这样的方法调整的。所以，在实际中对前后数据采用的是以非对称移动平均滤子作为补充，或者是基于一定的模型延长数据。

2.4.4　X12-ARIMA 方法和 TRAMO/SEATS 方法的对比

TRAMO/SEATS 和 X12-ARIMA 作为目前最为流行的两种季节调整方法，各自具有不同的特点和优点。从操作上讲，TRAMO/SEATS 方法比 X12-ARIMA方法简单，并且较少主观判断成分，在对具有较大异常值且时间序列长度长达 12 年的数据进行季节调整时，它具有较好的拟合效果；而对于只有 4 年的时间序列数据而言，用 X12-ARIMA 方法进行季节调整则会更加接近于正确的季节调整后的结果，即使是该数列中含有较大的异常值。本节以工业增加值为例，说明 X12-ARIMA 方法的季节调整结果与 TRAMO/SEATS 方法的不同。

1995 年 1 月至 2008 年 8 月工业增加值当期同比的 X12-ARIMA 方法和

TRAMO/SEATS 方法分解结果对比如图 2-17 所示。由于 TRAMO/SEATS 方法中识别的模型为 ARIMA(0,1,2)(0,0,0),为了方便比较,也设置 X12-ARIMA 方法中的 ARIMA 模型为 ARIMA(0,1,2)(0,0,0)。可见,二者在季节因子的提取上具有较大的差异。

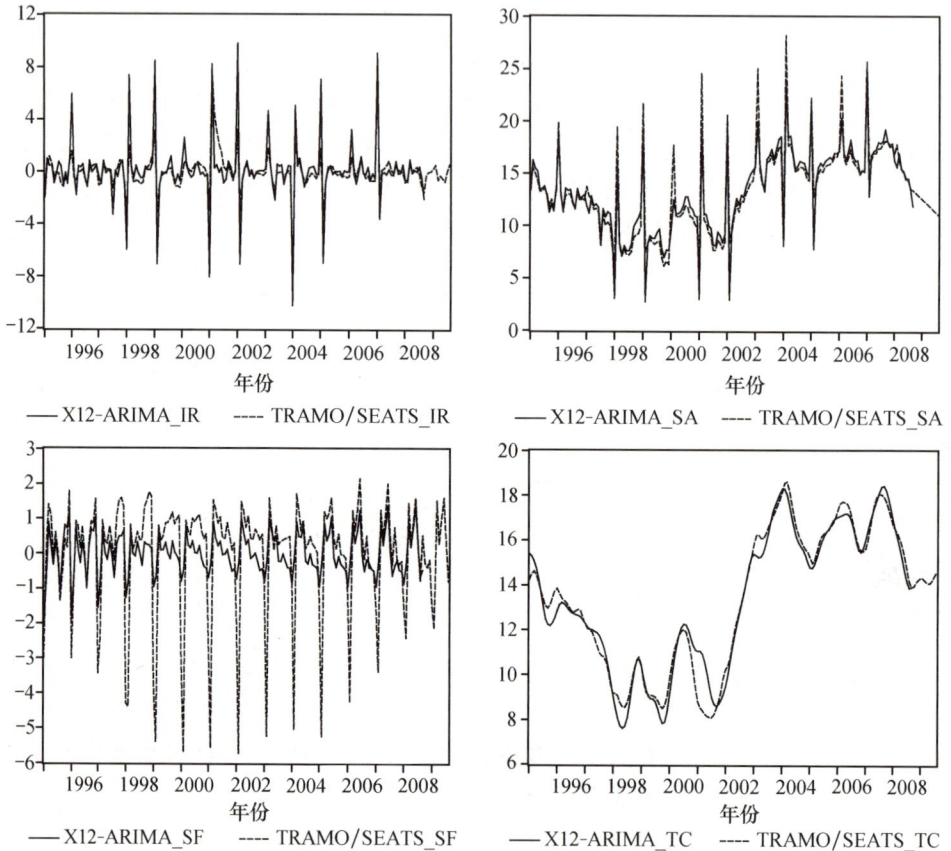

图 2-17　工业增加值的 X12-ARIMA 方法分解结果
(左上:IR 项对比;右上:SA 项对比;左下:SF 项对比;右下:TC 项对比)

　　尽管美国和加拿大目前仍主要使用 X12-ARIMA 方法,但 TRAMO/SEATS 方法也得到美国统计部门的广泛注意。美国普查局已经在 0.3 版本的 X12-ARIMA方法中吸收了 TRAMO 方法的部分内容,同时也在研究选择吸收 SEATS 方法的内容。TRAMO/SEATS 方法和 X12-ARIMA 方法共同成为未来季节调整的发展趋势,并且二者有相互融合的趋势。这就是 X12-SEATS 方法,又称 X13 方法。X12-SEATS 方法由美国统计局与 SEATS 方法的研发者合作开发而成,即在 X12-ARIMA 方法中加入 SEATS 方法,目前只是一个试验版本。这个方法允许使用者使用同一界面、相同的设置来进行 X12-ARIMA 和 SEATS 季节调整。X12-ARIMA 方法包含两个平稳性诊断,即移动平滑和历史修正。X12-SEATS 方法能够估计 regARIMA 模型残差的滞后 1 期到滞后 36 期的样本自相关函数、偏自相关函数和 Ljung-Box Q 统计量,提供了 regARIMA 模型的残差的正态性检验(Geary's 和 kurtosis 检验),新版本的 X12-SEATS 方法还能提供残差的偏度检验。

2.5　阶段平均趋势法和 H-P 滤波

在 TRAMO/SEATS 方法和 X12-ARIMA 方法中,时间序列被分解为趋势-循环要素、季节要素,不规则要素和循环要素(TRAMO/SEATS)或周工作日变动要素(X12-ARIMA)四个组成部分。但是,这两种方法都无法将趋势要素和循环要素分开。在实际应用中,当经济时间序列是增长率序列时,一般认为该序列的趋势要素为 0,趋势-循环要素即等同于趋势要素,因此 TRAMO/SEATS 方法和 X12-ARIMA 方法已经可以满足信号提取的要求。但是对于绝对值序列而言,通常具有很明显的趋势项,因此在景气波动分析中还需要进一步将趋势要素和循环要素分开,即所谓的“长期趋势测定”问题。

在实际应用中,通常先对序列进行季节调整,去除掉季节要素,再对季节调整后的序列提取长期趋势。早期趋势测定方法包括回归分析方法、移动平均法和阶段平均法等。线性趋势分解方法认为,经济时间序列中存在一种确定的线性时间变化趋势,在这种情形下,就目标序列对时间趋势项进行一次或二次线性回归,就可以分离趋势成分,得到周期成分。随后,由于认识到序列中可能存在结构突变,又出现了允许截距或斜率发生结构突变的分段线性趋势分解方法。这两种方法都假定宏观时间序列趋势平稳。移动平均法基于移动平均滤子提取趋势项。阶段平均法曾经是使用最多的趋势提取法,本节中将详细介绍其计算步骤。然而,新的比较研究发现,阶段平均法在提取趋势方面的表现不如 H-P 滤波和 C-F 滤波。一些长期使用阶段平均法的机构,如 OECD,已经放弃了阶段平均法,转而使用 H-P 滤波或者 C-F 滤波。因此,本节将重点介绍 H-P 滤波及 C-F 滤波,并给出数据分析实例。

2.5.1　阶段平均趋势法

PAT(phase average trend,PAT)方法由美国经济周期研究局(NBER)提出,它事实上是一种改进的移动平均方法。在计算中首先求出一个初步估计的循环要素,然后对循环要素应用 Bry-Bscan 算法确定相同构造的阶段,再针对不同的阶段进行移动平均,最终得到的趋势要素和循环要素是与阶段的划分相关的。

其计算步骤如下。

1）初步估算原序列的长期趋势要素

利用移动平均滤子初步估计长期趋势要素，移动平均的具体阶数是根据经济时间序列的具体特征确定的。首先采用 75 阶移动平均算法得到长期趋势要素 T_t 为

$$T_t = M_{75}(X_t) \tag{2.5.1}$$

2）初步估算原序列的循环要素

计算原系列与长期趋势要素的偏差，得到循环要素 C_t 为

$$\text{加法模型:} C_t = X_t - T_t$$
$$\text{乘法模型:} C_t = X_t/T_t \tag{2.5.2}$$

3）阶段识别

通过 Bry-Boschan 算法识别循环要素 C_t 的拐点并标志出扩张期和收缩期，每一个扩张期/收缩期为具有同样结构的一个阶段。

4）二次长期趋势要素估计

计算每个阶段的平均值 PA_t，使用 Months for Cyclical dominance(MCD)方法平滑相邻三个阶段的平均值，将平滑后的值作为其对应阶段正中的数据，并对其进行线性插值，最后通过 12 阶移动平均得到最终趋势要素 T_t。

5）计算原序列与 PAT 趋势之间的差异

由式(2.5.2)可求得最终确定的循环要素。

2.5.2　H-P 滤波

H-P(Hodrick-Prescott filter)滤波由 Hodrick 和 Prescott 提出，此后获得了广泛的应用。H-P 滤波将经济时间序列看做是趋势项与循环项之和。虽然没有人知道真正的趋势是怎样的，但是，按照经济增长理论，趋势项是一个平滑序列。Hodrick 和 Prescott 提出的 H-P 滤波则基于这一特点，从给定时间序列 y_t 中提取出一个平滑序列 τ_t 作为趋势项。其模型可归纳为一个优化问题：

$$x_t = \tau_t + c_t$$
$$\min_{\tau_t} \sum_t (y_t - \tau_t)^2 + \lambda \sum_t (\tau_{t-1} - 2\tau_t + \tau_{t-1})^2 \tag{2.5.3}$$

式中，x_t 为原序列；τ_t 为趋势要素；c_t 为循环要素。优化目标式中的第一部分是波动成分的度量，第二部分是趋势项"平滑"程度的度量。两个目标的相对重要性由参数 λ 决定。λ 的大小决定了趋势要素中包含的周期长短：λ 越大，则趋势要素越光滑，所包含的最小周期越长；反之，λ 越小，则趋势要素与原序列越接近，所包含的最小周期越短。不难看出，当 λ 趋于无穷大时，趋势要素为一条直线；当 λ 趋于 0 时，趋势要素与原序列重合。

　　事实上,可以证明,λ 的取值决定了趋势项中包含的最短周期成分。对于季度数据,通常取 λ 为 1600,称为 H-P(1600)滤子。H-P(1600)等价于将所有周期小于9.93 年的组成成分都从趋势要素中滤掉。但是,对于年度数据和月度数据,对 λ 的取值并没有达成共识。Ravn 和 Uhlig(2002)的研究表明:λ 的取值应该是观测数据频率的 4 次方,即年度数据应取 $\lambda=6.25$,季度数据应取 $\lambda=1600$,月度数据应取 $\lambda=129\,600$。他们从三个方面考察了这个结论:一是在频域上比较滤波转移方程的图像,发现 4 次方调整的效果最好;二是用分析方法讨论滤波的转移方程,发现如果假设是样本频率的 4 次方,那么 λ 的取值应该在 3.8~4;三是表明使用相同的调整规则,不同频率样本数据的趋势和周期应该非常接近,而蒙特卡罗实验显示,4 次方的调整最符合这个标准。

　　可以证明,通过 H-P 滤波得到的循环要素 C 满足下式

$$C_t = \frac{\lambda(1-L)^2(1-L^{-1})^2}{1+\lambda(1-L)^2(1-L^{-1})^2}x_t \tag{2.5.4}$$

用 $e^{i\omega}$ 替换 L,可得增益函数为

$$A(\omega) = \frac{\lambda(1-e^{-i\omega})^2(1-e^{i\omega})^2}{1+\lambda(1-e^{-i\omega})^2(1-e^{i\omega})^2} = \frac{4\lambda(1-\cos\omega)^2}{1+4\lambda(1-\cos\omega)^2} \tag{2.5.5}$$

　　当 λ 等于 1600 时,其系数如图 2-18 所示。λ 分别取 1000、1600、10 000 和32 000 时对应的增益函数如图 2-19 所示,可见随着 λ 增大,其通过的高频部分也增加,H-P 滤波本质上是一种高通滤子。由于是对称滤子,其对应的时间延迟为 0。

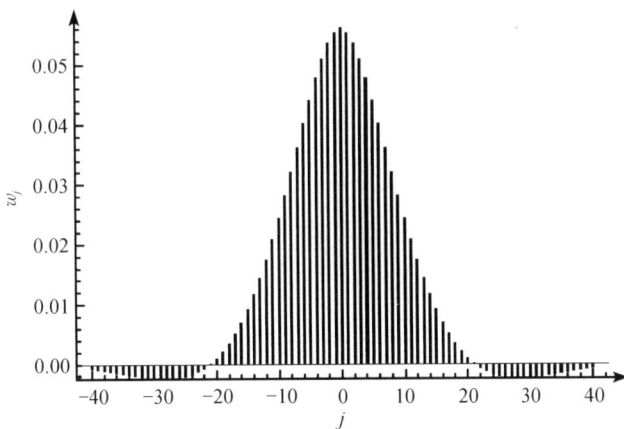

图 2-18　H-P(1600)的系数图

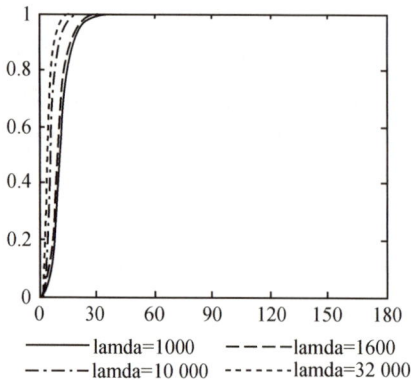

图 2-19　H-P(1000,1600,10 000,
32 000)的增益函数

H-P 滤波是 2008 年经济合作与发展组织(OECD),修订合成指数系统后采用的趋势提取方法。具体而言,OECD 采用双 H-P 滤波。首先 λ 取一个较大的值,去掉趋势部分;然后 λ 取一个较小的值,去掉时间序列中的高频成分。

根据 OECD 对上百个经济时间序列的检验,H-P 滤波在提前探测序列拐点和减小回溯误差两方面比阶段平均法效果更好。因此,OECD 的合成指数算法从 2008 年 12 月起停止使用阶段平均法,而改用 H-P 滤波来分离趋势项和循环项。我国 1991 年 4 季度到 2008 年 4 季度 GDP 累计值用 X12-ARIMA 乘法模型进行调整后得到的 TC 项,进一步使用 H-P(1600)分离趋势和循环要素的结果如图 2-20 所示。

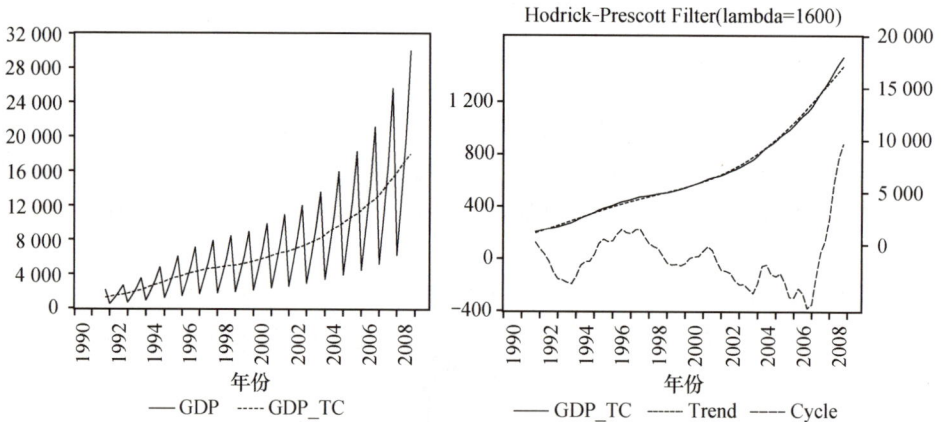

图 2-20　我国 GDP 的 X12-ARIMA 方法季节调整结果(左)和
H-P(1600)的趋势-循环要素分离结果(右)

2.6　直接滤波方法

由于对称滤子不存在时间延迟,所以信号提取方法总是青睐对称滤子。但是在应用对称滤子时,由于在序列的两端并不存在真实数据,所以需要识别原始数据服从的模型并外推预测,补全数据后再对原序列滤波。对真实数据的模型识别未必符合真正的数据产生模型,这就导致使用对称滤子的方法存在两个问题:当数据长度扩展时需要对以前计算得到的数据进行修正,对拐点的实时识别未必可靠;存在端点效应(也称数据漂移现象),导致不能及时识别拐点。

使用非对称滤子可以避免这些问题。直接滤波方法(direct filter approach, DFA)就是一种新提出的应用非对称滤子对数据滤波的方法。DFA 方法最早由瑞士苏黎世理工大学 Marc Wildi 教授于 1998 年提出(Wildi,1998),随后,Christiano 和 Fitzgerald(2003),Schleicher(2003)和 Van Norden(2003)也提出了类似的滤波方法。相比对称滤子方法,DFA 在拐点识别的速度和可靠性两方面做了一个有效的平衡,因此能更快更可靠地发现经济时间序列中的拐点。本书将以 Wildi(1998)的方法为例,详细说明这类滤波方法。

2.6.1 DFA 算法流程

DFA 算法的核心在于用一个非对称滤子去近似理想滤子的滤波效果,因此 DFA 算法可以归结为三步:①定义一个理想滤子;②定义一个非对称滤子;③优化非对称滤子的参数,使得该滤子对原序列的滤波结果与理想滤子的滤波结果尽可能接近。这里有两个关键点:一是特殊设计的一类 ARMA 滤子具有低通滤波和时间延迟小的特点;二是在谱空间里求解非对称滤子的参数值。

2.6.1.1 定义对称滤子得到理想趋势

在实际分析中,信息提取中的稳定性和及时性是非常重要的,大量的实践结果表明,对称滤子在非端点处的表现比较好。因此,DFA 方法以对称滤子提取出的信息作为基准,即理想趋势(ideal trend)。端点处的数据漂移问题,需要缩小样本以保证对称滤子能基于实际数据进行分析。例如,假设数据序列的样本区间为 $[T_1, T_2]$,但在数据信息提取时,实际的样本区间为 $[T_1 + t, T_2 - t]$,而 t 的长短取决于对称滤子的设计。需要说明的是,虽然以对称滤子为基准对非对称滤子的优化是在 $[T_1 + t, T_2 - t]$ 上分析的,但由于该滤子比较稳定,直接使用优化得到的非对称滤子分析 $[T_1, T_2]$,并不会对结果产生影响。

对平滑来说,"理想"的滤子应是保持低频成分不变,如周期大于一年的周期函数;同时又能消除所有的高频成分,即周期小于或等于 1 年的周期性因素。在 DFA 方法的实际使用中,通常定义理想的对称滤子的转换函数为

$$\Gamma(\omega) = \begin{cases} 1 & 0 \leqslant |\omega| \leqslant \pi pb \\ \dfrac{\pi sb - |\omega|}{\pi sb - \pi pb} & \pi pb \leqslant |\omega| \leqslant \pi sb \\ 0 & \pi sb \leqslant |\omega| \leqslant \pi \end{cases} \tag{2.6.1}$$

式中,pb<sb,pb 决定了通带(pass-band)的宽度,sb 决定了阻带(stop-band)的宽度。而 pb,sb 的取值可以决定信号提取后的波的周期,它可根据实际情况自行设定。例如,若输入信号为月度数据,取 pb=1/14,sb=1/7,则对应周期为 28 个月和 14 个月。在信号提取过程中,周期大于 28 个月的因素将全部保留,周期小于

14 个月的因素将全部消除,从而可以实现保留长期趋势、消除季节因素的目的。pb=1/14、sb=1/7 时转换函数的形式,如图 2-21 所示。

通过傅里叶反变换可得

$$\gamma_k = \begin{cases} -(14/\pi)/k^2 \left[\cos(k\pi/7) - \cos(k\pi/14)\right] & k \neq 0 \\ 3/28 & k = 0 \end{cases} \quad (2.6.2)$$

γ_k 就是理想滤子,γ_k 与 $\Gamma(\omega)$ 是一一对应的,其对应图形如图 2-22 所示。

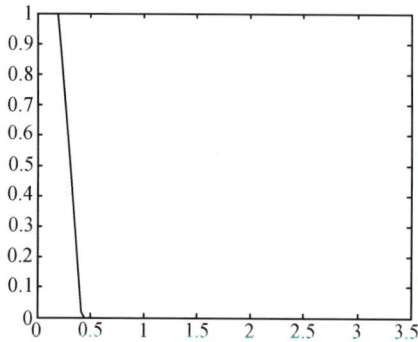

图 2-21　理想滤子的转换函数

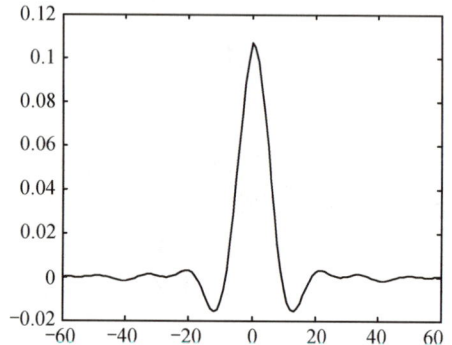

图 2-22　理想滤子 γ_k

因此,给定转换函数的形式,可对应得到理想滤子 γ_k,给定一个基准序列 X_t,由 $Y_t = \sum_{k=-N}^{N} \gamma_k X_{t-k}$(其中,$N$ 为滤子的阶数),则可得到理想趋势,这是分析的基准。

2.6.1.2　定义非对称滤子

DFA 在滤波中使用的是 ARMA 滤子,又称 ZPC 滤子。ZPC 滤子由 AR 滤子和 MA 滤子组合而成,回忆 2.2.4 节中介绍的 AR 滤子与 MA 滤子的特性可知:AR 滤子对高频率信号(对应长周期)保留较多,而对低频信号保留较小,但是它在高频处时滞很长。MA 滤子与 AR 滞子正好相反。在景气分析中,希望保留长周期,同时这个滤子在长周期上时滞也较短,能像 MA 滤子一样可以提前预测。ZPC 滤子正好可以做到这一点。ZPC 滤子对高频信号保留较好,对低频信号过滤较好,且时滞较短。正是因为 ZPC 滤子的优良特性,才使得 DFA 在过滤信号时有良好的表现。

在具体的程序中,通常使用的是 ARMA(15,15)滤子。

2.6.1.3　对 ZPC 滤子进行参数优化

ZPC 滤子中需要设置一些参数,包括 Z、P、C 等。对于参数的优化,需要用到优化准则,即通过非对称滤子与对称滤子得到的理想趋势之间的误差最小。

实时滤波信号提取的目标是 $\min E\left[(Y_T - Y_T')^2\right]$,其中,$Y_T$ 为对称滤子的输出信号,Y_T' 为非对称滤子的输出信号。在实际计算中有

$$\min E\big[(Y_T-Y'_T)^2\big]\Leftrightarrow\min\frac{1}{T}\sum_{t=1}^{T}\big[(Y_T-Y'_T)^2\big] \tag{2.6.3}$$

可证明（详细的证明见 Marc Wildi(2007)）

$$\begin{aligned}
&\frac{2\pi}{T}\sum_{k=-T/2}^{T/2}\big[\omega_k\mid\Gamma(\omega_k)-\hat{\Gamma}(\omega_k)\mid^2 I_{TX}(\omega_k)\big]\\
&\approx\frac{2\pi}{T}\sum_{k=-T/2}^{T/2}\omega_k I_{T\Delta Y}(\omega_k)\\
&=\frac{1}{T}\sum_{t=1}^{T}\big[(Y_T-Y_T')^2\big]\\
&\approx E\big[(Y_T-Y'_T)^2\big]
\end{aligned} \tag{2.6.4}$$

DFA 优化规则为

$$\min_f\sum_{k=1}^{N/2}\mid\Gamma(\omega_k)-\dot{\Gamma}(\omega_k)\mid^2 I_{NX}(\omega_k) \tag{2.6.5}$$

式中，$\omega_k=2\pi k/N$ 为离散的频率坐标集；$\hat{\Gamma}(\omega_k)$ 为对称算子的传递函数；$\Gamma(\omega_k)$ 为非对称算子的传递函数；$I_{NX}(\omega_k)$ 为要过滤的时间序列周期。

这是水平滤子(lever filter)满足实时信号提取的目标的最优，即预测的均方误差最小。然而，这样得到的滤波并不够平滑，对原目标函数改进，有

$$\min_f\begin{cases}\dfrac{2\pi}{T}\sum_{k=0}^{[T/2]}W(\omega_k)^2\mid\Gamma(\omega_k)-\hat{A}(\omega_k)\mid^2 I_{NX}(\omega_k)\\[3mm]+\lambda\dfrac{2\pi}{T}\sum_{k=0}^{[T/2]}2W(\omega_k)^2 A(\omega_k)\hat{A}(\omega_k)(1-\cos(\hat{\Phi}(\omega_k)))I_{NX}(\omega_k)\end{cases} \tag{2.6.6}$$

式中，

$$A(\omega)=\mid\Gamma(\omega)\mid;\quad\Phi(\omega)=-\arg(\Gamma(\omega))。 \tag{2.6.7}$$

滤子的转换函数 $\Gamma(\omega)$ 通过两个函数来表现，即增益函数和相位函数(phase function)。$\hat{A}$ 和 $\hat{\Phi}$ 分别是非对称滤子的幅值和相位函数对原理想滤子的估计。而且 $W(\omega)$ 是关于 ω 的单调实函数，通常形式为 $W(\omega,\text{weight})=\mid\omega\mid^{\text{weight}}$，$W(\cdot)$ 由 weight 大小决定，$0<\text{weight}<2,0<\lambda<20$。$\lambda$ 越大，则时间延迟越小，探测拐点越及时；weight 越大，$W(\omega)$ 越大，则高频噪点的剔除力度越强，输出信号越平滑，从而增加了探测拐点的可靠性。改进后的滤子为拐点滤子（TP filter）。当 $W(\omega)=1$ 且 $\lambda=1$ 时，TP 滤子的优化准则近似于水平滤子的优化准则，两种不同滤子优化的结果基本相同。具体的过程及原理可参见参考文献(Wildi,2007)。

下面以一个直观的例子来观察 weight 和 λ 值的不同对结果的影响。以固定资产投资当期同比(1991 年 1 月至 2006 年 12 月)为例，weight 和 λ 取不同值时得到的输出序列的其中一段区间，如图 2-23 和图 2-24 所示。

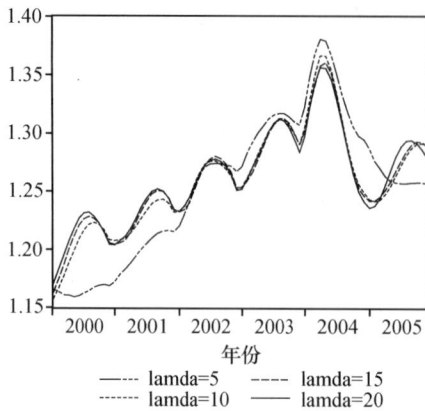

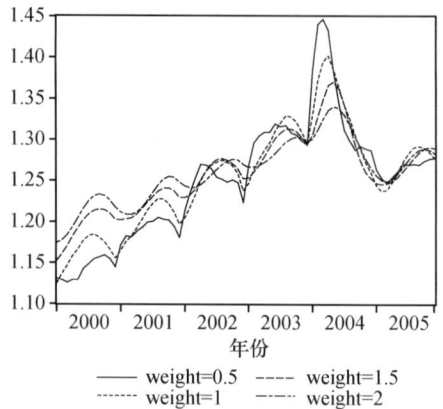

图 2-23　λ 的变化对滤波后序列的影响[①]　　　图 2-24　weight 的变化对滤波后序列的影响

　　随着 λ 的不断增加,即在优化目标中加大时滞的权重,滤波后序列的表现更为即时,峰谷的出现可逐渐提前。但对于固定的 weight 值,由于加大了 λ,剔除噪点的权重相比时滞的权重减小,导致滤波后序列的噪点增加,序列平滑性变差。

　　随着 weight 的不断增加,滤波后序列的幅值逐渐减小,变得更加平滑。随着weight 的增加,增大了剔除噪点的权重,也相应减小了时滞的权重,可以使序列更为平滑。注意观察峰、谷可发现,对于某一固定的 λ 值,加大 weight,序列在平滑的同时,峰、谷的出现不断滞后。

　　因此,实际应用中,在保证序列的稳定性或即时性时,如何权衡 weight 和 λ 的取值就成为一个相当重要的问题。下面的实证分析中,将采用拐点滤子提取循环波动项。

2.6.2　DFA 实例

2.6.2.1　单指标信息提取

　　对于 DFA 方法表现出来的优点,Schips 和 wildi(2004)已经通过一些实例进行分析验证。在应用 DFA 方法进行景气指数分析之前,本书也以几个中国的宏观经济指标作为例子,对 Model Based Approach(以 X12-ARIMA 为代表)和 DFA的分析效果进行了对比。前面已经提到,MBA 采用的是对称滤子,所以 MBA 在非端点处的效果表现很好。然而,DFA 是基于实时信号提取的,所以它在区间中部的表现不如 MBA。因此,在下面的分析中,主要对比两个方法在端点处的表现。

　　本节选择两个指标进行分析,即工业增加值当期同比与固定资产投资完成额累积同比。为了对比两种方法在端点处对于拐点的探测能力,在样本选择上,我们通过逐渐增加样本进行分析。首先选择 1995 年 1 月至 2005 年 1 月的月度数据,进行 MBA

---

　　① 图中的 lamda 即表示 λ。

和 DFA 方法分析,然后逐渐扩大样本,每次扩大 1 个月,直到 2005 年 6 月为止。分析结果如图 2-25 和图 2-26 所示,可见 MBA 方法存在着严重的尾端漂移,而 DFA 的表现却非常稳定。例如,对于工业增加值来说,MBA 分析结果在 2005 年 6 月才能判断出 2 月份的拐点;而 DFA 分析结果在 3 月和 4 月份的时候,就已经可以明显判定。

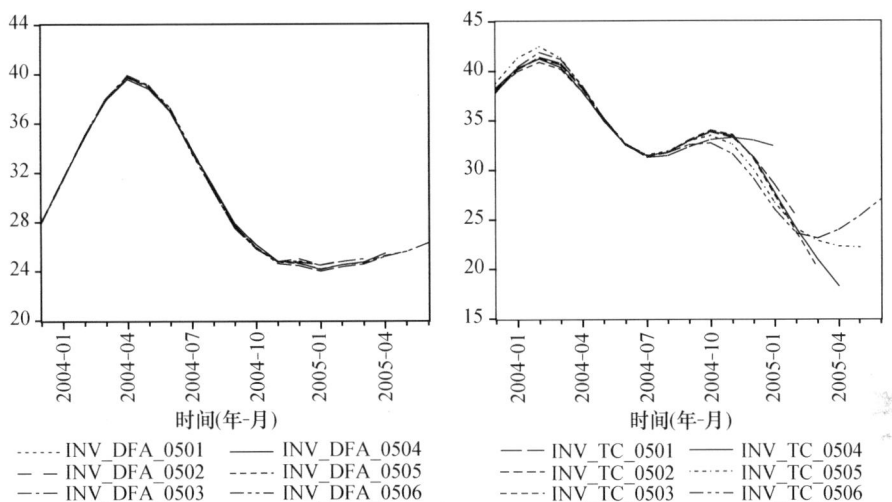

图 2-25 固定资产投资完成额累计同比的信息提取结果①

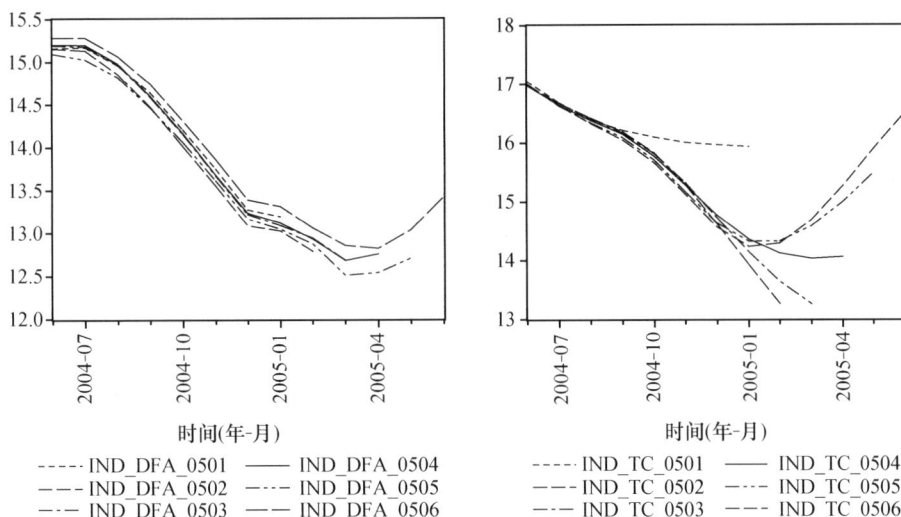

图 2-26 工业增加值当期同比的信息提取结果

①　其中 INV 代表固定资产投资完成额,IND 代表工业增加值,DFA 代表采用直接滤波方法 DFA,TC 代表采用的是 X12-ARIMA 季节调整的循环趋势项(即 TC 项),最后的数字代表采用截止至该日期的数据进行信息提取。例如 IND_TC_0503 即为利用截止到 2005 年 3 月的工业增加值的数据,采用 X12-ARIMA 季节调整的 TC 项。

2.6.2.2　景气合成指数信息提取

从 MBA 方法和 DFA 方法的比较分析结果可知,DFA 分析具有拐点探测准确、及时的特点。为此,本书运用基于 DFA 方法提取出来的循环波动项,对中国宏观经济景气进行分析,并与基于 X12-ARIMA 方法的分析结果进行对比。

本节的宏观经济景气分析使用增长率循环理论,所分析的数据均为增长率数据。其中,基准指标选为工业增加值,我们在对大量的数据进行指标分析后建立了先行指标体系,并选择出一组合成指数指标组合(表 2-1)。

表 2-1　合成指数指标组合

先行指标	一致指标
钢产量、十种有色金属、来料加工贸易进口、沿海主要港口吞吐量、货运量、钢材产量、化肥、工业产品产销率、金融机构短期贷款余额、金融机构中长期贷款余额	社会消费品零售额、进出口增长、银行工资性支出、规模以上工业增加值、发电量、固定资产投资、M1(狭义货币)

首先,我们对于 DFA 方法和 X12-ARIMA 方法的分析结果,在景气指数(合成指数)的拐点探测方面进行实例分析,比较拐点探测的能力。对于合成指数指标组合中的指标,先采用信息提取方法(DFA 方法或 X12-ARIMA 方法)获取循环波动项,然后使用 OECD 合成指数方法进行合成。因为在 2005 年 4 月至 2006 年 4 月一致合成指数正好有一个拐点,所以在样本选择上,首先选择 1991 年 1 月至 2005 年 4 月的月度数据,然后逐渐扩大样本,每次扩大 2 个月,直到 2006 年 4 月止,从而可以对比两种方法得到的合成指数(由于篇幅有限,这里仅对比一致合成指数)在端点处表现出来的拐点探测能力。

基于 DFA 方法的拐点滤子的一致指数图形如图 2-27 所示。从图中可看出,2005 年 6 月就可以很明显地判断出一致指数位于 3 月的谷。

基于 MBA 方法提取信息后的序列合成的一致指数结果如图 2-28 所示。从图中曲线的趋势可以看出,一致指数在 2005 年 8 月才能初步判断出谷的存在。与 DFA 方法相比,滞后了将近 2 个月。

本节使用 DFA 方法,对中国的经济景气进行分析。DFA 方法是比较新的信息提取方法,在实时信息监测方面具有优势。与 MBA 方法相比,DFA 方法能够更早地探测出拐点的存在,并提高拐点探测的准确度。作者所在的课题组,有多年的经济景气分析经验,却一直被景气指数拐点探测问题所困扰。2006 年底和 2007 年 10 月,我们参加了由 Schips 和 Wildi 主讲的关于 DFA 理论方法的介绍,以及程序实现的培训。这使得我们能够尽快掌握该方法的应用,并结合中国的数据,基于 DFA 方法对经济景气分析进行研究。实证分析结果表明,该方法能够有效地改进拐点预测的效果。

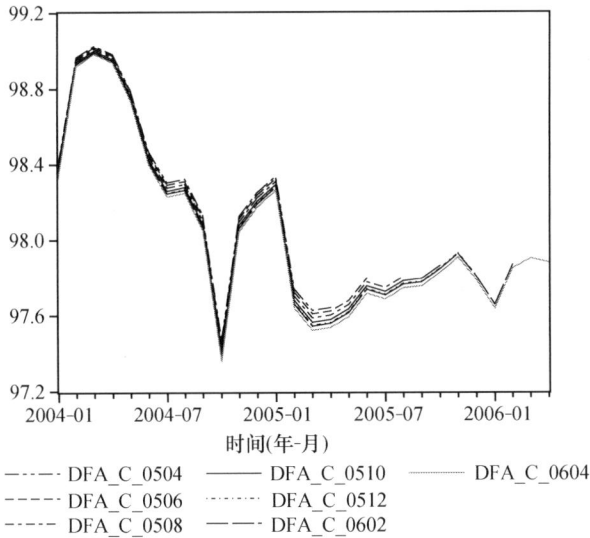

图 2-27　基于 DFA 方法的一致指数①

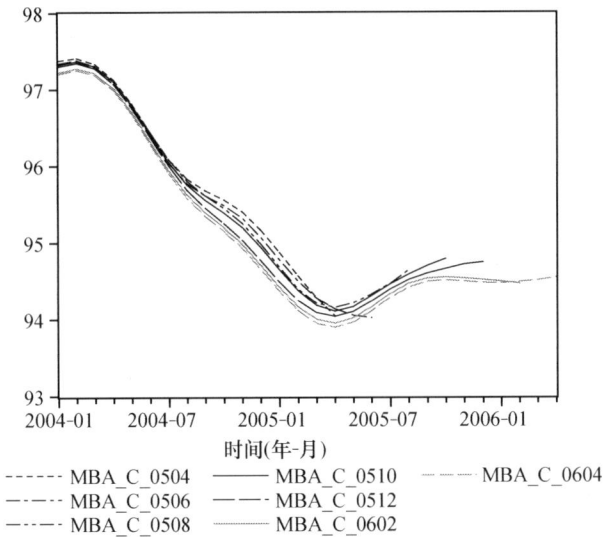

图 2-28　基于 X12-ARIMA 季节调整方法的一致指数

---

①　C 代表一致指数，变量最后的数字意义与图 2-25 相同。例如 DFA_C_0504 代表采用 DFA 方法，利用截止到 2005 年 4 的数据计算得到的一致指数。

参 考 文 献

董文泉,高铁梅,姜诗章,等. 1998. 经济周期波动的分析与预测. 长春:吉林大学出版社

中国人民银行调查统计司. 2006. 时间序列 X12-ARIMA 季节调整－原理与方法. 北京:中国金融出版社

Christiano L,Fitzgerald T. 2003. The band-pass filter. International Economic Review,44(2):435~465

Dettling M,Wildi M. 2007. Case study on the direct filter approach,R tutorial. http://cran. r-project. org/web/packages/signal extraction/vignettes/tutorial. pdf

Hamilton J D. 1999. 时间序列分析. 刘明志译. 北京:中国社会科学出版社

Hodrick R,Prescott E. 1980. Post-war U. S. business cycles:an empirical investigation. Technical report,Carnegie-Mellon,working paper

Maravall A,Mathis A. 1994. Encompassing univariate models in multivariate time series:a case study. Journal of Econometrics,61:19~233

Marcellino M. 2006. Leading indicators. Handbook of Economic Forecasting,1:879~960

Orphanides A. van Norden S. 2002. The unreliability of output-gap estimates in real time. Review of Economics and Statistics,84(4):569~583

Ravn M O,Uhlig H. 2002. On adjusting the hodrick-prescott filter for the frequency of observations. The review of economics and statistics,84(2):371~376

Schips B,Wildi M. 2004. Signal extraction:a direct filter aproach and clustering in the frequency domain. paper presented at the ISF conference,Sydney

Schips B,Wildi M. 2005. Signal extraction:how(in)efficient are model-based approaches? An empirical study based on TRAMO/SEATS and Census X-12-ARIMA,KOF working paper No. 96,Zürich

Schlescher C. 2003. Kolmogoov-wiener filters for finite time series. Comporting in Economics and Finance,108

Van Norden S. 2004. Optimal band-pass filtering and the reliability of cullet analysis. Eurostat Working Paper. http://neumann. hec. ca/pages/simoh. vah-nodern/

Wildi M. 1998. Detection of compatible turning—points and signal-extraction of non-stationary time series. Operations Research Proceedings,293~299

Wildi M. 2004. Signal extraction:efficient estimation, unit roots and early detection of turning points. Lecture Notes in Economics and Mathematical Systems,547. New York:Spring Berlin Heidelberg

Wildi M. 2008. Real-time signal extraction,beyond maximum likelihood principles Berlin:Springer Berlin Heidelberg

第3章 一致合成指数研究的新进展及应用

为了弥补扩散指数的不足,美国 NBER 的穆尔和商务部的希斯金在 20 世纪 60 年代编制了合成指数,并于 1968 年使其实用化。合成指数除了能预测经济周期波动的转折点之外,还能在某种意义上反映经济周期波动的振幅。合成指数的方法是从表示各种经济活动的主要经济指标中选取一些对景气敏感的指标,通过合成各指标变化率的方式,用合成的指数把握景气变动的大小。合成指数的指标构成也分为先行、一致、滞后指标组,它们共同构成指标体系。这是传统的非模型基础的合成指数方法,该方法的一致合成指数可以单独进行计算,先行指数和滞后指数的计算都需要和一致合成指数一起,因为算法中,先行、滞后指数的计算需要用到一致指数。对于基于模型的合成指数方法,对一致指数和先行指数采用的是不同的建模方法。基于模型的先行指数构建方法,将在第 4 章进行详细的叙述。本章将主要介绍一致合成指数的相关方法。

理论和实践结果均表明,传统的非模型基础方法得到的一致合成指数(CCI)缺乏经济解释力,且在经济监测和预测时,无法反映景气循环和转折点处各部门之间的波及与渗透程度。但由于其计算简单、易于理解和使用,多年来一直被宏观经济管理部门作为主要的景气分析工具用于宏观经济的分析。

近年来,随着经济理论和数理工具的发展,经济景气分析方法的研究取得了突破性进展。为了满足宏观经济管理的需要,并探求经济周期波动规律,西方经济统计学家们经过多年的研究,在先行指标研究的理论和方法上积累了很多非常有价值的研究成果(Stock and Watson,1988;Hamiltion,1989;Klein,1989;Diebold and Rudebusch,1996;Forni et al.,2000,2005;Achuthan and Banerji,2004;Marcellino,2006;Carriero 和 Marcellino,2007)。同时,在实践方面也积累了丰富的经验,尤其是美国经济研究局(NBER)和美国经济周期研究局(ECRI),一直在不断地改进研究方法,以提高先行指标研究方法在预测应用中的精度。以原来的非模型基础的合成指数方法为基础,发展了一系列基于模型的构建一致合成指数的方法,如 SW-CCI、FHLR-CCI、MS-CCI(Marcellino,2006)。

最初,Stock 和 Watson 在 1988 年提出了新的景气指数的概念和计算方法。他们认为景气变动不应仅仅针对基准指标的变动而言,还应该把景气循环看做更广泛的包括金融市场、劳动市场、商品销售市场在内的总体经济活动的循环。而为了反映以上这些方面的多个总量经济指标的共同变动,可以认为在这些变量共同变动的背后,存在着一个共同的因素,这一因素可由一个单一的、不可观测的共同因子来体现。这一共同因子代表了总的经济状态，它的波动才是真正的景气循环，这一因子被称为 SW 景气一致指数，即 SW-CCI。由于 SW-CCI 建立在严密的数学模型基础上，所以和传统的非模型基础的合成指数方法相比有了很大的进步。合成指数 CI 方法问世以来，景气指数法在经历了 1/4 世纪的停滞不前的阶段之后，终于有了明显的进展。

　　然而，SW-CCI 方法仍然需要事先对指标进行先行、一致、滞后指标组的分类，该方法不能对大规模的变量组直接进行分析。Forni 等（2000，2001）提出了基于动态因子模型的 FHLR 方法，改进了 SW-CCI 方法的不足，该方法计算的一致合成指数记为 FHLR-CCI。Sims 在 1989 年指出，虽然 SW-CCI 方法的框架是可以考虑变系数模型的，然而 SW-CCI 方法仍然只考虑了常系数模型。FHLR-CCI 也存在着同样的问题。Hamilton 在 1989 年提出了马尔可夫转移（MS）模型，该模型允许在不同状态下建立不同的模型，将不可观测的影响经济各方面波动的单一共同因素看做具有"繁荣"和"衰退"两种状态的离散变量，并利用马尔可夫状态转移矩阵和向量自回归模型，给出了描述离散一致指数的分析框架。在该 MS 模型的基础上，发展了多元 MS 模型、变参数 MS 模型等。

　　因子模型和马尔可夫转移模型方法能够描述经济周期的两个很重要的也是很基本的性质，即衰退和复苏阶段的扩散，以及在扩张和萧条状态下变量的不同行为。虽然因子模型和马尔可夫转移模型方法并不是很灵活和强有力的统计工具，但它们能够从计量理论角度给出一些充分合理的说明（Diebold 和 Rudebusch，1996）。Diebold 和 Rudebusch（1996）最早对因子模型和马尔可夫转移模型两种方法进行合并，提出了因子-马尔可夫转移模型方法，但他们没有提出联合估计方法。Kim 和 Yoo（1995 年），以及 Chauvet（1998 年）提出了极大似然估计方法，Kim 和 Nelson（1998 年），以及 Filardo 和 Gordon（1999 年）分别提出了 Gibbs 样本技术估计方法。因子-马尔可夫转移模型方法不是本书要介绍的重点，有兴趣的读者可参见相关的参考文献。

　　本章将首先介绍非模型基础的合成指数方法，然后介绍因子模型方法，即 SW-CCI 和 FHLR-CCI 方法，以及马尔可夫转移模型方法 MS-CCI。最后，基于我国数据，使用这些方法计算出一致合成指数，并给出实例分析。

3.1　非模型基础的合成指数方法

　　传统的非模型基础的合成指数方法，同时计算先行、一致、滞后合成指数。目前国际上正在使用的合成指数主要有三种计算方法。

　　（1）美国的 NBER 和世界大企业联合会（The Conference Board）基于"古典循环"的概念，依据景气指数绝对量的上升或下降来划分经济周期的阶段，并在此基础上计算景气指数。

（2）美国经济周期研究所（ECRI）基于"增长率循环"的概念，依据景气指标增长率的上升或下降来划分经济周期的阶段，并在此基础上计算景气指数。

（3）经济合作与发展组织 OECD（Organization for Economic Co-operation and Development）从 1978 年开始，基于"增长循环"的概念，依据景气指标相对于其趋势的偏离幅度划分经济周期的阶段，并在此基础上计算景气指数，用景气分析方法对其成员国的经济状况进行分析和预测。OECD 编制了各成员国基于"增长循环"的景气指数，并确定了各成员国的基准日期。OECD 编制合成指数的方法比较简单，而且由于重视先行指数，所以是针对先行合成指数研制的。

就增长率循环而言，对于非模型基础的合成指数方法，首先，需要选择具有较高灵敏度的先行、一致和滞后三类重要经济指标，构建经济景气分析指标体系。其中，指标的分类（分成先行、一致、滞后指标组）方法，一般采用 KL 信息量法、时差相关分析方法、BB 算法。其次，从增长率序列中分离出循环波动项。目前最常用的是季节调整 X12-ARIMA 方法，相关的最新技术已经在第 2 章中进行了详细的介绍。再次，对各构成指标设定权重。一般对所有指标设定相同的权重。当采用不同权重时，关于权重设定的方法大致有以下两种：一是根据评分系统对每个指标打分的结果，确定该指标的权重；二是根据某一指标与基准指标的相关系数确定该指标的权重（张永军，2007）。最后，计算非模型基础的合成指数，包括以下五个步骤。

1）计算每个指标的对称变化率

设 $Y_{ij}(t)$ 为第 j 个指标组的第 i 个指标。$j=1,2,3$ 分别代表先行、一致、滞后指标组；$i=1,2,\cdots,k_j$ 是组内指标的序号；k_j 是第 j 个指标组的指标个数。首先对 $Y_{ij}(t)$ 求对称变化率 $C_{ij}(t)$，有

$$C_{ij}(t) = 200 \times \frac{Y_{ij}(t) - Y_{ij}(t-1)}{Y_{ij}(t) + Y_{ij}(t-1)}, \quad t = 2,3,\cdots,n \qquad (3.1.1)$$

当构成指标 $Y_{ij}(t)$ 中有零或负值时，或者指标是比率序列时，取一阶差分，得

$$C_{ij}(t) = Y_{ij}(t) - Y_{ij}(t-1), \quad t = 2,3,\cdots,n \qquad (3.1.2)$$

由于变动幅度大的指标在合成指数中会产生决定性的影响，所以，需要对 $C_{ij}(t)$ 标准化，使其平均绝对值等于 1。其标准化因子计算为

$$A_{ij} = \sum_{t=2}^{n} \frac{|C_{ij}(t)|}{n-1} \qquad (3.1.3)$$

用 A_{ij} 将 $C_{ij}(t)$ 标准化，得到标准化变化率 $S_{ij}(t)$ 为

$$S_{ij}(t) = \frac{C_{ij}(t)}{A_{ij}}, \quad t = 2,3,\cdots,n \qquad (3.1.4)$$

2) 求各指标组的标准化平均变化率

首先,计算先行、一致、滞后指标组的平均变化率 $R_j(t)$

$$R_j(t) = \frac{\sum_{i=1}^{k_j} S_{ij}(t)w_{ij}}{\sum_{i=1}^{k_j} w_{ij}}, \quad j=1,2,3, \quad t=2,3,\cdots,n \quad (3.1.5)$$

式中,w_{ij} 是第 j 组的第 i 个指标的权重。

其次,计算指数标准化因子 F_j

$$F_j = \frac{\sum_{t=2}^{n} \frac{|R_j(t)|}{n-1}}{\sum_{t=2}^{n} \frac{|R_2(t)|}{n-1}}, \quad j=1,2,3 \quad (3.1.6)$$

由该式可知 $F_2=1$

最后,计算标准化平均变化率 $V_j(t)$

$$V_j(t) = \frac{R_j(t)}{F_j}, \quad t=2,3,\cdots,n \quad (3.1.7)$$

这是用一致指标序列的平均变化率的振幅来调整先行指标序列和滞后指标序列的平均变化率,其目的是为了把这三个指数当做一个协调一致的体系来应用。

3) 求初始合成指数 $I_j(t)$

令 $I_j(1)=100$,则

$$I_j(t) = I_j(t-1) \times \frac{200+V_j(t)}{200-V_j(t)}, \quad j=1,2,3, \quad t=2,3,\cdots,n \quad (3.1.8)$$

4) 趋势调整

趋势调整是为了使三个指标组得到的合成指数的趋势与计算一致指标组中被采用的序列的趋势平均值一致。其中,后者可以认为是总体经济活动中趋势动向的线性近似。趋势调整使得三个合成指数成为具有整合性的系统,为测定循环变动带来方便。

首先,对一致指标组的每个序列分别求出各自的平均增长率。使用的方法是复利公式,即

$$r_i = (\sqrt[m_i]{C_{L_i}/C_{I_i}} - 1) \times 100, \quad i=1,2,\cdots,k_2 \quad (3.1.9)$$

$$C_{I_i} = \frac{\sum_{t \in \text{最先循环}} Y_i(t)}{m_{I_i}}, \quad C_{L_i} = \frac{\sum_{t \in \text{最后循环}} Y_i(t)}{m_{L_i}} \quad (3.1.10)$$

式中,C_{I_i} 与 C_{L_i} 分别是一致指标组第 i 个指标最先与最后循环的平均值;m_{I_i} 与 m_{L_i}

分别是一致指标组第 i 个指标最先与最后循环的月数；k_2 是一致指标的个数；m_i 是最先循环的中心到最后循环的中心的月数。在此基础上求出一致指标组的平均增长率，即目标趋势 G_r 为

$$G_r = \Big(\sum_{i=1}^{k_2} r_i \Big) \Big/ k_2 \qquad (3.1.11)$$

其次，对先行、一致、滞后的初始合成指数分别用复利公式求出他们各自的平均增长率 r'_j 为

$$r'_j = (\sqrt[m]{C_{L_j}/C_{I_j}} - 1) \times 100 \qquad (3.1.12)$$

$$C_{I_j} = \frac{\sum_{\iota \in 最先循环} I_j(t)}{m_{I_j}}, \quad C_{L_j} = \frac{\sum_{\iota \in 最后循环} I_j(t)}{m_{L_j}} \qquad (3.1.13)$$

最后，分别对三个指标组的平均变化率 $V_j(t)$ 作趋势调整，即

$$V'_j(t) = V_j(t) + (G_r - r'_j), \quad j = 1,2,3; t = 2,3,\cdots,n \qquad (3.1.14)$$

5）计算合成指数

将各年份的指标变化率相对于基准年份进行处理，转换成以基准年份为 100 的合成指数。令 $I'_j(1) = 100$，则

$$I'_j(t) = I'_j(t-1) \times \frac{200 + V'_j(t)}{200 - V'_j(t)}, \quad j = 1,2,3; t = 2,3,\cdots,n$$

$$\qquad (3.1.15)$$

$$CI_j(t) = \frac{I'_j(t)}{\overline{I}'_j} \times 100 \qquad (3.1.16)$$

式中，$\overline{I}'_j$ 是 $I'_j(t)$ 为基准年份的平均值。这即为非模型基础的合成指数。

3.2　SW-CCI 方法

3.2.1　方法概述

Stock 和 Watson 于 1989 年提出了以动态因子模型为理论基础的、构建经济景气一致指数的非参数方法（以下简称 SW-CCI 方法）。该方法的核心思想是，经济周期的景气循环并非单独体现在国内生产总值（GDP）或者国民生产总值（GNP）的波动上，而是体现在更广泛的经济部门活动（如商品市场、资本市场、劳动力市场等）的综合变动上。因此，SW-CCI 方法认为，经济周期的波动根源是影响各个经济部门指标波动的"一个看不见的共同因子"，这个因子的波动导致了多个一致指标（相对基准指标的经济周期波动）的共同变动，它可以用一个不可观测的基本变量来体现，该变量的波动才是真正的景气循环。

　　SW-CCI方法引入因子模型将上述思想模型化。因子模型的实质是,可观测变量是由不可观测的因子(因子个数不限,但通常小于可观测变量的个数)的线性组合和不可观测的随机扰动共同组成的。其中,不可观测的因子是影响每个可观测变量的共同成分,但针对不同的可观测变量,线性组合的方式可以不同(因子载荷矩阵不同);不可观测的随机扰动是除去"因子"的共同影响之外,每个变量波动包含的个别因素,因子模型的经典假设要求随机扰动向量为正交的。传统因子模型研究周期问题的局限性有两个:第一,因子的线性组合无法体现周期波动的动态性;第二,经济变量的相互联系使得随机扰动向量非正交。

　　Geweke(1977)、Sargent 和 Sims(1977)最早提出用"看不见的因子"来刻画经济周期的真正波动,在他们的模型中,已经体现了"动态性",但是无法处理非正交的同期随机扰动。Chamberlain(1983)、Chamberlain 和 Rothschild(1983)则提出了针对非正交同期随机扰动的"拟因子模型",但却失去了"动态性"。

　　SW-CCI方法将滞后算子多项式引入传统的因子模型中,使该方法具有了"动态性"。为了解决因子识别问题,该方法又将动态因子模型改写成状态空间形式,即经济系统存在的状态的实质是一种不可观测的状态向量,该向量的同期元素恰好是因子模型中的"看不见的因子"。因此,利用卡尔曼滤波技术对状态向量进行识别,得到的同期元素就是真正的景气波动。在 Stock 和 Watson 给出的实证研究实例中,选择 NBER 一致合成指数包含的指标作为可观测向量,从中提取对这些可观测变量产生"同期"影响的"一个共同因子",将其作为真正反映经济景气波动的一致指数,效果较好。

　　然而,SW-CCI方法也存在着一些不足之处。首先,虽然该方法借鉴了因子模型的思想,但是没有充分利用"高维数据"的信息,其纳入的可观测对象是已经筛选过、对宏观经济各部门具有代表性的一致指标(通常为 8~10 个),存在较大的信息损失;其次,该方法假定只有一个因子影响所有的可观测变量,这个假定的合理性值得商榷;最后,该方法的应用中难以满足因子模型要求的正交随机扰动的假定,因为纳入的一致指标通常彼此相关,导致各自的随机扰动项彼此相关。

3.2.2　理论基础

　　在 SW-CCI 方法中,动态因子模型表示为

$$\Delta X_t = \beta + \gamma(L)\Delta C_t + u_t \tag{3.2.1}$$

$$D(L)u_t = \varepsilon_t \tag{3.2.2}$$

$$\phi(L)\Delta C_t = \delta + \eta_t \tag{3.2.3}$$

　　在式(3.2.1)中,X_t 代表 $n \times 1$ 维的可观测经济变量,它们通常是景气波动的一致指标组成的向量。X_t 包括两个成分:第一个成分是"看不见的单一共同因子"

或"基准循环"C_t,它对 n 个经济指标的波动均产生影响;第二个成分是 n 维的随机扰动向量 u_t,它代表了除去共同因子之外,影响每个经济指标波动的个别随机因素。式(3.2.2)和式(3.2.3)描述了两个成分的线性随机结构。

对于上述模型需要说明以下三点。第一,模型在技术上要求序列均是平稳的,而根据实证研究的经验,X_t 包含的 n 个变量(常常选择同比序列)通常是一阶单整的,因此模型采用了差分形式,即 ΔX_t 和 ΔC_t 均为平稳序列。第二,$\gamma(L)$、$D(L)$、$\phi(L)$ 是有限次的滞后算子多项式,u_t 和 ε_t 彼此独立且服从正态分布。第三,式(3.2.1)是标准的因子模型,SW 的动态性体现在方程式(3.2.2)和式(3.2.3)上,两个方程利用滞后算子多项式描述了随机扰动和共同因子的动态行为。

由于 C_t 是不可观测的变量,所以传统的参数估计方法在此失效。为了解决这个技术上的难题,SW-CCI 方法将上述动态因子模型引入到状态空间框架下,利用卡尔曼滤波技术对 C_t 进行"识别",完成了参数估计。卡尔曼滤波是状态空间求解的核心算法,是在时刻 t 基于所有可得到的信息计算状态向量的递推过程。其主要作用是,当扰动项和初始状态向量的当前值服从正态分布时,能够通过预测误差分解计算似然函数,从而对模型中的所有未知参数进行估计,并且一旦得到新的观测值,就可以利用卡尔曼滤波连续地修正状态向量的估计。

SW-CCI 方法改写成状态空间后的形式,包括量测方程和状态方程。量测方程为

$$X_t = Z_t \alpha_t + d_t + \varepsilon_t \tag{3.2.4}$$

状态方程为

$$\alpha_t = T_t \alpha_{t-1} + R_t \eta_t \tag{3.2.5}$$

式中,α_t 为 m 维状态向量,其第一个元素为 C_t;Z_t 为 $n \times m$ 阶的参数矩阵;d_t 为 n 维向量;ε_t 为 n 维连续的不相关的扰动向量,其均值为 0,协方差矩阵为 H_t;T_t 为 $m \times m$ 阶的参数矩阵;R_t 为 $n \times g$ 阶系数矩阵;η_t 为 g 维连续的不相关扰动向量,其均值为 0,协方差矩阵为 Q_t。在任何时间区间上,ε_t 和 η_t 相互独立。

利用卡尔曼滤波对状态空间模型进行识别后,得到的 α_t 估计结果的第一个元素所构成的序列,就是景气波动的真实"状态",即一致景气指数(也称一致合成指数)。

3.3　FHLR-CCI 方法

3.3.1　方法概述

Forni 等(2000)提出的广义动态因子模型(general dynamic-factor model),是基于非参数估计、用于经济周期一致指数构建的方法,简称 FHLR-CCI 方法。

3.2 节介绍的 SW-CCI 方法主要是利用"共同因子"刻画经济的真实波动,但

却忽略了因子模型处理高维数据的优势,这在 3.2.1 节中已经指出。经济系统的现实是,各部门之间的联系愈来愈复杂,景气分析需要处理的横截面上的宏观经济变量越来越多,导致变量个数常常大于时间序列的样本长度。这种高维问题的出现使得基于模型(参数)估计的方法,如向量自回归(vector-auto-regression,VAR)、向量自回归移动平均(VAR-moving-average,VARMA)等方法的实施出现了困难,因为高维变量意味着有过多的参数需要估计。因此,多元统计分析中的因子模型逐渐进入了景气分析的范畴,为处理高维数据提供了有效手段。而 FHLR-CCI 方法正是利用了因子模型的这个特点,将多维变量的信息纳入样本之中。

3.3 节已经对动态因子模型在景气指数构建应用中的局限性进行了分析,现有的各种方法均无法同时解决这两个难题。FHLR-CCI 方法通过引入频域分析技术,根据经济周期景气分析的特点对动态因子模型进行了拓展,同时解决了两个难题:首先,它是动态的因子模型,利用滞后算子多项式刻画了经济系统的变动结构,符合周期问题动态性的经济现实;最后,它允许因子模型中的随机扰动项同期非正交,充分考虑了经济系统各变量之间的相互联系。

和 SW-CCI 方法相比,FLHR-CCI 方法的特点是:第一,FHLR 设定了双边滞后算子多项式,这种设定将变量的滞后和超前信息一并纳入一致指数的构建中;第二,该方法可以在一个统一的框架下同时提取多个变量的不可观测的周期波动,即多个一致指数,并能分析这些指数刻画的不同周期之间的密切关系;第三,FHLR-CCI 方法不需要事先判断可观测变量相对基准指标的"先行、一致和滞后"性,可以将所有关注的经济指标纳入分析框架,充分利用了高维数据的信息;第四,FHLR-CCI 方法假定因子的个数是没有限制的,而是通过因子的方差贡献率来判断,这种方式更为客观。但是,FHLR-CCI 方法的缺陷是,双边滞后算子的假定使得其在实时分析应用中存在滞后性。针对此问题,韩艾等(2010)在应用该方法对中国金融周期进行研究时,通过进行单边化处理,解决了该问题,提高了 FHLR-CCI 方法的时效性并拓宽了其应用范围。

目前,美国芝加哥联邦储蓄委员会利用 FHLR 方法来构建的 CFNAI 一致指数,并每月进行更新。CEPR 利用该方法构建了欧元区的 Euro COIN 一致指数,并每月进行更新。

3.3.2　理论基础

3.3.2.1　模型及假设

FHLR-CCI 方法假设所有研究的可观测随机变量属于 Hilbert 概率空间 $L2(\Omega,\mathcal{F},P)$,这些变量都具有有限的一阶矩和二阶矩。考察的变量系统 $\{x_{it}, i \in \mathbf{N}, t \in \mathbf{Z}\}$ 可以用以下模型进行描述

$$x_{it} = b_{i1}(L)u_{1t} + b_{i2}(L)u_{2t} + \cdots + b_{iq}(L)u_{qt} + \xi_{it} \tag{3.3.1}$$

式中,L 代表滞后算子;变量 u_{jt},$j=1,\cdots,q$ 称为模型的"共同因子"或"共同冲击";变量 $\chi_{it}=x_{it}-\xi_{it}$ 和 ξ_{it} 分别称为 x_{it} 的"共同成分"和"随机成分"。

FHLR-CII 方法满足以下 4 个假设。

假设(1):q 维向量 $\{(u_{1t},u_{2t},\cdots,u_{qt})',t\in\mathbf{Z}\}$ 是正交白噪声过程;对于双下标序列 $\xi=\{\xi_{it},i\in\mathbf{N},t\in\mathbf{Z}\}$,满足 $\forall n,\xi_n=\{(\xi_{1t},\xi_{2t},\cdots,\xi_{nt})',t\in\mathbf{Z}\}$ 符合零均值平稳向量过程,而且 $\forall i,j,t,k,\xi_{it}\perp u_{j,t-k}$;$b_{ij}(L)$ 是关于 L 的单边滤子,且其系数是平方可加的。

假设(1)表明,n 维向量 $x_n=(x_{1t},x_{2t},\cdots,x_{nt})'$,$\forall n$ 都是零均值平稳向量过程。

假设(2):x_{nt} 的谱密度矩阵为 Σ_n,其元素为 $\sigma_{ji}(\theta)$,则对于 $c_i>0$,都存在 $\forall\theta\in[-\pi,\pi]$,$\forall\theta\in[-\pi,\pi]$,使 $\sigma_{ii}(\theta)\leqslant c_i$。

假设(3):随机成分 ξ_{it} 的谱密度矩阵 Σ_n^ξ 的第一个特征值 λ_{n1}^ξ 满足,$\forall\theta\in[-\pi,\pi]$,$\forall n\in\mathbf{N}$,$\exists\Lambda\in\mathbf{R}$,使 $\lambda_{n1}^\xi(\theta)\leqslant\Lambda$。

假设(4):共同成分 χ_{it} 的谱密度矩阵 Σ_n^χ 的前 q 个特征值满足 $\forall j\leqslant q$,当 θ 在 $[-\pi,\pi]$ 中任意取值时,都有 $\lim_{n\to\infty}\lambda_{nj}^\chi(\theta)=\infty$。

在假设(1)~(4)下,方程式(3.3.1)就是广义动态因子模型。

3.3.2.2 共同成分的渐进估计

FHLR-CCI 方法的目的是对于 $\forall i$,得到剔除随机成分 ξ_{it} 后,真正反映变量 x_{it} 变化的共同成分 χ_{it} 的取值。对于有限维可观测向量 x 的 T 期观测值 $\{x_{it},i=1,\cdots,n;t=1,\cdots,T\}$,总体共同成分 χ_{it} 的渐进估计量 $\chi_{it,n}$ 的计算过程可通过以下步骤得到。

步骤 1 计算样本协方差矩阵的 $\hat{\Gamma}k$,用于构建 x 的样本谱密度矩阵。

其中,$k=-M,-(M-1),\cdots,0,1,2,\cdots,M$。可以推算出,$M$ 代表了滞后算子的最大阶数,通常选择 $M=O(T^{1/3})$,以保证估计结果的渐进有效。

步骤 2 计算 x 的样本谱密度矩阵 $\Sigma_n(\theta)$,以产生计算 $\chi_{it,n}$ 的特征向量。

步骤 3 确定因子个数 q。在假设(1)~(4)下,可证明当 $n\to\infty$ 时,x 的样本谱密度矩阵 $\Sigma_n(\theta)$ 的前 q 个特征值会随着 θ 在 $[-\pi,\pi]$ 区间内的变化而出现较大偏离;而第 $q+1$ 个特征值则随着 θ 在 $[-\pi,\pi]$ 区间内变化,存在统一的界 A,即 $\exists A\in\mathbf{R}$,$\forall\theta\in[-\pi,\pi]$,$\forall n\in\mathbf{N}$,满足 $\lambda_{n,q+1}(\theta)\leqslant A$。利用此结论,可计算当样本维数不断增加时,每一个因子的方差贡献,即维数不断增加时 $\Sigma_n(\theta)$ 的复特征值,以此确定因子个数 q。

步骤 4 计算总体共同成分 χ_{it} 的渐进估计量 $\chi_{it,n}$,$i=1,2,\cdots,n;t=1,2,\cdots,T$。

3.3.2.3　对 FHLR-CCI 方法的评价

FHLR-CCI 方法与传统因子模型方法相比,具有很多优势。

第一,FHLR-CCI 方法是动态的。它利用滞后算子多项式 $b_{ij}(L)$ 来刻画观测到的经济变量 x_{it} 和 q 个共同因子的时序动态关系。而且其因子个数 q 是固定的,影响的时期长短通过调整 $b_{ij}(L)$ 的形式来实现,并非像静态模型那样将因子的滞后项作为一个新的因子纳入模型。

第二,FHLR-CCI 方法允许 x_{it} 的共同成分 χ_{it} 具有无穷阶的移动平均结构,即 $\chi_{it} \sim MA(\infty)$,这样可以使观测到的经济系统变量 $x_n = (x_{1t}, x_{2t}, \cdots, x_{nt})'$, $\forall n$, $\forall t$,对共同因子的冲击具有 AR 和 MA 的反应结构。考虑到很多周期波动是一个典型的动态问题,FHLR-CCI 方法对系统的统计结构动态刻画比传统的因子模型更加符合经济现实。

第三,FHLR-CCI 方法允许随机成分之间存在同期相关,即 ξ_{it} 的协方差矩阵的非对角元素可以不为 0。在一个复杂的经济金融系统内,不同的经济或金融变量 x_{it} 之间相互影响,因此其对应的随机成分 ξ_{it} 很可能存在同期相关;而传统的因子模型严格要求随机成分是正交的,对 $\text{cov}(\xi_{it})$ 为非对角阵的情况,不可观测到的共同成分和随机成分是无法识别的。

第四,每个可观测变量 x_{it} 的共同成分 $\chi_{it,n}$ 都是 x_{it} 在其前 q 个动态主成分上的投影的线性组合(步骤4),即每个变量在某一时期剔除随机扰动的波动(取值)χ_{it} 都是所有可观测变量的函数。也就是说,FHLR-CCI 方法可以将各个变量之间的动态联系纳入到每个变量的共同成分 χ_{it} 的计算之中,它反映了经济系统的复杂性。

第五,与传统方法不同,FHLR-CCI 方法并不需要分析各个变量与关心的基准指标之间的先行关系;而是直接利用估计过程,通过基准指标对应的 x_{it} 的共同成分 χ_{it} 的方程中的滞后算子多项式来反映变量之间的时序关系。

然而,FHLR-CCI 方法也存在着不足。例如,在 χ_{it} 的计算中引入了可观测变量的未来值,这造成了其在实际应用中的滞后性,因此不能满足宏观经济实时分析的需要。

3.4　MS-CCI 方法

SW-CII 方法建立了一种新的研究框架,却由于它在模型中采用常系数而受到学者的质疑,如 Sims(1989)。同样,FHLR-CII 方法也受到类似的批评。其中,Hamilton(1989)提出的马尔可夫状态转移模型(Markov switching model, MS)又称为马尔可夫机制转换模型,就是对这种批评最好的回应。为了便于研究,马尔可夫转移模型将连续变化的时间进行"离散化"处理。同样,该模型把事物所处的状态也划分成具体的若干类型,分别与状态空间对应。这一类模型假设经济周期与两个(或者多个)不同的状态相关,使其可以更好地描述整个经济系统的变化。对于两个状态的情形,通常可以将其对应为上升期和下降期;对于多个状态的情形,如四个状态的情形,可以将其对应为繁荣、衰退、萧条、复苏,这四种类型通常被用于刻画经济周期的四个状态。而状态间的转移的概率可以通过马尔可夫过程进行描述。

此外,状态间转移的概率包括两种情况:一种是常系数(fixed transiton probabilities),这类转移概率不依赖于其他变量;另一种是变系数(time-varying transition probabilities),这类转移概率会依赖于一些外生变量。因此,常系数转移概率假设下,每一状态的期望持久期是固定不变的;而变系数转移概率假设下,各状态的期望持久期是动态变化的。从目前的文献调研看,已经有许多文献利用状态转移模型分析 GNP 或 GDP 增长率,进而用于研究经济周期,如 Hamilton(1989)、Mike Artis 等(2004)和 Kim 等(2002)。然而,由于 GDP 及 GNP 的数据为季度频率,而且数据发布有一定的滞后性,所以当用这类数据研究经济周期问题时,很难对当时的经济状态进行实时的研究。虽然 Macellino(2006)介绍可采用状态转移模型研究一致合成指数进而分析经济周期,并介绍了一些采用状态转移模型研究经济周期的文献,但其中大部分文献均是基于 GDP 或 GNP 对欧、美经济周期的研究。基于一致合成指数的研究很少,更没有针对中国问题的研究。

事实上,如果合成指数构造得比较客观合理,那么针对月度的合成指数,建立MS 模型进行研究将是一个不错的选择。首先,如果合成指数为月度数据,那么可以提供更为及时、丰富的信息,特别是在中国这种可用数据长度很短的情况下,月度数据可以扩充一定的样本量。其次,合成指数可以从多个方面反映整个经济系统的运行。一方面,合成指数的构成包含了经济系统运行的多个方面,其信息更为丰富;另一方面,合成指数包括先行合成指数、一致合成指数及滞后合成指数,通过先行合成指数还能够对未来一段时期的经济状态提供有价值的预测、预警,这将是本书下一章重点介绍的内容。通过一致合成指数可以对当前经济状态进行判断。本节主要介绍状态转移模型的主要原理与方法及用于一致合成指数研究的主要思路。

3.4.1　单变量 MS 模型

记 y_t 为一平稳时间序列,则可设 $y_t = c_{s_t} + A_{s_t} y_{t-1} + u_t$,其中,$s_t$ 代表整个系统的不同状态。例如,在二元情况下,s_t 取 0 或 1,则 $s_t = 1$ 代表市场处于衰退期,而 $s_t = 0$ 代表市场处于繁荣期。该状态变量 s_t 是不可观测的,但是变量 y_t 可提供一些信息用于估计这一状态变量的取值。

在利用因子模型分析时,也曾采用过一个不可观测的变量来反映各指标的变化。然而,与因子模型不同的是,马尔可夫转移模型中不可观测的变量 s_t 是离散的,而且它并非直接反映各变量而是通过经济系统不同状态来影响变量取值,是间接的影响。

为了能够估计得到模型各参数,对状态变量 s_t 进行描述是必要的,但由于它是离散形式的,不能像因子模型中给定的形式那样进行分析。在 Hamilton(1989)的研究中,其状态变量是二元的,且假设它服从一阶马尔可夫过程,即

$$
\begin{aligned}
P[s_t = 1 \mid s_{t-1} = 1] &= p \\
P[s_t = 0 \mid s_{t-1} = 1] &= 1 - p \\
P[s_t = 0 \mid s_{t-1} = 0] &= q \\
P[s_t = 1 \mid s_{t-1} - 0] &= 1 - q
\end{aligned}
\tag{3.4.1}
$$

为了便于说明,本书也仅对两个状态的情形进行分析。

在实际中,有些变量的变化可能存在更多状态的情况,这里,我们基于条件均值存在状态变化的模型,介绍多状态(状态数大于 2)的马尔可夫机制转换模型。设有模型为

$$
y_t = c_{s_t} + A_{s_t} y_{t-1} + u_t
\tag{3.4.2}
$$

式中,u_t 是独立同正态分布,假定状态变量 s_t 的取值个数大于 2,不妨令 $s_t = 1$,$2,\cdots,m(m>2)$。则模型中状态变量的一阶马尔可夫转移概率矩阵为

$$
p = \begin{bmatrix}
p_{11} & p_{21} & \cdots & p_{m1} \\
p_{12} & p_{22} & \cdots & p_{m2} \\
\vdots & \vdots & \vdots & \vdots \\
p_{1m} & p_{2m} & \cdots & p_{mm}
\end{bmatrix}
\tag{3.4.3}
$$

同样有 $p_{ij} = p(s_t = j \mid s_{t-1} = i, \psi_{t-1})$,$\sum_{j=1}^{m} p_{ij} = 1$。所以模型状态变量的马尔可夫概率转移矩阵中存在着 $m(m-1)$ 个未知参数。

综上所述,当 $m=2$ 时,模型状态变量的马尔可夫概率转移矩阵中只有 2 个未知参数;当 $m=3$ 时模型状态变量的马尔可夫概率转移矩阵中就有 6 个未知参数,m 越大则状态变量转移矩阵中的未知参数就越多,并且几乎接近于几何级数方式的增长。因此,模型设定中的状态变量个数越多则模型需要估计的未知参数就成倍增长,这样对估计所需的样本数量的要求就越高,而且参数估计的精度也受到很大的限制。正是由于这个限制,在目前实际应用中仅只有两状态和三状态模型的应用。实际上,推广到三状态甚至多状态也是非常必要。而且,一些实证结果表明,三状态的模型能够更好地描述整个经济周期。例如 Kim and Murray(2002)对

于美国经济的研究和 Artis 等(2004)对欧洲经济的研究。当状态变量 s_t 取三状态时,三个状态分别代表衰退、经济高速增长及经济正常增长。

马尔可夫状态转移自回归模型(MSAR)中,y_t、s_t 定义同前。MSAR 模型形式定义为

$$(1 - \phi(L))(y_t - \alpha_0 - \alpha_1 s_t) = u_t \tag{3.4.4}$$

式中,$\phi(L) = \phi_1 L + \phi_2 L^2 + \cdots + \phi_r L^r$,$u_t \mid s_t \sim$ i. i. d. $(0, \Sigma(s_t))$。

在该模型中,状态变量 s_t 同样服从马尔可夫转移过程,其转移矩阵为常数阵,即

$$P(S_t = s_t \mid S_{t-1} = s_{t-1}) = \begin{bmatrix} q & 1-q \\ 1-p & p \end{bmatrix} \tag{3.4.5}$$

式中,$p = P[s_t = 1 \mid s_{t-1} = 1]$,$q = P[s_t = 0 \mid s_{t-1} = 0]$。

3.4.2　多元框架下的 MS 模型

前面已简单介绍了单变量情况下的 MS 模型,本节主要介绍多元 MS 模型的研究框架。多元 MS 模型,主要是指马尔可夫状态转移向量自回归模型(Markov-switching vector auto-regression models),简记为 MSVAR 模型。该模型由 Krolzig(1997)首先提出,后经 Clements(1998)及 Clements(2003)不断完善。

记向量 $y_t = (y_{1t}, \cdots, y_{pt})$ 为 p 维的时间序列观测数据向量,条件依赖于潜在状态变量 S_t。$S_t = \{1, \cdots, M\}$ 为不可观测的状态向量,系统中存在 M 个不同的状态;同前,状态向量服从一阶马尔可夫过程。$x_t = (x_{1t}, \cdots, x_{nt})$、$z_t = (z_{1t}, \cdots, z_{qt})$ 均表示 y_t 所依赖的外生向量,其中,x_t 条件依赖于状态变量 S_t,z_t 不依赖于状态变量 S_t。转移概率矩阵采用 Hamilton(1994)的定义,记为

$$P = \begin{pmatrix} p_{11} & \cdots & p_{M1} \\ p_{12} & \cdots & p_{M2} \\ \vdots & \vdots & \vdots \\ p_{1M} & \cdots & p_{MM} \end{pmatrix} \tag{3.4.6}$$

式中,$\sum_{j=1}^{M} p_{kj} = 1$,$p_{kj} \geqslant 0$,$\forall k, j \in \{1 \cdots M\}$。

令 $I_{t-1} = (y_{t-1}, \cdots, y_1)$ 为 $t-1$ 时刻的信息集,则

$$\begin{aligned} p_{kj} &= P(s_t = j \mid s_{t-1} = k, \cdots, s_1 = l, I_{t-1}) \\ &= P(s_t = j \mid s_{t-1} = k) \quad \forall k, j \in \{1 \cdots M\} \end{aligned} \tag{3.4.7}$$

经典的计量经济模型诸如多元回归模型、自回归模型、向量自回归模型等都有其对应形式的状态转移模型。同时,又由于状态转移模型中不同系数的状态依赖

程度不同,其主要模型可分成五类。基本形式有以下五种。

1) 马尔可夫均值-方差模型(the mean-variance model)

$$y_t = \nu s_t + u_t$$
$$u_t \mid s_t \sim \text{i. i. d.} (0, \Sigma(s_t))$$

(3.4.8)

在多元框架下,马尔可夫均值-方差模型通常简记为 MSI(M)H-VAR(0)模型。该模型曾被 Bellone(2004)用于研究美国经济衰退问题。

2) 马尔可夫向量自回归状态模型(the MS-VAR regime dependent model)

$$y_t = \nu s_t + \beta_{s_t}^1 y_{t-1} + \cdots + \beta_{s_t}^q y_{t-q} + u_t$$
$$u_t \mid s_t \sim \text{i. i. d.} (0, \Sigma(s_t))$$

(3.4.9)

马尔可夫向量自回归状态模型是 Krolzig(1997)提出的多状态、q 阶滞后的 MSVAR 模型,简记为 MS(m)-VAR(q)模型的截距形式。该模型的一个重要特点是在截距和系数向量中均包含了不可观测的状态变量 s_t。

3) 马尔可夫向量自回归截距状态转移模型(the MS-VAR intercept regime dependent model)

$$y_t = \nu s_t + \delta_1 y_{t-1} + \cdots + \delta_q y_{t-q} + u_t$$
$$u_t \mid s_t \sim \text{i. i. d.} (0, \Sigma(s_t))$$

(3.4.10)

马尔可夫向量自回归截距状态转移模型是模型式(3.4.9)的简化,仅在截距中包括状态变量 s_t。该模型可简记为 MSI(M)-VAR(q)模型。

另外,马尔可夫转移模型也可与多元回归模型相结合,如

4) 半状态转移回归模型(the partially regime dependent MS-Regression model)

$$y_t = \beta_{s_t} x_t + \delta z_t + u_t$$
$$u_t \mid s_t \sim \text{i. i. d.} (0, \Sigma(s_t))$$

(3.4.11)

半状态转移回归模型假设部分解释变量 x_t 条件依赖于状态向量,而部分解释变量 z_t 不依赖于状态向量。

5) 广义状态转移回归模型(the general MS-Regression model)

$$y_t = \beta_{s_t} x_t + u_t$$
$$u_t \mid s_t \sim \text{i. i. d.} (0, \Sigma(s_t))$$

(3.4.12)

广义状态转移回归模型假设解释变量全部条件依赖于状态向量。

另外,由于被解释变量的数据特点不同,对于各种模型中残差的假设也不相同,主要分为三类。

1) 同方差假设

同方差假设是最严格的假设,残差的方差矩阵形为

$$\Sigma(s_t) = \sigma^2(s_t) I_p \quad 或 \quad \Sigma = \sigma^2 I_p \tag{3.4.13}$$

前者假设方差条件依赖于状态向量,而后者假设方差与状态向量无关。但不论何种形式均假设残差序列同方差。

2) 异方差假设

假设残差的方差矩阵形为

$$\Sigma(s_t) = \begin{pmatrix} \sigma_1^2(s_t) & \cdots & 0 \\ \vdots & \ddots & 0 \\ 0 & \cdots & 0 \\ 0 & \cdots & \sigma_M^2(s_t) \end{pmatrix} \tag{3.4.14}$$

或者

$$\Sigma(s_t) = \begin{pmatrix} \sigma_1^2 & \cdots & 0 \\ \vdots & \ddots & 0 \\ 0 & \cdots & 0 \\ 0 & \cdots & \sigma_M^2 \end{pmatrix} \tag{3.4.15}$$

在异方差假设下,原有的 AR 模型转化成 ARCH 模型,VAR 模型转化成 VARCH 模型等。

3) 一般性假设

假设残差的方差矩阵形为

$$\Sigma(s_t) = \sigma^2(s_t) \odot I_p \quad 或者 \quad \Sigma(s_t) = \sigma^2 \odot I_p \tag{3.4.16}$$

在一般性假设下,不仅允许残差序列存在异方差,同时还允许残差序列存在自相关。

三种不同的残差假设均可与前面介绍的五种模型结合,为其应用提供较为广泛的选择范围。需要注意的是,状态转移模型的建立有两个基本假设,即被研究对象的平稳性和马氏性。在本节中所介绍的全部模型均假设转移概率服从一阶马尔可夫过程,即事物本阶段的状况仅由上一阶段的发展状况决定,"将来"只与"现在"有关,而与"过去"无关。从而,当采用本节模型建模时,一定要注意实际研究问题是否满足该假设。

此外,在许多文献中,常见的马尔可夫状态转移模型还有另外一种形式——均值型状态转移模型,其两状态下一阶自回归的基本形式为

$$\begin{aligned} &y_t - \nu(s_t) = \alpha(s_t)(y_{t-1} - \nu(s_{t-1})) + u_t \\ &u_t \mid s_t \sim \text{i.i.d.}(0, \Sigma(s_t)) \end{aligned} \tag{3.4.17}$$

式中,y_t 为研究变量,设 $s_t = 1, 2$,且 s_t 服从一个二-状态马尔可夫链,记

$$\nu(s_t) = \begin{cases} \nu_1 & s_t = 1 \\ \nu_2 & s_t = 2 \end{cases} \tag{3.4.18}$$

在该情况下,原有的状态变量已经无法表达所有情况。在原形式下,模型仅对应两种情况,即 $s_t = 1, 2$。在对应情况下,模型形式唯一,从而可以进行参数估计等。但在该形式下,模型形式不仅与 s_t 所处状态有关,还与 s_{t-1} 所处状态相关,因此,需要重新定义一个新状态变量为

$$s_t^* = \begin{cases} 1 & if \ s_t = 1, s_{t-1} = 1 \\ 2 & if \ s_t = 2, s_{t-1} = 1 \\ 3 & if \ s_t = 1, s_{t-1} = 2 \\ 4 & if \ s_t = 2, s_{t-1} = 2 \end{cases} \tag{3.4.19}$$

若 p_{ij}^* 表示 $P\{s_t^* = j \mid s_{t-1}^* = i\}$,则 s_t^* 服从一个四-状态马尔可夫链,其转移概率矩阵为

$$P = \begin{bmatrix} p_{11} & 0 & p_{11} & 0 \\ p_{12} & 0 & p_{12} & 0 \\ 0 & p_{21} & 0 & p_{21} \\ 0 & p_{22} & 0 & p_{22} \end{bmatrix} \tag{3.4.20}$$

因此,重构状态变量 s_t^* 后得到的概率转移矩阵 p^* 中,所包含的未知参数仍然只有两个,一般仍旧设定为 p_{11} 和 p_{22}。重构后的状态变量转移矩阵不仅满足了模型的相关形式,而且也同时遵循了模型设定状态变量 s_t 的要求。然而,分析可知,重构后的状态变量转移矩阵比模型只包含一阶滞后变量时的状态变量概率转移矩阵要大得多。根据上面推导的原理,我们可以知道在模型包含 m 个状态、p 阶滞后变量的情况下,状态概率转移矩阵就是一个 m^{p+1} 阶的方阵。因此,当模型状态个数一定、模型所包含滞后变量的阶数增加的情况下,虽然模型未知参数并不会有太大的增加,但是模型估计过程中所需使用的状态变量的概率转移矩阵则成几何级数的扩大。此种情况下会在计算和矩阵定义上对模型的估计造成相应的困难。

MSVAR 模型主要采用极大似然法结合 EM(expectation-maximization)算法或滤波方法估计。具体的估计方法可参考 Hamilton(1989)、Hamilton(1994)、Bellone(2004)等。需要说明的是,一些软件提供了免费的软件包可以实现以上模型的估计与计算,之前介绍的多元框架下的五类模型均可采用 Gauss 中的 MS-VARlib 进行估计。而且软件 OX 中也提供了 MSVAR 软件包及 SCILAB 中的 Grocer 工具包用于估计该模型。前两种软件本身为收费的软件,但有试用版可使用,SCILAB 为开源的软件,可从网站 http://www.scilab.org/直接下载使用。

3.4.3　MS-CCI 方法

采用状态转移模型对一致合成指数进行研究,可以得到许多有意义的结果。

本小节将利用状态转移模型对一致合成指数进行建模（MS-CCI 方法），并分析各个结论所对应的经济含义。状态转移模型对一致合成指数建模后，可以识别经济系统运行中的不供状态。经济系统处于各个不同的状态，实际上并不是一个确定的事件，只不过在某一时刻，处在某个状态的概率大于其他状态的概率。所以，状态转移模型还给出了处于各个状态的概率，通过概率的变化，可以判断拐点的出现概率。当处在某一状态的概率迅速减小（或上升），通常意味着这一状态即将向其他状态变化，拐点将要出现。

记一致合成指数为 CCI_t，对一致合成指数建立状态转移模型，主要步骤如下。

第一，选择合适的模型形式。经过十几年的发展，状态转移模型也由最初的 AR 模型、ARCH 模型等发展到具有多种形式的模型。所以，根据经济理论、研究目的等选择最合适的模型是首要的工作。本章前三节从简单到复杂介绍了许多不同的模型，研究者可从具体研究问题出发，选择最合适的模型。如最简单情形下，选择 MSAR 模型对一致合成指数建模即可；但如果还有其他变量影响一致合成指数，则可考虑建立多元 MS 模型框架下的半状态转移回归模型或广义状态转移回归模型。如果一致合成指数在各状态间的不同仅是水平值上的差异，即可假设仅截距为状态依赖的，则使用马尔可夫向量自回归截距状态模型或半状态转移回归模型。而如果各状态间的差异不仅表现在水平值上，各状态受其他变量的影响（通过系数反映）也随状态不同而改变，那么就可以考虑假设系数也为状态依赖的，即采用马尔可夫向量自回归状态模型和广义状态转移回归模型。另外，如果所要建模的变量并非单变量的，而是多元的，则可考虑选择多元框架下对应的各模型等。

第二，需要选择所需建立模型的状态个数。在经济周期的研究中，最常用的是选择两状态。因为选择两状态时，待估计的参数相对较少，对数据量的要求相对较少，模型估计结果显得更为稳定。而且两状态的经济解释也较为直观，一般分别代表上升期和下降期。然而，具体哪个状态为上升期或下降期，不是事先可以给定的，实际上也无法事先给定，而是通过最后模型估计出的结果，根据系数值进行判断得到。

第三，需要选择模型的滞后阶数，即 r。r 的选择一般是结合经济解释及模型估计后的相关统计量，如 Akaike information Criterion、Bayesian information Criterion、似然值等，选择经济解释及统计意义最优的滞后阶。

模型给出的估计结果主要有如下三方面。

（1）转移概率矩阵，给出的是各状态间相互转移的概率。

（2）处于各状态的概率，通过该概率可具体查看当前经济处于哪一经济状态，及相应的概率是多大，另外，通过该概率值的变化趋势可以判断拐点的出现。

（3）模型相关估计系数及统计量。

此外，当研究对象变成先行合成指数时，则各时期对应各状态的概率为几个月后（具体由先行合成指数的先行阶数决定）的预测值。

具体应用实例参见 3.5.3 节和 4.6.3 节。

3.5　基于我国数据的应用实例

本章介绍了构建一致合成指数的方法,包括非模型基础的传统的合成指数方法,以及基于模型的因子模型 SW 方法、FHLR 方法和考虑离散状态的 MS 方法。其中,非模型基础的合成指数方法由于其计算方便而得到了广泛应用,后来发展的这些基于模型的方法,虽然在经济意义和统计理论上提供了更好的基础,然而由于其模型复杂,限制了其应用范围。而且,从国外的应用情况看,这些基于模型的方法构建的一致指数与传统的非模型基础的一致合成指数相比,在趋势和循环波动上相差并不大。本节将基于我国的数据,采用这些方法构建我国经济增长的一致合成指数,并对指数结果进行比较分析。

3.5.1　SW-CCI 方法

SW-CCI 方法以多个经济景气波动的一致指标为数据基础,通过建立状态空间模型,利用卡尔曼滤波技术识别代表经济周期所处状态的"共同因子",即"真实波动",作为真正的景气循环。

1) 数据及指标说明

本书以增长率循环为基础,因此入选指标均为比例数据(包括当期同比、累计同比、期末同比、计算的比例数据)。SW-CCI 方法需要事先对指标进行分类,建立指标体系,然后对指标体系中的一致指标进行分析。这里直接采用非模型基础的合成指数方法使用的指标组合结果(表 3-1)中的一致指标。样本区间为 1991 年 1 月至 2008 年 6 月。

表 3-1　非模型基础的合成指数指标组合

先行合成指数组成指标	一致合成指数组成指标
钢产量当期同比	发电量当期同比
十种有色金属当期同比	工业增加值当期同比
钢材产量当期同比	固定资产投资累计同比
工业生产销售率当期同比	社会消费品零售总额当期同比
化肥产量当期同比	进出口商品总值当期同比
港口货物吞吐量当期同比	银行工资性现金支出当期同比
货运量当期同比	M1 期末同比
来料加工贸易进口额当期同比	
金融机构短期贷款额期末同比	
金融机构中长期贷款额期末同比	

2）实证结果及分析

在非模型基础的合成指数计算中，由于有些增长率数据可能出现负值，这会导致算法无法实现。所以，为了解决这个问题，一般对所有的增长率数据统一加 100 再进行分析，这并不会影响最后的计算结果。在 SW-CCI 方法的计算中，也同样采用加 100 进行处理的方式，同时采用 X12-ARIMA 季节调整方法提取每个序列的循环波动项。为了满足动态因子模型对时间序列平稳性的要求，我们对每个循环波动项序列进行差分，并进行 ADF 检验，检验结果如表 3-2 所示。结果表明，每个序列均是平稳的。

表 3-2　SW-CCI 方法包含指标的 ADF 检验结果

变量名称	发电量	工业增加值	固定资产投资	社会消费品零售总额	进出口商品总值	银行工资性现金支出	M1
统计量	−6.123 412	−4.463 668	−4.102 482	−6.662 456	−6.620 688	−11.199 99	−4.582 612
1%临界值	−2.572 324	−2.572 324	−2.572 324	−2.572 324	−2.572 324	−2.572 324	−2.572 324

假设这 7 个指标满足下列模型

$$\Delta X_{it} = \beta_{i1}\Delta C_t + \beta_{i2}\Delta C_{t-1} + u_{it} \tag{3.5.1}$$

$$u_{it} = \alpha_{i1}u_{it} + \alpha_{i2}u_{it-1} + \alpha_{i3}u_{it-2} + \varepsilon_t \tag{3.5.2}$$

$$\Delta C_t = \delta_1\Delta C_t + \delta_2\Delta C_{t-1} + \delta_3\Delta C_{t-2} + \eta_t \tag{3.5.3}$$

以状态空间形式估计此动态因子模型，并将共同因子的差分值还原，得到 SW-CCI 方法计算的一致指数（图 3-1）。

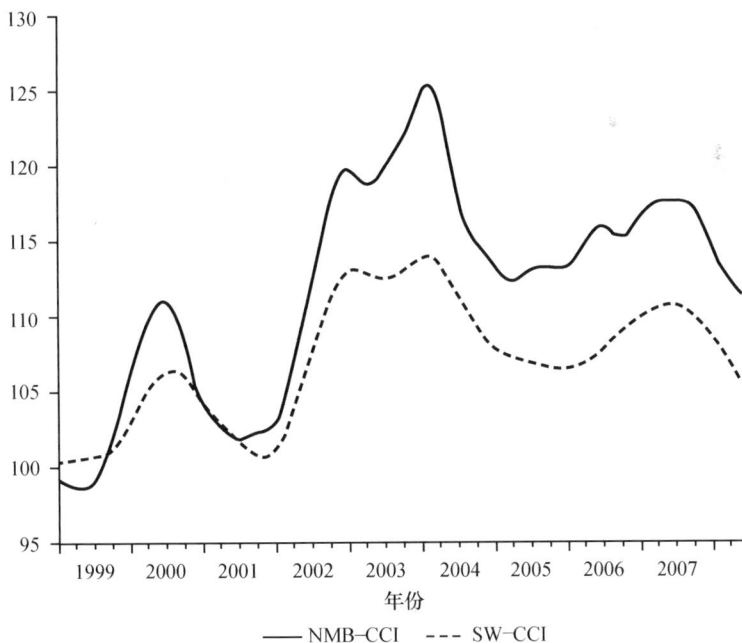

图 3-1　SW-CCI 和 NMB-CCI 分析图

图中虚线为 SW-CCI。使用同样的 7 个一致指标，利用非模型基础的合成指数方法（NBER 方法）计算得到了传统的一致合成指数 NMB-CCI（图 3-1 中实线）。利用 BB 算法对两个合成指数进行峰谷分析，结果如表 3-3 所示。峰谷对比表明，NMB-CCI 的第一个峰和谷均比 SW-CCI 提前一个月。两个指数在对 2004 年 2 月的景气峰值识别上达成一致。值得注意的是，在第二个谷底的识别上，NMB-CCI 比 SW-CCI 提前了 7 个月。此外，与 NMB-CCI 相比，SW-CCI 更为平滑，从经济意义上来说它对景气状态的识别更有解释意义。

表 3-3　SW-CCI 方法峰谷分析

SW-CCI		NMB-CCI	
峰	谷	峰	谷
2000-08	2001-08	2000-07	2001-07
2004-02	2006-01	2004-02	2005-04
2007-08		2007-07	

3.5.2　FHLR-CCI 方法

本节采用 FHLR 方法，结合我国数据，建立以我国的经济增长为研究对象的一致指数。FHLR-CCI 方法需要对多个经济景气波动的先行和一致指标提取各自的"共同成分"，即"真实波动"。其中，工业增加值当期同比的"共同成分"就是经济增长一致指数的数据基础，对其进行季节调整，取其循环波动项作为最终的景气循环。

3.5.2.1　数据及指标说明

FHLR-CCI 方法同样以增长率循环为基础，入选指标均为比例数据。FHLR-CCI 方法不需要事先对指标进行分类，可以直接对所选的指标进行分析。这里采用表 3-1 中的先行指标和一致指标作为分析的对象，共有 17 个指标。对于这些指标的增长率数据，进行加 1 处理，并标准化，从而得到零均值平稳向量过程。

3.5.2.2　实证结果及分析

FHLR 方法需要先确定共同因子的个数 q。如图 3-2 所示，前 5 个因子的方差贡献会随着谱密度矩阵的维数增加而显著增加，因此确定 $q=5$。通过编程实现，得到 17 个入选变量的不可观测的共同成分，其中，工业增加值-当期同比的共同成分就是 FHLR-CCI 方法得到的经济增长基准循环波动。

图 3-3 中的虚线为 FHLR-CCI 方法得到的我国经济增长周期的基准循环波动，即 FHLR-CCI，实线为工业增加值-当期同比进行季节调整后的循环波动序列。

图 3-3 同时显示，两种基准循环的走势大体相符，但是在一些关键的拐点处出现了分歧。为了精确判别两者的区别，本书采用 BB 算法，分别计算 NMB-CCI 方法和 FHLR-CCI 方法得到的基准循环峰谷情况（表 3-4）。

表 3-4　FHLR-CCI 方法峰谷分析

传统方法		FHLR		工业增加值—当期同比	
谷	峰	谷	峰	谷	峰
1993-11	1993-05	1993-12	1993-04	1994-03	1993-02
1995-10	1994-10	1996-05	1994-10	1996-04	1994-10
1999-10	1996-05	1998-04	1997-01	1998-05	1997-04
2001-09	2000-07	1999-10	1998-12	2000-06	2000-06
2005-02	2004-01	2005-12	2004-02	2002-02	2004-02
	2007-09		2007-09	2005-05	2007-09

分析表 3-4 可知，从 1991 年 5 月到 2008 年 2 月，两种方法均表明我国经历了 5 个经济增长周期。然而，两个基准循环的峰谷判断出入较大，而且随着时间的延续，这种差异表现越来越大。例如，在 1996 年 5 月，NMB-CCI 方法判断该时刻是由繁荣走向衰落的转折点，而 FHLR-CCI 方法认为该时刻是由低谷开始复苏的转折点，两种方法出现了严重分歧。此外，两种方法得到的基准循环在"峰"出现的时刻上比较接近，但是在"谷"出现的时刻上差异较大。

与传统的 NMB-CCI 方法相比，FHLR-CCI 方法得到的一致指数具有两个优势。

第一，FHLR-CCI 方法是利用工业增加值和其他 16 个重要的先行、一致指标在统一的框架下得到的，从横截面上看，该基准循环包含了所有指标的信息，体现了经济各部门间的联系和影响。而传统 NMB-CCI 方法下对一致指数基准循环的确定，单一地依赖工业增加值一个指标，忽视了其他变量对基准循环的影响。随着我国经济的迅速发展和经济开放程度的提高，这种影响会越来越大，这导致两个基准循环在开始时刻的峰谷拟合较好，但随后出现较大的差异。

第二，双边滞后算子的应用，使得 FHLR-CCI 方法得到的基准循环任何一期的取值，都是所有 17 个变量的超前和滞后 4 期取值的线性组合。而传统方法下的一致合成指数，只体现组合内包含指标当前值的信息。为了刻画经济周期波动，不仅需要借助所有可观测变量的历史（滞后值）和当前（当期值）信息，还需要借助未来（先行值）信息对得到的周期波动进行修正。因为使用景气指数刻画周期波动，特别是探测周期的拐点时，仅依据历史数据及当前数据提供的信息，往往不能做出正确的判定。所以只有加入未来变量的先行值反映的信息，对当时的判断进行再次修正，才能对周期的波动做出正确的刻画。特别是对位于样本区间中部的数据，通过 FHLR-CCI 方法提供的这种双边滤子进行信息提取和景气指数计算，可以大大提高计算精度，使景气指数能够更精确地刻画周期波动的运行规律，更具有经济意义。

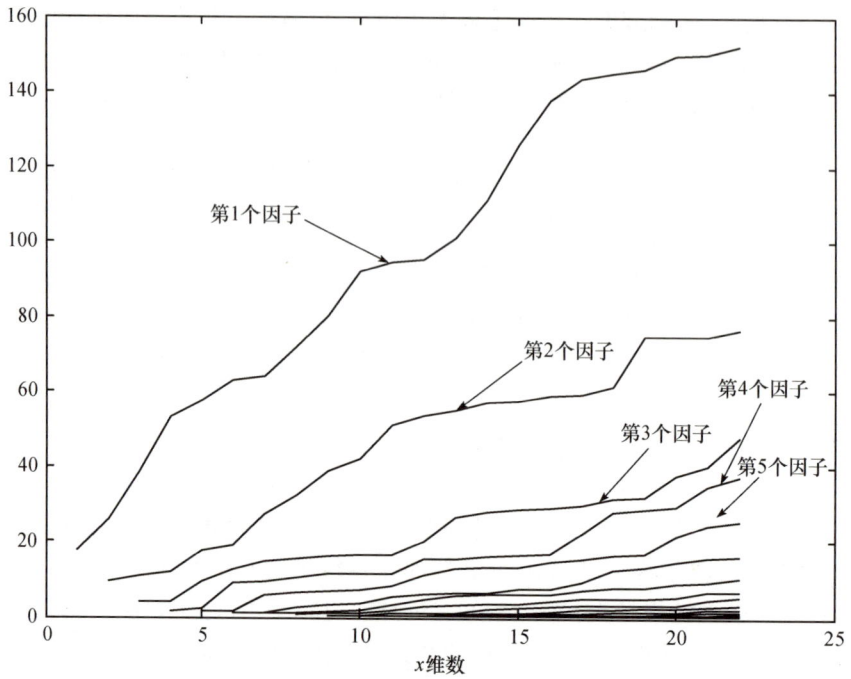

图 3-2　因子的方差贡献图形

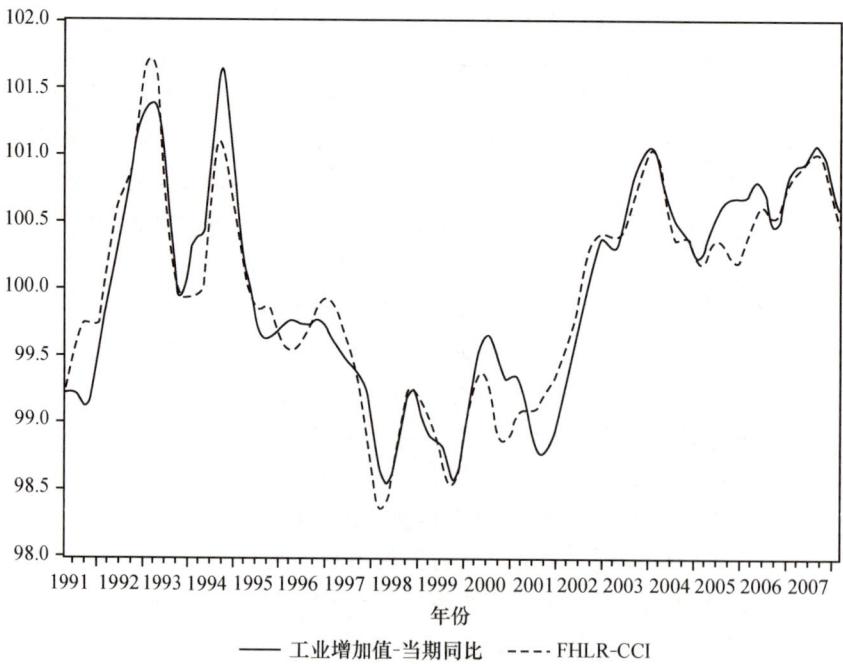

图 3-3　工业增加值-当期同比与 FHLR-CCI

3.5.3　MS-CCI 方法（两状态）

3.5.3.1　数据及指标说明

本章前面两节使用 SW-CCI 方法和 FHLR-CCI 方法计算了一致指数，并与 NMB-CCI 进行了对比。这一节将使用 MS-CCI 方法，从离散角度进行分析。本书使用的 MS-CCI 方法的分析对象是 NMB-CCI，计算基于的指标组合如表 3-1 所示，样本区间为 1991 年 1 月至 2008 年 6 月。对于该 NMB-CCI 序列，采用单变量的 MSAR(4) 模型，即单变量的 MSI(2)-VAR(4) 模型。这里采用二状态的状态转移模型主要有两方面原因。一方面，我国经济数据较短，采用更多状态的估计会占用更多的自由度，从而导致模型估计的偏差。另一方面，二状态的经济解释更佳，二状态分别代表上升期和下降期。同时，通过多个模型效果对比，滞后 4 阶效果最好，所以采用 MSI(2)-VAR(4) 模型。

3.5.3.2　实证结果及分析

在输出结果中，转移矩阵如表 3-5 所示。

表 3-5　一致合成指数转移概率

	状态一	状态二
状态一	0.977 783	0.014 974
状态二	0.022 217	0.985 026

系数估计结果如表 3-6 所示。

表 3-6　一致合成指数系数估计结果

	Estimates	T-student	Pvalue.
状态一常数	0.000 575	0.365 529	0.715 105
状态二常数	−0.000 29	−0.107 04	0.914 862
状态一方差	0.000 149	4.324 608	0.000 024
状态二方差	0.000 92	7.417 706	0
lagts(1,cci)	3.048 87	58.767 65	0
lagts(2,cci)	−3.919 81	−29.685	0
lagts(3,cci)	2.514 337	19.080 81	0
lagts(4,cci)	−0.675 98	−13.054	0

分析系数估计结果可知，由于状态一的常数值大于状态二的常数值，所以状态一对应的经济情况要好于状态二，即状态一为上升期（expansion），状态二为下降期（recession）。另外，状态一的残差的方差要小于状态二的残差的方差，在上升期

其经济波动要小于下降期的经济波动。

模型相关信息量如表 3-7 所示。

表 3-7　一致合成指数模型信息量

BIC	AICa	AICc	SIC	FPE	AIC	HQ	似然值
−7.272	−7.317	−6.346	0.001	0.001	−7.336	−7.31	487.094 8

基于模型分析结果对各状态的概率判断结果如图 3-4 所示。

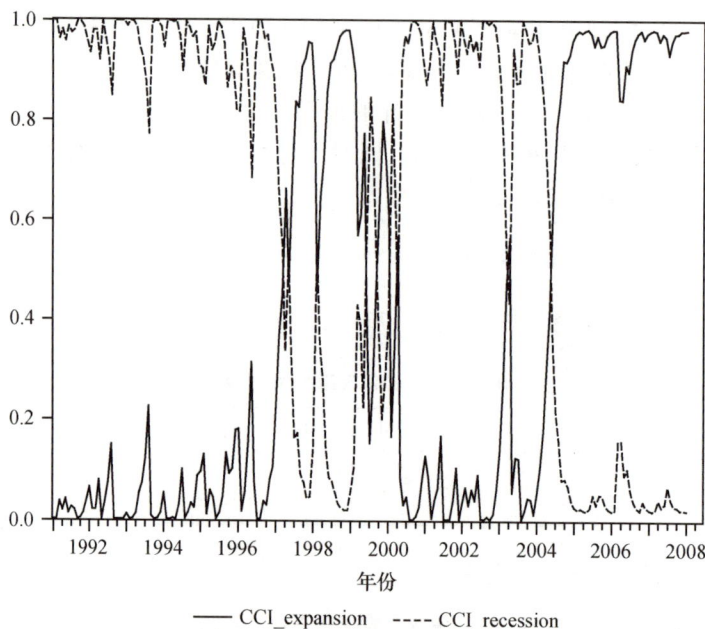

图 3-4　一致合成指数各状态概率(两状态)

　　分析结果,可显著判断出我国经济的上升周期和下降周期。最明显的一个上升周期是自 2004 年以后连续多年的上升期,另外一个是 1996 年开始的经济周期。但在 1998~2000 年,这一上升期出现了很大的波动,而且逐渐转向了 2000~2004 年的下降期。分析当时的实际背景,这个较大的波动是当时亚洲金融危机导致的。

　　通过图 3-4 的分析也可以看出,如果只将整个经济系统的运行分为上升和下降两个状态的话,那么通过该方法分离出的是一个时间大约为 8 年的经济周期,可以对应到经济周期理论中的朱格拉周期。而且我国经济数据较短,目前已有数据还无法进行长周期的分析。但目前,短周期的波动分析也备受关注。由于两状态分析情况的局限性,在该模型下采用多状态进行分析,还可以得到更为详细的分析结果。

3.5.4　MS-CCI(三状态)

3.5.4.1　数据及指标说明

上节两状态的分析结果显示,两状态的模型有时还无法对经济周期进行更为详细的分析,根据本章前几节的介绍,采用更多的状态进行分析是一种比较直接的拓展,如建立三-状态转移模型进行分析。本节采用与上节相同的模型,但对三状态情况进行分析,分析对象仍是 NMB-CCI,计算基于的指标组合如表 3-1 所示,样本区间为 1991 年 1 月至 2008 年 6 月。对于该 NMB-CCI 序列,采用单变量的 MSAR(4)模型,即单变量的 MSI(3)-VAR(4)模型。这里采用三状态的状态转移模型主要是由于之前得到的两状态的分析结果还不够详细,希望得到更进一步的结果,从而通过更多状态的分析得到更具体的结果。事实上,四状态的分析对应的经济解释更强,可以对应为繁荣、衰退、萧条、复苏四个状态。但是由于我国经济数据较短,采用四状态的估计会占用太多的自由度,从而导致模型估计的偏差,而且连欧美国家也几乎没有采用四状态的分析结果。所以,我们也仅采用三状态作为一种尝试。通过多个模型效果对比,滞后 4 阶效果最好,所以我们采用 MSI(3)- VAR(4)模型。

3.5.4.2　实证结果及分析

模型各参数如表 3-8、表 3-9 所示:

在输出结果中,转移矩阵如表 3-8 所示。

表 3-8　一致合成指数转移概率

	状态一	状态二	状态三
状态一	0.978 157	0.001	0.022 713
状态二	0.008 786	0.989 462	0.001
状态三	0.013 057	0.009 538	0.976 287

系数估计结果如表 3-9 所示。

表 3-9　一致合成指数系数估计结果

	Estimates	T-student	Pvalue.
状态一常数	0.000 85	0.485 87	0.627 611
状态二常数	−0.000 15	−0.024 06	0.980 833
状态三常数	−0.000 44	−0.176 51	0.860 078
状态一方差	0.000 128	3.360 303	0.000 938
状态二方差	0.001 608	4.107 645	0.000 059
状态三方差	0.000 544	4.153 729	0.000 049
lagts(1,cci)	2.976 021	50.263 81	0
lagts(2,cci)	−3.734 63	−25.083 3	0
lagts(3,cci)	2.347 088	16.164 56	0
lagts(4,cci)	−0.619 89	−11.098 2	0

　　分析系数估计结果可知,由于状态一的常数值>状态二的常数值>状态三的常数值,所以状态一对应的经济情况要好于状态二,即状态一为高速增长,状态二为正常增长(recession),状态三对应下降期。我们可以看到,一致合成指数的滞后项的系数与二状态时相比改变不大。但是,三个状态的常数项不显著不为零,也就是说,从统计上我们不能认为这三个状态的区分是显著有差别的。所以,我们也只能说建立三状态转移模型仅仅是一种尝试。

　　模型相关信息量如表 3-10 所示。

表 3-10　　一致合成指数模型信息量

BIC	AICa	AICc	SIC	FPE	AIC	HQ	似然值
−7.247	−7.292	−6.321	0.001	0.001	−7.312	−7.286	491.188 7

　　基于模型分析结果对各状态的概率判断结果如图 3-5 所示。

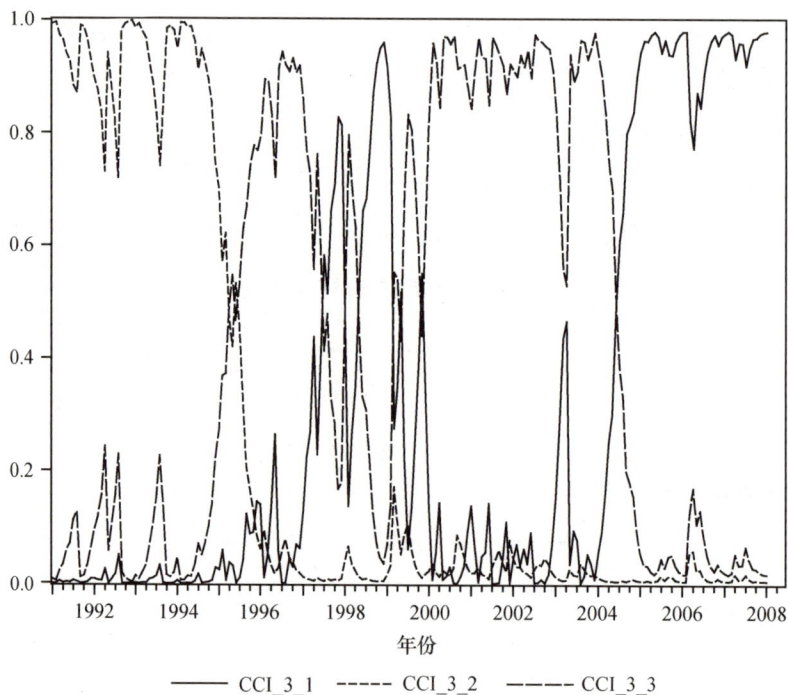

━━ CCI_3_1　　┅┅ CCI_3_2　　┄┄ CCI_3_3

图 3-5　　一致合成指数各状态概率(三状态)①

　　从图 3-5 的分析中也可以看出,三状态的分析结果对状态概率的判断与二

---

　　① CCI_3_1 表示三状态的 CCI 指数的状态一的概率;CCI_3_2 表示三状态的 CCI 指数的状态二的概率;CCI_3_3 表示三状态的 CCI 指数的状态三的概率。

状态的情况略有不同。如 1992 年期间的经济小周期,相对于近几年来说增长速度是不快的,但它明显也不是一个下降期。而在二状态的情况下,从近 20 年的数据来看,它被识别成一个下降期,这是不太合理的。通过三状态的分解,它将这一时期单独识别出来。而且 1995~1998 年这一段时间在二状态下被识别为上升期,而在三状态下被认为是平稳增长时期。2000~2003 年这一段时期在二状态下被识别为下降期,而在三状态下也被认为是平稳增长时期。而只有 1999 年和近 5 年被识别为快速增长时期。由于二状态时仅能区分上升期和下降期,所以模型的识别结果不够具体,特别是由于近 20 年我国发展很快,两个状态有时很难具体地度量一些短期的状态,所以分析结果与我们实际的认识略有偏差。而三状态使得划分结果更贴近实际,从而其对现实的解释力更强。但是,由于我国数据长度的限制,估计三状态模型参数还略显得捉襟见肘,所以我们采用三状态也仅是一种尝试。

另外,需要特别注意的是,之前也提到过的马尔可夫状态转移模型建模的两个基本假设,即被研究对象的平稳性和马氏性。正如 Hamilton(1994)中提到的,给定 100 年的数据,我们可能观察到某一状态持续几年的变化,当给定另一个 100 年,我们会看到另一个这样的事件。如果样本太少,会导致这一前提假设无法满足,也就是说,当给定另一个 100 年时,实际情况是上 100 年发生的所有情况完全不会再现。那么,这一模型可能就会失效了。由于我国经济在快速发展中,市场相对还不够成熟,在对我国数据进行研究时,尤其要注意和重视这一问题。

参 考 文 献

董文泉,高铁梅,姜诗章,等.1998.经济周期波动的分析与预测.长春:吉林大学出版社

韩艾,郑桂环,汪寿阳.2010.广义动态因子模型在景气指数构建中的应用.系统工程理论与实践,30(5):803~811

张永军.2007.经济景气计量分析方法与应用研究.北京:中国经济出版社

Achuthan L,Banerji A. 2004. Beating the business cycle-how to predict and profit from turning points in the economy. New York:Random House,Inc

Artis M,Krolzigy HM,Toroz J. 2004. The European business cycle. Oxford Economic Papers,56:1~44

Banerji A,Hiris L. 2001. A multidimensional framework for measuring business cycles. International Journal of Forecasting,(17):333~348

Banque de France. 2001. The Financial Cycle Factors of Amplification and Possible Policy Implications for Financial and Monetary Authorities. Banque de France Bulltin

Bellone B. 2004. MSVARlib:a new gauss library to estimate multivariate hidden markov models. Working paper and Gauss library available. http://bellone.ensae.net

Bernanke B,Gertler M. 1989. Agency costs,net worth,and business fluctuations. The American Economic Review. 79(1):14~31

Bernanke B,Gertler M. 1990. Financial fragility and economic performance. Quarterly Journal of Economics,105(1):87~114

Bry G,Boschan C. 1971. Cyclical analysis of time series:selected procedures and computer programs. National Bureau of Economic Research,Technical Paper 20

Burns A F,Mitchell W C. 1946. Measuring business cycles,NBER studies in business cycles. New York:National Bureau of Economic Research

Carreiro A,Marcellino M. 2007. A comparison of methods for the construction of composite coincident and leading indexes for the UK. International Journal of Forcasting,23:219~236

Chamberlain Gary,Rothschild M. 1983. Arbitrage,factor structure and mean-variance analysis in large asset markets. Econometrica,(51):1305 ~1324

Chamberlain Gary. 1983. Funds,factors,and diversification in arbitrage pricing models. Econometrica,(51):1281 ~1304

Chauret M. 1998. An econometric characterization of business cycle dynamic with factor structure and regine switching. International Economic Review,39:969~996

Clements M P,Krolzig H M. 1998. A comparison of the forecast performance of Markov-switching and threshold autoregegressive models of us GNP. Economics Journal,1:47~75

Clements M P, Krolzig H M. 2003. Business Cycle Asymmetries:Chracterization and testing based on Markov-switching autoregressions,Journal of Business & Economics Statistics,21 (1):196~211

Diebold F X,Rudebusch G D. 1996. Measuring business cycles:a modern perspective. The Review of Economics and Statistics,78:67~77

Einarsson T,Milton H M. 2001. Bank intermediation over the business cycle. Journal of Money, Credit and Banking,33(4):876~899

Filardo A J,Gordon S F. 1999. Business cycle turning points:the two empirical business cycle model approaches//Rothman P. Nonlinear Time Series Analysis of Economic and Financial Data,1. Kluwer Academic,1~32

Forni M,Hallin M,Lippi M,et al. 1996. Dynamic common factors in large cross-sections. Empirical Economics,(21):27~42

Forni M,Hallin M,Lippi M,et al. 2000. The generalized dynamic factor model:identification and estimation. Review of Economics and Statistics,(82):540~554

Forni M,Hallin M,Lippi M,et al. 2004. The generalized dynamic factor model:consistency and rates. Journal of Econometrics,(119):231~255

Forni M,Hallin M,Lippi M,et al. 2005. The generalized dynamic factor model:one-sided estimation and forecasting. Journal of the American Statistical Association,100(471):830 ~840

Forni M,Lippi M. 2001. The generalized dynamic factor model:representation theory. Econometric Theory,(17):1113 ~1141

Forni M,Reichlin L. 1998. Let's get real:a factor analytical approach to disaggregated business cycle dynamics. Review of Economic Studies,(65):453~473

Geweke John. 1977. The dynamic factor analysis of economic time series. Amsterdam:North-Holland

Hamilton J D. 1989. A new approach to the economic analysis of nonstationary time series and the business cycle. Econometrica,(57):357~384

Hamilton J D. 1994. A New approach to the economic analysis of nonstationary time series and the business cycle. Econometrica,57(2):357~384

Hamilton J D. 1994. Time series analysis. New Jersey:Princeton University Press

Holmstrom B,Tirole J. 1997. Financial intermediation,loanable funds,and the real Sector. Quarterly Journal of Economics,112(3):663~691

Kim C J,Nelson C R. 1998. Business cycle turning points,a new coincident index and tests of duration dependence based on a dynamic factor model with regime switching. The Review of Economics and Statistics,80:188~201

Kim M J,Yoo J S. 1995. New index of coincident indicators:a multivariate markov switching factor model approach. Journal of Monetary Economics,36:607~630

Krolzig H M. 1997. Markov-switching vector autoregressions:modelling,statistical inference and application to business cycle analysis. Berlin:Springer

Lancaster P,Tismenetsky M. 1985. The theory of matrices (2nd edition). Orlando:Academic Press

Li C. 2005. The fundamental characteristics of China's financial cycle and an analytical conclusion. Finance Forum,(1):50~56

Loungani P,Rush M. 1995. The effect of changes in reserve requirements on investment and GNP. Journal of Money,Credit and Banking,27(4):511~526

Marcellino M. 2006. Leading indicators. Handbook of Economic Forecasting,(1):880~960

Miao W L. 2005. Analysis on the feature of the financial cycle in China. Statistics & Information Forum,20(5):91~95

Sargent T J,Sims C A. 1977. Business cycle modeling without pretending to have too much a priori economic theory. Series Working Papers with number 55 of Federal Reserve Bank of Minneapolis

Sims C A. 1989. Comment on stock and watson//Blanchard O,Fischer S. NEVER macroeconomics annual. Cambridge:MIT press. 395~397

Song Y H,Li Z X. 2007. The latest development of financial business cycle theory. Journal of Zhejiang University(Humanities and Social Sciences),37(4):163~171

Stock J H,Watson M W. 1988a. Testing for common trends. Journal of the American Statistical Association,83(404):1097~1107

Stock J H,Watson M W. 1988b. A probability model of the coincident economic indicators,NBER Discussion Paper,No. 2772

Stock J H, Watson M W. 1989. New indexes of coincident and leading economic indicators. NBER Macroeconomic Annual:351~394

Stock J H, Watson M W. 2002a. Forecasting using principal components from a large number of predictors. Journal of the American Statistical Association,97(460):1167~1179

Stock J H, Watson M W. 2002b. Macroeconomic forecasting using diffusion indexes. Journal of Business & Economic Statistics,20(2):147~162

Zhang Z Y. 2003. Mastering MATLAB6. 5. Beijing:BeiHang University Press

第4章 先行合成指数研究的新进展及应用

在预警分析中,先行合成指数用于景气预测,它在国内外的央行等宏观经济管理部门中得到了广泛的应用。经济理论和实践结果表明,经济的衰退有各方面的原因,也表现出很多不同的特性。因此,仅仅使用单一的先行指标进行景气分析预测是非常危险的,也是非常不可取的。把一些重要的先行指标合成为一个指数,可以捕捉和综合不同经济部门表现出来的先行预警信号。实际上,这些先行指标,如果没有一种机制或方法把它们转换成预测目标变量的信息,将很难有其他的应用价值。因此,把它们转换成能够用于预测的先行合成指数,是非常必要也是非常重要的。类似于一致合成指数,先行合成指数的构建,既可以采用非模型基础的合成指数方法,也可以采用基于模型的相关方法。对那些相对目标变量来说的先行指标进行综合计算,可得到先行合成指数。

非模型基础的先行合成指数(NMB-CLI)计算方法见3.1节。该方法的最大优点是简单,易于建立、解释、维护,这对于政府部门来说,是非常便捷的。而且,NMB-CLI方法不需要对不确定性进行估计,不存在过度拟合的问题。然而,从计量经济角度来看,NMB-CLI方法受到了诸多批判(Emerson and Hendry,1996;Marcellino,2006)。

第一,在指数合成中,该方法没有根据和充分利用各指标与基准指标间的相互信息来确定权重,权重确定比较主观和单一。第二,在计算的样本区间内,权重固定为常数,缺乏一个能够根据数据变化对这些权重进行周期性调整的机制,如产出的变化、历史指数的效果等。第三,没有考虑和利用目标变量的滞后值信息。第四,没有考虑和利用每个分析指标的滞后值所隐含的信息,而实际上,点信息和面信息都可以作为目标变量的预测依据。第五,如果一些指标与目标变量存在协整关系,则在长期均衡关系之外,短期偏离将可能提供一些非常有用的信息,而这一点是NMB-CLI方法无法做到的。

因此,在NMB-CLI方法的基础上,国外出现了很多基于模型的方法。这些方法在计量模型框架下,利用这些先行指标,转换成相应的先行指数(详细介绍见参考文献Marcellino,2006),利用该先行指数对目标变量进行预测。这种转换方法,既有简单的非参估计过程,又有复杂的非线性模型,其模型输出可以用于预测增长率、拐点及状态的持久期信息等。

本章首先分别介绍线性方法、基于动态因子模型的SW2方法和FHLR2方法、基于离散状态的MS方法,以及神经网络、非参方法、二元模型等其他方法。最后，基于我国的实际数据，应用 SW2 方法、FHLR2 方法和 MS 方法，实现对基准指标或一致指数的预测，即计算得到模型意义上的先行指数。

4.1　VAR-CLI 方法

线性 VAR 模型提供了一个最简单的模型框架，用于理解一致指标和先行指标之间的关系。令 x_t 表示由 m 个一致指标组成的向量，y_t 表示由 n 个先行指标组成的向量。假定 (x_t, y_t) 满足弱平稳，满足如下的 VAR(1) 模型，即

$$\begin{pmatrix} x_t \\ y_t \end{pmatrix} = \begin{pmatrix} c_x \\ c_y \end{pmatrix} + \begin{pmatrix} A & B \\ C & D \end{pmatrix} \begin{pmatrix} x_{t-1} \\ y_{t-1} \end{pmatrix} + \begin{pmatrix} e_{xt} \\ e_{yt} \end{pmatrix}$$

$$\begin{pmatrix} e_{xt} \\ e_{et} \end{pmatrix} \sim i.i.d \left(\begin{pmatrix} 0 \\ 0 \end{pmatrix}, \begin{pmatrix} \sum_{xx} & \sum_{xy} \\ \sum_{yx} & \sum_{yy} \end{pmatrix} \right) \qquad (4.1.1)$$

根据该模型可知，$t+1$ 期的 x_{t+1} 的条件期望值定义为

$$E(x_{t+1} \mid x_t, x_{t-1}, \cdots, y_t, y_{t-1} \cdots) = c_x + Ax_t + By_t \qquad (4.1.2)$$

因此，只有 $B \neq 0$，先行指标向量 y_t 才能发挥作用。当 $A \neq 0$，一致指标的滞后值也为预测提供了有用的信息。这个使用截止到 t 时刻的信息对 $t+1$ 期的 x 预测得到的序列，即为先行指数 $CLI1_t$。这与原先理解的先行合成指数有点不同，这里的先行指数是对一致指数的预测序列。$CLI1_t$ 定义为

$$CLI1_t = \hat{c}_x + \hat{A}x_t + \hat{B}y_t \qquad (4.1.3)$$

式中，$\hat{c}_x$、$\hat{A}$、$\hat{B}$ 表示相应的 OLS 估计结果。

由于 OLS 模型估计的简便性，从而为权重（即 $\hat{A}$、$\hat{B}$）的连续更新提供了一个非常方便的工具。

类似的过程同样可以适用于 $t+h$ 时刻，例如，当 $h=2$ 时，

$$CLI1_t^{h=2} = \hat{c}_x + \hat{A}\hat{x}_{t+1|t} + \hat{B}\hat{y}_{t+1|t}$$

$$= \hat{c}_x + \hat{A}(\hat{c}_x + \hat{A}x_t + \hat{B}y_t) + \hat{B}(\hat{c}_y + \hat{C}x_t + \hat{D}y_t) \qquad (4.1.4)$$

因此，式 (4.1.1) 可以写成如下形式，即

$$\begin{pmatrix} x_t \\ y_t \end{pmatrix} = \begin{pmatrix} \tilde{c}_x \\ \tilde{c}_y \end{pmatrix} + \begin{pmatrix} \widetilde{A} & \widetilde{B} \\ \widetilde{C} & \widetilde{D} \end{pmatrix} \begin{pmatrix} x_{t-h} \\ y_{t-h} \end{pmatrix} + \begin{pmatrix} \tilde{e}_{xt} \\ \tilde{e}_{yt} \end{pmatrix} \qquad (4.1.5)$$

式中

$$\begin{pmatrix} \tilde{c}_x \\ \tilde{c}_y \end{pmatrix} = \left(I + \begin{pmatrix} A & B \\ C & D \end{pmatrix} + \cdots + \begin{pmatrix} A & B \\ C & D \end{pmatrix}^{h-1} \right) \begin{pmatrix} c_x \\ c_y \end{pmatrix}$$

$$\begin{pmatrix} \widetilde{A} & \widetilde{B} \\ \widetilde{C} & \widetilde{D} \end{pmatrix} = \begin{pmatrix} A & B \\ C & D \end{pmatrix}^h$$

$$\begin{pmatrix} \tilde{e}_{xt} \\ \tilde{e}_{yt} \end{pmatrix} = \left(I + \begin{pmatrix} A & B \\ C & D \end{pmatrix} + \cdots + \begin{pmatrix} A & B \\ C & D \end{pmatrix}^{h-1} \right) \begin{pmatrix} e_{xt} \\ e_{yt} \end{pmatrix} \tag{4.1.6}$$

通过 OLS 估计可以得到式(4.1.5)的估计结果,从而可以计算得到 CLI1_t^h:

如果目标变量不是一致指标向量而是一个一致合成指数,即

$$\text{CCI}_t = wx_t \tag{4.1.7}$$

式中,w 是一个 $1 \times m$ 的权重向量。为了得到与式(4.1.7)相应的 CLI,需要建立一个 CCI_t 和 y_t 组成的 VAR 模型,即

$$\begin{pmatrix} \text{CCI}_t \\ y_t \end{pmatrix} = \begin{pmatrix} d_{\text{CCI}} \\ d_y \end{pmatrix} + \begin{pmatrix} e(L) & F(L) \\ g(L) & H(L) \end{pmatrix} \begin{pmatrix} \text{CCI}_{t-1} \\ y_{t-1} \end{pmatrix} + \begin{pmatrix} u_{\text{CCI}t} \\ u_{yt} \end{pmatrix} \tag{4.1.8}$$

式中,L 是滞后算子。与前面的推导过程类似,可以得到 $h=1$ 的先行指数为

$$\text{CLI2}_t = \hat{d}_{\text{CCI}} + \hat{e}(L)\text{CCI}_t + \hat{F}(L)y_t \tag{4.1.9}$$

然而,VAR 模型仅仅提供了一个 (wx_t, y_t) 的近似机制。一个可选的方法是继续使用式 4.1.1,建立如下的 CLI,即

$$\text{CLI3}_t = w\text{CLI1}_t \tag{4.1.10}$$

即将 CLI1_t 向量中的指标加总成一个先行指数,其中权重采用与式(4.1.7)同样的权重值。

从前面的叙述可知,CLI2 和 CLI3 的计算是直接和目标变量(一致指数)有关的,其目的是预测目标变量。在其计算过程中,在 VAR 框架下,使用了一致指标和先行指标的滞后信息,并且其权重也可以根据周期便捷地更新。因此,这种简单的线性模型在一定程度上,也解决了前面对非模型基础的合成指数方法的批判中提到的一些问题。

前面已经提到一个假设,即一致指标和先行指标都满足弱平稳性质。然而在实际应用中,大部分变量都可能满足单整过程,通常需要对指标进行协整判断,并进行差分处理尝试建立 VECM 模型。此外,虽然前面只提到了三种基于 VAR 模型的先行指数的构建方法,在实证研究中,可以应用如下六种方式建立 VAR 模型:

(1) 对 NMB-CCI 和 NMB-CLI 建立两变量的 VAR 模型;

(2) 对 NMB-CCI 直接建立 AR 模型;

(3) 对 NMB-CCI 和 NMB-CLI 两个变量建立 ECM 模型;

(4) 对构成 NMB-CCI 的一致指标和 NMB-CLI 建立 VAR 模型;

（5）对 NMB-CCI 和构成 NMB-CLI 的先行指标建立 VAR 模型；

（6）对构成 NMB-CCI 的一致指标和构成 NMB-CLI 的先行指标建立 VAR 模型。

然而，如果 VAR 模型考虑的变量比较多，其估计的参数就会成倍增加，这将导致 VAR 模型不能处理大规模的数据变量集。Canova 和 Ciccarelli(2001,2003) 引入贝叶斯技术部分解决了该问题。此外，在因子模型中，该问题可以很容易地解决，这将在 4.2 和 4.3 节中详细介绍。

4.2　SW2-CLI

4.2.1　方法概述

在 SW-CCI 方法(1989)的基础上，Stock 和 Watson(2002a)认为同样也应该存在一个共同的驱动因素，该驱动因素就是所谓的先行指数。特别地，如果一个单一的先行指标也被这先行的动力因素影响，则这些先行指标现在的值和过去的值的先行组合，可以为 CCI 的预测提供有用的信息。因此，Stock 和 Watson(2002b)以动态因子模型作为统计基础，利用非参数方法，从多维变量的信息中提取若干个因子，利用这些因子实现了对单个重要的经济指标（即为目标变量）进行预测的目的（以下简称 SW2 方法，预测序列即 SW2-CLI)。SW2 的预测功能为经济先行指数的构建提供了决策依据。

和 SW 方法相比，SW2 方法认为经济指标的波动并非受单一因子影响，而是受"若干个"因子的影响。和 FHLR 方法相比，两者在本质上是相同的——景气分析应该包含尽量多的变量的信息，充分考虑经济部门之间的相互影响与渗透。因此，它们的分析基础为高维变量的样本观测。不同之处在于，SW2 方法的根本目的不是提取代表经济周期波动状态的"因子"，而是在这些因子的基础上对重要目标指标进行预测。

SW2 方法对经济指标的周期波动进行预测包括两步：第一步，利用非参数的主成分分析对多维变量时间序列矩阵（记作 X）进行信息提取，即从高维矩阵 X 中识别对这些变量产生影响的"若干个因子"的取值；第二步，建立所关注的经济指标序列和这些"因子"序列之间的线性回归模型，估计参数，并利用样本回归方程对该指标进行预测，得到 SW2-CLI。

从技术层面上分析，SW2 方法和其他引入动态因子模型的方法处理的问题也有相似之处：首先，由于信息矩阵 X 的维数较高，往往大于时序长度，参数估计无法实行，所以 SW2 方法利用主成分分析这种非参数方法解决了因子的识别问题；其次，SW2 方法的模型是动态的（具体参见 4.4.2 节的分析），且允许有非正交的随机扰动项,符合经济理论实际情况;最后,当变量个数和时序长度足够大时,估计出的因子取值及由这些因子构造的预测值均为一致估计量。

Stock 和 Watson 利用该方法对美国的工业生产等指标进行了预测,并和传统的计量模型给出的预测结果进行了对比,发现 SW2 方法的预测精度更高。

4.2.2　理论基础

SW2 的主要目的是通过大量的样本数据(通常包含很多一致指标、先行指标)提取共同因子,用这些因子对关注的单一经济指标序列(一般为基准指标,即目标变量,也可能为一致合成指数)进行预测。

假设 y_t 为一维的目标变量序列(即被预测的经济指标序列对象);X_t 为 N 维时间序列矩阵,用来提取因子,$t=1,2,\cdots,T$。为了尽量准确地提取共同因子,X_t 所含变量应涵盖经济系统的各个方面,以使得到的因子真正代表对各个部门经济活动的共同影响的同时,充分利用先行指标包含的信息。y_t 和 X_t 均为零均值序列(矩阵),且满足以下的动态因子模型,即

$$X_t = \Lambda F_t + e_t \tag{4.2.1}$$

$$y_{t+h} = \beta_F' F_t + \beta_\omega \omega_t + \varepsilon_{t+h} \tag{4.2.2}$$

式中,Λ 是因子载荷矩阵;F_t 是因子矩阵,它包括 r 个看不见的因子,且满足 $r=r_0(1+q)$,r_0 为静态因子的个数,q 代表静态因子影响的期数,即模型看似是传统的静态因子模型,但是 r 个因子包含了 q 期的影响因素保证了模型的动态性;$e_t = (e_{t1}, e_{t2}, \cdots, e_{tN})'$ 是 $N \times 1$ 维非正交随机扰动向量;h 是预测的长度;w_t 为 $n \times 1$ 维可观测的向量矩阵(如 y_t 的滞后项),即除了因子之外其他对 y_t 未来值有影响的因素。

SW2 方法首先利用非参数估计方法——主成分估计,得到因子矩阵 F_t 的一致估计量。当 N 和 T 足够大时,考虑非线性最小二乘目标函数方程,即

$$V(F,\Lambda) = (NT)^{-1} \sum_i \sum_t (x_{it} - \lambda_i F_t)^2 \tag{4.2.3}$$

式中,F,Λ 分别为假定的因子矩阵和因子载荷矩阵。假设 $\overline{F},\overline{\Lambda}$ 为使目标函数方程取值最小的矩阵,通过一系列数学变换,可以证明,最小化目标函数(4.2.3)等价于

$$\max \mathrm{tr}(\overline{\Lambda}' X' X \overline{\Lambda}) \quad (\mathrm{tr}(\cdot) \text{代表矩阵的迹}) \tag{4.2.4}$$

$$\mathrm{s.t.} \overline{\Lambda}' \overline{\Lambda}/N = I \tag{4.2.5}$$

该优化问题为典型的主成分分析,通过计算 $X'X$ 的前 r 个最大特征值对应的特征向量来得到 $\overline{\Lambda}$,利用 $\overline{\Lambda}$ 可得到因子矩阵的主成分估计量 $F=X\overline{\Lambda}/N$。

将主成分估计的结果代入预测模型式(4.2.2),即进入到计量经济分析阶

段,此时可利用传统的参数估计方法得到式(4.2.2)的样本回归方程,对 y 进行预测。

在实际操作过程中,为了提高非参数估计对预测的精确度,往往采用滚动估计和预测的复杂操作方法。也就是说,每当得到新的观测数据,都要重复进行上面的优化过程,更新模型。

多种统计和计量软件都可以支持 SW2 方法的实现。SW2 的第一步,即主成分分析可以通过直接调用 SAS,MATLAB,GAUSS 等软件的相关函数进行计算;第二步,即预测模型估计可以通过 STATA、Eviews、SPSS 等进行计算。

4.3　FHLR2-CLI

4.3.1　方法概述

Forni 等(2004)提出的广义动态因子模型-单边估计与预测方法(the generalized dynamic factor model: one-sided estimation and forecasting)(以下简称 FHLR2 方法)和 FHLR 方法一样,利用大量的样本数据信息(主要包括先行指标和一致指标)提取因子,实现对重要指标(通常为基准指标或一致指标)进行多步预测的目的(预测序列即为 FHLR2-CLI)。

和 FHLR 方法一样,FHLR2 方法以动态因子模型为理论基础,解决宏观经济数据存在的高维问题。与 FHLR 方法主要应用于一致指数的构建不同,FHLR2 方法处理了 FHLR 中双边滞后算子导致的缺乏应用时效性的问题,提出了新的"单边估计与预测"计算方法,使得 FHLR2 方法可以对宏观经济数据进行多步预测,达到构建景气周期先行指数 FHLR2-CLI 的目的。

FHLR2 方法利用 FHLR 的动态方法估计可观测变量的"共同成分"和"随机扰动项"的协方差矩阵,然后在 FHLR 基础上做了两个重要的拓展:首先,利用上述估计结果和同期可观测向量的线性组合构建"广义主成分",构建准则是使随机扰动的方差比率(共同成分对可观测变量的解释比率)达到最小(大);最后,利用该"广义主成分"的滞后协方差矩阵,对未来"共同成分"的取值进行预测,作为对对应可观测变量的预测值,即先行指数。

FHLR2 方法和 SW2 方法一样,均给出了对变量未来值的一致估计量。但在实证研究中,无论是利用随机模拟还是 SW2 的数据,FHLR2 方法的预测精度均高于 SW2 方法,主要原因是:SW2 只是利用传统的主成分方法得到因子空间;根据 4.6.2,FHLR2 拓展的"广义主成分"达到了使随机扰动的方差比率(共同成分对可观测变量的解释比率)达到最小(大)的目的,所以 FHLR2 在因子空间,即"共同成分"的构造上更加有效。

4.3.2　理论基础

4.3.2.1　模型及假设

假设 $X=(x_{it})$，$i=1,\cdots,n$；$t=1,\cdots,T$ 为有限个(n 个)可观测变量的 T 期观测值矩阵，为考察得变量系统，其满足以下六个假设。

假设(1)：假设所有可观测随机变量属于 Hilbert 概率空间 $L_2(\Omega,F,P)$，且对于向量 $\{x_n=(x_{1t},x_{2t},\cdots,x_{nt})',t\in\mathbf{Z}\}$，任取 $n\in\mathbf{N}$，都是零均值、具有有限二阶矩阵的平稳向量过程。

假设(2)：任取 $n\in\mathbf{N}$，$\{x_t,t\in\mathbf{Z}\}$，满足 Wold 分解，即 $x_t=\sum\limits_{k=0}^{\infty}C_k w_{t-k}$，其中，$n$ 维满秩矩阵 w_t 具有有限 4 阶矩，$C_k=(C_{ji},k)$ 满足任取 $n,i,j\in\mathbf{N}$，$\sum\limits_{k=0}^{\infty}|C_{ij,k}|k^{1/2}<\infty$。

考察的变量系统 $\{x_{it},i\in\mathbf{N},t\in\mathbf{Z}\}$ 可以用以下因子模型描述，即

$$x_{it}=b_{i1}(L)f_{1t}+b_{i2}(L)f_{2t}+\cdots+b_{iq}(L)f_{qt}+\xi_{it} \tag{4.3.1}$$

其中，L 代表滞后算子；变量 f_{jt}，$j=1,\cdots,q$ 称为模型的"共同因子"或"共同冲击"；变量 $\chi_{it}=x_{it}-\xi_{it}$ 和 ξ_{it} 分别称为 $X=(x_{it})$，$i=1,\cdots,n$；$t=1,\cdots,T$ 的"共同成分"和"随机成分"。

用矩阵形式表示 $\chi_t=(\chi_{1t},\cdots,\chi_{nt})'$，$\xi_t=(\xi_{1t},\cdots,\xi_{nt})'$，$B(L)=(b_{ij}(L))$，则模型表示为

$$x_t=\chi_t+\xi_t=B(L)f_t+\xi_t \tag{4.3.2}$$

式中，f_t 符合向量自回归过程，即 $A(L)f_t=u_t$。

假设(3)：任取 $n\in N$，$j=1,\cdots,q$，$b_{ij}(L)$ 都具有最大阶数 $s\geqslant0$。

$A(L)=I-A_1L-\cdots-A_sL$ 是 $q\times q$ 维矩阵多项式，其中，$A_s\neq0$ 且 $S<s+1$。

所有 $\det(A(z))=0$ 的解($z\in\mathbf{C}$)在单位圆之外。

假设(4)：q 维向量 $\{(u_{1t},u_{2t},\cdots,u_{qt})',t\in\mathbf{Z}\}$ 和双下标序列 $\xi=\{\xi_{it},i\in\mathbf{N},t\in\mathbf{Z}\}$ 是正交白噪声过程，即满足 $\forall i,j,t,k,\xi_{it}\perp u_{j,t-k}$。这保证了共同成分 χ_{it} 和 ξ_{it} 在任何时期的取值均正交。

假设(5)：共同成分 χ_{it} 的谱密度矩阵 Σ_n^{χ} 的第 q 个特征值满足，当 θ 在 $[-\pi,\pi]$ 中任意取值时，有 $\lambda_q^{\chi}(\theta)\rightarrow\infty(n\rightarrow\infty)$。

当 θ 在 $[-\pi,\pi]$ 中任意取值时，对任意的 $k=1,\cdots,q$，有 $\lambda_k^{\chi}(\theta)>\lambda_{k+1}^{\chi}(\theta)$

假设(6)：随机成分 ξ_{it} 的谱密度矩阵 Σ_n^{ξ} 的第一个特征值 λ_1^{ξ} 满足，$\forall\theta\in[-\pi,\pi]$，$\forall n\in\mathbf{N}$，$\exists\Lambda\in R^+$，使 $\lambda_1^{\xi}(\theta)\leqslant\Lambda$。

在假设(1)~(6)下，方程式(4.3.1)就是单边估计和预测的广义动态因子模型。

4.3.2.2　两步预测

FHLR2 方法的目的,是基于现有的 T 期观测,对于 $\forall i$,计算得到真正反映变量 x_{it} 变化的共同成分未来第 h 期的取值 $\chi_{i,T+h}$。计算过程可以分为以下两步。

步骤 1　利用 FHLR2 方法,分别计算共同成分和随机成分的样本协方差矩阵的 Γ_k^χ,Γ_k^ξ,用来估计因子空间

$$\hat{\Gamma}_k^\chi = \int_{-\pi}^{\pi} e^{ik\theta} \hat{\Sigma}^\chi(\theta) \, d\theta \Bigg|$$

$$\hat{\Gamma}_k^\xi = \int_{-\pi}^{\pi} e^{ik\theta} \hat{\Sigma}^\xi(\theta) \, d\theta \Bigg| \tag{4.3.3}$$

式中,Σ_k^χ,Σ_k^ξ 分别为共同成分和随机成分的样本谱密度矩阵(Forni,2000)。

步骤 2　估计因子空间,即广义共同成分,构造最优线性预测。

FHLR2 方法假设当 n 趋于无穷时,可观测向量的线性组合构成了因子空间的渐进估计量,因此,需要设计一个准则来选择最优的线性组合方式。假设所有的线性组合表达式为 $ax_t = a_1 x_{1t} + \cdots + a_n x_{nt}$,那么最优的线性组合就是最接近因子空间的组合方式,即满足 $\min_{a \in R_n} \text{var}(a\xi_t)$,s. t. $\text{var}(ax_t) = 1$ 这种思想,就是在 4.3.1 节中提到的"随机扰动的方差比率(共同成分对可观测变量的解释比率)达到最小(大)"的准则。

由于共同成分和随机扰动均为不可观测的变量,因此需要利用步骤 1 得到的 Γ_k^χ、Γ_k^ξ 将该优化问题转化为等价的问题:$\min_{a \in R_n} a\Gamma_0^\chi a'$,s. t. $a\Gamma_0^\xi a' = 1$。最终得到共同成分的最优线性预测为 $\chi_{i,T+h} = \Phi x_T$(Φ 的具体表达式参见 FHLR(2004))。可以证明,当 n 和 T 趋于无穷时,该统计量为预测对象的一致估计量(FHLR,2004)。

需要说明的是,在 FHLR2 的计算过程中,同样需要确定因子个数 q,方法同 FHLR。因此,对于同样一组样本,FHLR 和 FHLR2 的因子个数是相同的(在 4.6.2 节中,因子个数为 5,同 3.5.2 节)。

4.4　MS-CLI 方法

前面介绍的几种方法,都是鉴定 CLI 是连续变量 CCI 的预测序列。然而,先行指标同样可以通过建立 MS 模型用于预测经济周期的拐点。例如,未来一段时间内衰退的概率分析。相关 MS 模型研究先行合成指数的方式有多种,基本是采用与一致合成指数相同的方法,建立 MSVAR 模型进行研究,前面已经介绍,本节主要介绍另外一个自然的拓展——状态转移矩阵是可以随时间变化的。Filardo (1994)将式(4.3.1)拓展到带时变转移概率的情况。而通过先行合成指数影响时

变转移概率又可以实现将先行合成指数与一致合成指数相结合的目的。而且通过采用带时变转移概率的模型,可以为经济周期的研究提供一个非常有意义的结果——经济周期的持久期。

经济周期持久期的研究自 20 世纪 90 年代开始逐渐增多,当时对这一问题的研究较多是有其历史背景的。在 20 世纪 90 年代末,美国经济处于繁荣期的顶峰,当时正经历一个自 18 世纪 50 年代有数据记录以来的最长的经济扩张期,许多学者在质疑、讨论是否真的存在经济周期,繁荣是否会一直持续下去。学者们在争论的同时也逐渐承认了这种经济周期的存在,在各种相关报道中,经济周期及其相关概念越来越多地被提到,而研究的重点也逐渐转向了怎样更好地判断与度量经济周期。经济周期的阶段划分有几种:有划分成两阶段的,即上升期(繁荣期、扩张期)和下降期(衰退期);有划分成四阶段的,即繁荣、衰退、萧条、复苏。本书重点讨论两阶段的。经济周期的持久期指的是上升期(下降期)自谷(峰)到当前时期的持续时间。

而现在,经济周期的研究应引起我国学者的足够重视。一方面,随着我国经济的不断发展,数据的积累逐渐足够用于研究经济周期的循环问题,这给经济周期的研究提供了可能性。另一方面,受次贷危机影响,我国经济受到一定程度的影响,新一轮经济周期即将开始,合理地认识与度量经济周期在当前时期十分必要。

马尔可夫转移模型于 1989 年被 Hamilton 提出,并被用于研究经济周期。该方法同时估计经济周期的状态与数据的拟合参数,进而给出各状态及转移概率,能够动态地研究经济周期的相互转化,在经济周期的研究领域得到广泛应用。例如,Hamilton(1989)使用这一方法对美国季度 GNP 建模,通过这种方法得到的经济周期很好地符合了 NBER 公布的经济周期表。Durland(1994)、Filardo(1994)均对 Hamilton(1989)的模型进行了扩展,使得转移概率不再局限于原有的常数假设,而是动态变化的。前者采用持久期依赖的转移概率,而后者对转移概率采用 Logistic 形式。两者均将其扩展的模型用于研究美国经济周期,且均取得了很好的研究结果。而 Filardo(1998)对转移概率采用 Probit 形式,并在 Probit 中以先行指数作为解释变量,另外,他还对持久期进行了研究,特别分析了当前时期的各状态的条件持久期,得到繁荣期的持久期不确定性更强的结论。Layton(2001)对比 Probit 模型、Logit 模型及马尔可夫转移模型对经济周期的判断与预测的效果,得到马尔可夫转移模型特别是时变转移概率的马尔可夫转移模型无论在样本内、还是样本外的效果都最佳的结论。另外,Kim 和 Murray(2002)、Artis 等(2004)均采用三状态的马尔可夫模型分别研究美国、欧盟的经济周期。Layton(2007)采用状态依赖及引入先行指数的时变转移概率的马尔可夫模型对美国经济周期进行了研究,并采用 Filardo(1998)的方法研究了当前时期经济周期的期望持久期,最后得出与 Filardo(1998)不同的结论,他认为通过加入持久期依赖,对繁荣期的波动也有很好的解释力。

本节主要采用时变转移概率的广义状态转移模型对中国经济周期的持久期进行研究。时变转移概率分别采用持久期依赖、与先行指数相关及两者均引入的这三种情况,对我国经济周期的持久期进行研究。另外,由于我国样本数据较短,且时变转移概率的待估参数较多,所以文中采用基于 Gibbs 抽样的 MCMC(Markov chain monte carlo)估计方法进行估计。

4.4.1　经济持久期

研究发现,可以很容易地从状态转移模型中得到一个很有意义的结果,那就是当期的期望持久期(expected duration),期望持久期指的是当期所处状态(上升或下降)将会持续的时间的期望值。

状态变量 s_t、转移概率矩阵等均定义如前,定义一个状态持续时间的事件集为 $\Omega = \{\omega_i \mid \omega_i = i, i = 1, 2, 3, \cdots, \infty\}$,则当给定转移概率矩阵时,上升期和下降期的条件分布分别为

$$F(\omega_i \mid s_t = 0) = (1 - q_{t+i}) \prod_{j=1}^{i-1} q_{t+j} \qquad (4.4.1)$$

$$F(\omega_i \mid s_t = 1) = (1 - p_{t+i}) \prod_{j=1}^{i-1} p_{t+j} \qquad (4.4.2)$$

于是,经济周期的持久期的条件期望值为

$$E(\Omega \mid s_t = 0) = \sum_{i=1}^{\infty} \omega_i \times F(\omega_i \mid s_t = 0) = \sum_{i=1}^{\infty} i \times (1 - q_{t+i}) \prod_{j=1}^{i-1} q_{t+j}$$
$$(4.4.3)$$

$$E(\Omega \mid s_t = 1) = \sum_{i=1}^{\infty} \omega_i \times F(\omega_i \mid s_t = 1) = \sum_{i=1}^{\infty} i \times (1 - p_{t+i}) \prod_{j=1}^{i-1} p_{t+j}$$
$$(4.4.4)$$

当转移概率不变时,上面两式可转化为

$$E(\Omega \mid s_t = 0) = \frac{1}{1 - q} \qquad (4.4.5)$$

$$E(\Omega \mid s_t = 1) = \frac{1}{1 - p} \qquad (4.4.6)$$

从该结果可以得到上升期或下降期的平均持久期。然而,从经济周期的角度来看,该结果的实际意义并不大。这是因为在转移概率为常数的假设下,该持续期为一常数。因此,外生的冲击、宏观政策及经济内部的波动对当时的繁荣或衰退状态还将持续多久均不会产生影响。然而,当转移概率随时间动态变化时,这一结果就变得很有意义。通过使转移概率动态变化,期望持久期就能表示在当前时刻,该周期(上升或下降)还将持续多久。例如,目前正处于上升期,而当期的上升期条件期望持久期比上期的期望持久期减小,那么意味着上升期即将结束,将到达经济周

期的峰。而持久期的大小就代表了从目前到经济周期峰的时间。因此,这种方法的研究能够给出拐点(峰、谷)的提前预测。

在实际计算中,条件持久期的计算不可能取无穷阶,只能在某一有限值 M 处截断计算,如果 M 取太大,则端点处数据损失较多;M 较小,持久期计算信息又不可靠。但通过模拟计算,我们发现,当 M 取足够大,通常为 6 以上时,则加大 M 的取值,对波动趋势影响较小,仅会增加数值的大小。所以,只要适当取 M 即可。

4.4.2　时变转移概率的状态转移模型

马尔可夫状态转移模型为经济周期的建模与描述提供了一个非常好的工具,然而,其一阶转移矩阵的假设,即各状态相互转移的概率为常数使得模型有时的表现却不尽如人意(Hamilton,1989)。为了能够使模型假设更贴近现实且增加信息,Hamilton 早在 1989 年就提出也许可以采用高阶的转移矩阵,但随着转移矩阵阶数的增加,计算的数量级将会迅速增长,这将会给无限制条件的高阶马尔可夫状态转移模型的估计带来巨大的困难。从而,当采用高阶马尔可夫状态转移模型时,一定的限制条件是必要的。Durland(1994)的做法是引入持久期依赖的转移矩阵,这一做法目前被广泛采用,如 Iiboshi(2007),Gerard 等(2001),Harding 和 Pagan(2002)。虽然 Durland(1994)给出了这类模型的估计算法,但也施加了一个较强的假设,即人为的假设持久期的最大值,且假设当持久期超过这一最大值时,存在于各状态的概率为常数。事实上,当历史的经济周期是可知的时候,就不需要这一假设,而且参数的估计也更加简单。进一步说,如果可以利用专家经验判断或机构已有的对历史经济周期判断的可靠结果,那么可以为模型估计提供更丰富的信息,特别当我们更希望各状态间的相互转移是动态的时候,如 Filardo(1998),Layton等(2007)均采用已有的历史经济周期的方法进行研究。

Durland 等(1994)引入了整数的随机变量——持久期变量 D_{t-1},该变量代表的是在当前时刻 t,该周期(繁荣或衰退)已持续了多久。当整个经济周期的历史变动是已知的时候,D_{t-1} 的定义为

$$D_{t-1} = \begin{cases} D_{t-2} + 1 & S_{t-1} = S_{t-2} \\ 1 & S_{t-1} \neq S_{t-2} \end{cases} \tag{4.4.7}$$

Durland 等(1994)假设以如下的形式估计,将原有的基本模型拓展到时变概率情况,即

$$P_{ii,t} = \frac{\exp(a_i + b_i D_{t-1})}{1 + \exp(a_i + b_i D_{t-1})} \tag{4.4.8}$$

同时,Filardo(1994)以另外一种形式将式(3.4.5)拓展到时变转移概率的情况。

在时变转移概率的状态转移模型中,假设不可观测的状态条件基本形式的状态转移模型依赖于先行指标 z_t,即时变转移概率矩阵形如

$$P(S_t = s_t \mid S_{t-1} = s_{t-1}, z_t) = \begin{bmatrix} q(z_t) & 1-q(z_t) \\ 1-p(z_t) & p(z_t) \end{bmatrix} \qquad (4.4.9)$$

另外,Filardo 建议先行指标还可以拓展为其他多元情形,如包括季节因子、各类影响经济变化的变量等。如 Layton 等(2007)就采用了先行指标与持久期依赖相结合的方法。为了能够对条件转移概率进行估计,Filardo(1998)采用带隐变量的 Probit 模型估计 $P(S_t = s_t \mid S_{t-1} = s_{t-1}, z_t)$,设

$$P(S_t = s_t \mid S_{t-1} = s_{t-1}, z_t) = P(S_t^* \geqslant 0) \qquad (4.4.10)$$

式中,$S_t^* = \gamma_0 + \gamma_z' z_t + \gamma_s s_{t-1} + u_t$,$\gamma_z$ 是一系数向量;z_t 为能够影响经济周期状态转移概率的解释变量。通常情况下,由于先行合成指数对整个经济的解释力均较强,且带有一定的预测效果,先行合成指数是该信息集通常会包括的指标之一。

Filardo(1994)还采用 Logistic 模型估计 $P(S_t = s_t \mid S_{t-1} = s_{t-1}, z_t)$。

4.4.3　Gibbs 抽样估计方法

Gibbs 抽样是一种 MCMC(Markov chain monte carlo)模拟方法,主要通过从条件分布中抽样进而获得联合分布或边际分布的近似估计(Casella,1993;Gelfand,1990)。

设 $z_1, z_2, \cdots, z_k$ 为 k 个随机变量,当已知其条件分布为 $f(z_t \mid z_{j \neq t})$,$t = 1, 2, \cdots, k$ 及相关信息集 $z_{j \neq t} = \{z_1, \cdots, z_{t-1}, z_{t+1}, \cdots, z_k\}$ 时,即使联合分布及边际分布 $f(z_t)$,$t = 1, 2, \cdots, k$ 未知,仍可通过 Gibbs 抽样生成联合分布 $f(z_1, \cdots, z_k)$ 的样本集 $z_1^i, z_2^i, \cdots z_k^i$。其基本实现步骤如下:

给定初值 $z_1^0, z_2^0, \cdots z_k^0$;

从分布 $f(z_1 \mid z_2^0, \cdots, z_k^0)$ 生成 z_1^1;

从分布 $f(z_2 \mid z_1^1, z_3^0, \cdots, z_k^0)$ 生成 z_2^1;

从分布 $f(z_3 \mid z_1^1, z_2^1, z_4^0, \cdots, z_k^0)$ 生成 z_3^1;

　　　　　……

最后从分布 $f(z_k \mid z_1^1, z_2^1, z_4^1, \cdots, z_{k-1}^1)$ 生成 z_k^1 来完成第一轮迭代。

步骤 1 到步骤 k 可被迭代 J 次来得到 $(z_1^j, z_2^j, \cdots, z_k^j)$,$j = 1, 2, \cdots, J$。

Geman 早在 1984 年就证明过,当 $J \to \infty$ 时,$(z_1^j, z_2^j, \cdots, z_k^j)$ 的联合及边际分布以指数速度收敛到 $z_1, z_2, \cdots, z_k$ 的联合及边际分布。所以,只要当模拟次数足够多,就可通过 Gibbs 抽样得到变量 $z_1, z_2, \cdots, z_k$ 分布的相关性质。例如,z_i 边际分布的均值可通过如下计算得到。

$$\frac{\sum_{j=1}^{M} z_i^{L+j}}{M} \qquad (4.4.11)$$

式中,L 为使 Gibbs 抽样收敛的模拟次数;在 Gibbs 抽样收敛后,再抽样 M 次,为了得到足够的信息用于估计该数值。

Filardo(1998)给出了基于贝叶斯方法及 Gibbs 抽样的对时变转移概率的状态转移模型的具体估计算法,本书主要采用该方法进行估计。之所以采用 Gibbs 抽样的 MCMC 方法,而非传统的极大似然估计方法,主要是由于研究我国经济周期问题,可用的数据样本较短,当估计带时变参数的状态转移模型时,其参数较多,采用极大似然估计方法的优化结果很难收敛,而采用贝叶斯与 Gibbs 抽样方法,可以更好地适应小样本数据情况。但 Gibbs 抽样的收敛问题仍然是一个很重要的问题,至今仍无一个标准的判断准则,学者们意见不一。例如,McCul-loch 等(1994)认为可通过给出 Gibbs 迭代多次后的后验分布的估计来判断,如果该结果已趋于稳定,那么可以认为该抽样收敛。而 Gelman 等(1992)建议通过尝试不同的初值,来查看最后的收敛效果等。但对这些方法学者们仍无统一的认识,主要通过使用者的经验来判断。

通过采用带时变参数的状态转移模型对我国经济周期的研究发现,持久期依赖的状态转移模型对我国经济周期的判断能力较强,拟合效果较好。其他的研究还表明,目前我国经济的波动一方面与当前国际形势密切相关;另一方面也受到我国自身经济周期波动的影响。同时,采用 MCMC 的估计方法,更好地适应了我国较短的经济数据样本。然而,该方法仍存在许多问题需要进一步改进。如果能够改进贝叶斯与 Gibbs 抽样的估计方法,引入先行合成指数与状态依赖的状态转移模型对经济周期的解释力应更强,其他两个模型的结果会更稳定。另外,本书假设经济周期是已知的,进而估计带时变参数的状态转移模型。虽然许多国外文献已表明利用已知的经济周期模型效果更好,但前提是国外许多机构已积累了足够的经验,并发布了较为权威的经济周期指数,如 NBER 的经济周期。然而我国不存在这样的数据,所以本书是通过经济周期的判断方法结合自身经验得出结论,这种做法难免有失偏颇。如何在该假设去掉的情况下估计模型及如何更客观地给出经济周期均是今后进一步研究的方向。

4.5 其 他 方 法

本节还将介绍其他将先行指标信息转换成目标变量预测信息的方法。

4.5.1 神经网络和非参方法

在应用上述景气分析方法进行实证研究的过程中,可以发现实证结果会随着选择的变量和样本的不同而表现出很大的差异。这在一定程度上也可能是因为,在这些模型中往往只考虑了一些线性近似过程,没有考虑很复杂的非线性过程。

而人工神经网络技术,恰巧可以处理非线性逼近问题(Hornick et al. ,1989;Swanson and White,1997;Stock and Watson,1999;Marcellino,2003)。

在 Stock 和 Watson(1999)的研究中,首先考虑了包含 n_1 个隐含节点的单层模型即

$$x_t = \beta'_0 z_t + \sum_{i=1}^{n_1} \gamma_{1i} g(\beta'_{1i} z_t) + e_t \tag{4.5.1}$$

式中,$g(z)$ 是 Logistic 函数,即 $g(z) = 1/(1+e^{-z})$;z_t 包含了被解释变量的滞后项。需要注意的是,当 $n_1=1$ 时,模型就成为一个带 Logistic 平滑转移过程的线性模型。其次考虑了更为复杂的分别包含 n_1 和 n_2 个隐含节点的两层模型

$$x_t = \beta'_0 z_t + \sum_{j=2}^{n_2} \gamma_{2j} g\Big(\sum_{i=1}^{n_1} \gamma_{1i} g(\beta'_{1i} z_t)\Big) + e_t \tag{4.5.2}$$

人工神经网络方法在点预测方面使用得非常普遍,Qi(2001)将其用来预测拐点,她采用的模型是式(4.5.2)的简化形式,即

$$r_t = g\Big(\sum_{i=1}^{n_1} \gamma_{1i} g(\beta'_{1i} z_t)\Big) + e_t \tag{4.5.3}$$

这里 z_t 包含了先行指标的滞后项,从而可以实现预测。r_t 是一个二元衰退指标。实际上,既然 $g(\cdot)$ 是 Logistic 函数,式(4.5.3)得到的预测值自然处在[0,1]区间内。对于式(4.5.1)和式(4.5.2),需要使用非线性最小二乘估计方法。

处理表征先行指标和一致指标之间关系的函数形式不确定的问题,一种方法是采用非参技术。Camacho 和 Perez-Quiros(2002)在参数模型估计的基础上,建议如下非参模型

$$x_t = m(y_{t-1}) + e_t \tag{4.5.4}$$

式中,x_t、y_{t-1} 的定义如前,函数 $m(\cdot)$ 未知。采用 Nadaraya-Watson 方法进行估计,详细介绍见参考文献(Hardle and Vieu,1992)。因此

$$\hat{x}_t = \Big(\sum_{j=1}^{T} K\Big(\frac{y_{t-1}-y_j}{h}\Big) x_j\Big) \Big/ \Big(\sum_{j=1}^{T} K\Big(\frac{y_{t-1}-y_j}{h}\Big)\Big) \tag{4.5.5}$$

这里 $K(\cdot)$ 是 Gaussian 核,宽度 h 通过交错鉴定方法确定。根据一种定义衰退的准则(the two negative quarters rule),该模型可以用于预测衰退。例如

$$\Pr(x_{t+2} < 0, x_{t+1} < 0 \mid y_t) = \int_{y_{t+2}<0} \int_{y_{t+1}<0} f(x_{t+2}, x_{t+1} \mid y_t) \mathrm{d}x_{t+2} \mathrm{d}x_{t+1}$$

$$\tag{4.5.6}$$

该密度函数可以采用可适应的核进行估计,详细介绍见参考文献(Camacho and

Perez-Quiros,2002)。

4.5.2　二元模型

在前面介绍的这些方法中,通过 MS 模型、线性模型或者因子模型预测经济周期拐点是可行的。这些方法中,被解释变量都是连续的。一个更为简单和直接的方法是将经济周期的阶段看做二元变量,然后相应采用 Logit 或 Probit 模型建模。

如果经济在 t 时刻处在下降期,记为 $R_t=1$;如果处在上升期,则 $R_t=0$。假设一个与 y 有关的指标变量 s_t(该变量不可观测),用 s_t 是否超过一个临界值决定 R_t 取 1 或 0(如通常取 0 作为临界值。$s_t>0$ 时,R_t 取 1;否则取 0)。即建立

$$s_t = \beta' y_{t-1} + e_t \tag{4.5.7}$$

为了能对总体特征和所考察时间发生的概率作量化分析,需要考虑观察值的概率模型

$$\Pr(R_t = 1) = \Pr(s_t > 0) = F(\beta' y_{t-1}) \tag{4.5.8}$$

式中,$F(\cdot)$ 是分布函数,它的选择决定了二元选择模型的类型(Logistic 分布对应的 Logit 模型;标准正态分布对应的 Probit 模型)。该模型可用极大似然法估计模型的参数

$$\hat{R}_{t+1} = \Pr(R_{t+1} = 1) = F(\hat{\beta}' y_t) \tag{4.5.9}$$

Stock 和 Watson 在 1991 年应用 Logit 模型分析经济周期的拐点;Estrella 和 Mishkin 在 1998 年将 Probit 模型应用到经济周期拐点研究中。而 Birchenhall 在 1999 年基于贝叶斯框架给出了统计解释。在一些欧洲国家的景气分析中,二元选择模型也得到了广泛的应用(Estrella and Mishkin,1997;Bernard and Gerlach,1998;Estrella et al.,2003;B et al.,2001;Osborn et al.,2001;Moneta,2003)。

需要指出的是,R_t 的确定通常根据基准循环和一致指数的判定进行。然而,在基准循环和一致指数的判定中,尾端数据信息提取存在的问题,将对二元选择模型的分析结果带来直接的影响。如果采用传统的 X12-ARIMA 方法提取循环波动项,则尾端数据漂移问题将导致实时状态的判定滞后和失真。如果采用 DFA 方法提取循环波动项,则因该方法存在过多探测拐点的问题,也可能导致实时判定的精确度受到影响。

4.6　基于我国数据的应用实例

本章介绍了构建先行合成指数的方法,与非模型基础的传统的合成指数方法中介绍的先行合成指数不同,本章介绍的先行合成指数,应从另外一个角度去定义和理解,该先行合成指数,即对目标变量(可以为基准指标、一致指标组合、一致合

成指数)的预测序列。本节将基于我国的数据,采用 SW2-CLI、FHLR2-CLI 和 MS-CLI 方法构建我国的经济增长的先行合成指数,并对指数结果进行比较分析。

4.6.1　SW2-CLI 方法

本节采用 SW2 方法,结合我国的数据,对我国的工业增加值-当期同比指标 (作为目标变量)进行预测,得到 SW2-CLI 序列。按照 4.4 节的介绍,本节实例研究也采用两步进行:首先,利用主成分分析提取因子,并根据因子累计贡献率来确定因子个数;然后,利用普通最小二乘方法对预测模型进行参数估计,得到预测结果 SW2-CLI 序列。

为了提高预测精度并保证 SW2 方法的预测结果有可比性,本研究采用滚动估计和预测方式,预测期间水平为 12 个月(选择与 SW2 文献中相同的预测长度,即 $h=12$)。具体来说,假设样本区间为 1991 年 1 月至 2008 年 6 月的月度数据,可以设定以 1991 年 1 月至 1996 年 12 月为第一个估计区间,利用非参数估计结果,得到 1997 年 12 月(未来第 12 个月后)的预测值。然后,以 1991 年 1 月至 1997 年 1 月为第二个估计区间,利用非参数估计结果,得到 1998 年 1 月(12 个月后)的预测值……依此类推,最后一次滚动预测样本为在 2007 年 6 月做出的对 2008 年 6 月的预测值。最终得到的预测序列为 1997 年 12 月至 2008 年 6 月的月度预测序列。

预测结果的评价,采用最常用的平均平方误差平方根(以下简称 RMSE)统计量进行衡量。

4.6.1.1　数据及指标说明

本研究仍然以增长率循环为基础,因此入选指标均为比例数据(包括当期同比和期末同比)。这里采用表 3-1 中的先行指标和一致指标作为分析对象,共 17 个指标。样本区间为 1991 年 1 月至 2008 年 6 月。

4.6.1.2　实证结果及分析

本研究选择工业增加值-当期同比作为被预测变量,其他 16 个指标的时序矩阵构成了 X。预测期长度选择为 12 个月,预测式(4.2.2)中的 ω_t 项代表常数项,因子个数(模型设定)根据因子的累计贡献率大小确定(当累计贡献率超过 80% 时候的因子个数为最终的因子个数)。模型的第一个估计区间为 1991 年 2 月至 1997 年 1 月(1991 年 1 月的数值在差分计算中去掉了),第一个预测结果为 1998 年 1 月(12 个月后)的预测值;最后一个预测值为 2008 年 6 月的预测值。滚动估计和预测均为 126 次。

经过自行编程实现算法,首先确定因子个数为 10(前 10 个因子的累计贡献率为 82.77%),然后经过主成分分析和普通最小二乘估计,得到 126 次 SW2 预测结果。126 次滚动预测结果的 RMSE 为 0.0475，偏差较小，和 SW2 原有文献中的结果具有可比性。另外，由于本研究所包括变量个数较少（$N=16$），样本长度有限（$T=210$），而且外推的预测区间较长（12 个月），所以对预测精度造成了一定的影响。但是，从整体预测效果来看，其结果还是可以的，本研究也证明了该方法的可行性。

　　如图 4-1 所示，SW2 方法得到的预测值（即为 SW2-CLI）与实际的工业增加值走势基本一致。在开始的几个预测期内，偏差较大，这主要是由于进行非参数估计的样本长度较短，因子提取的质量不高造成的。而在后面预测期内，不断有新的观测向量加入到因子提取的信息池中，使得 SW2-CLI 的表现越来越好，预测精度有所提高。这在一定程度上证明了，SW2 方法提供的一致估计量在大样本下的效果更明显。

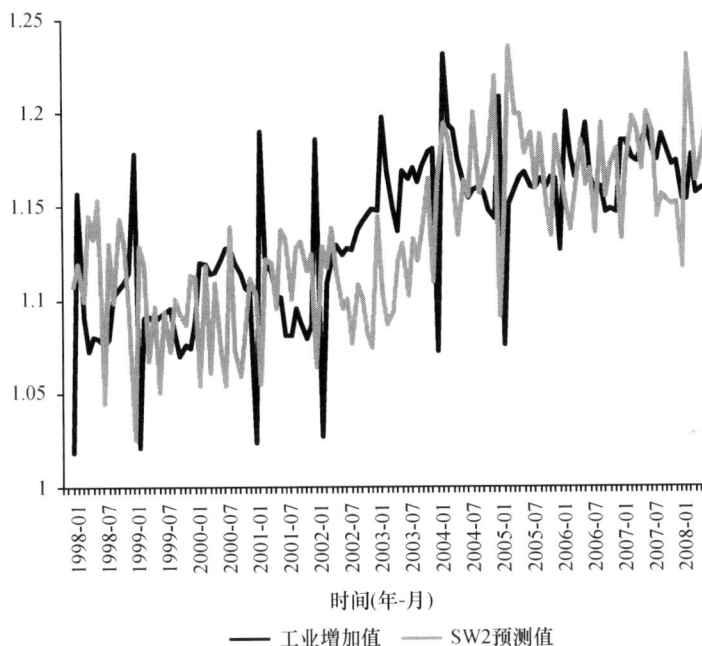

图 4-1　SW2 预测值和工业增加值

4.6.2　FHLR2-CLI 方法

　　本节采用 FHLR2 方法，结合我国的数据，建立以我国的经济增长为研究对象的先行指数（FHLR2-CLI）。FHLR2 方法依旧采用工业增加值-当期同比作为经济增长的基准指标，但是将利用 FHLR2 方法对该指标的"共同成分"，即"真实波动"进行预测，作为景气"先行指数"，即 FHLR2-CLI。

4.6.2.1　数据及指标说明

本研究仍然以增长率循环为基础,因此入选指标均为比例数据(包括当期同比和期末同比)。这里也采用表3-1中的先行指标和一致指标作为分析的对象,共17个指标。样本区间为1991年1月至2008年6月。

为了提高预测精度并保证FHLR2预测结果有可比性,本研究采用滚动预测方式。模型的第一个估计区间为1991年2月至2007年6月,第一个预测结果为2007年7月的预测值;最后一个预测值为2008年6月的预测值。滚动估计和预测均为18次。

首先将入选的所有指标的实际值加1,然后对其进行标准化处理,得到零均值平稳向量过程。

4.6.2.2　实证结果及分析

FHLR2方法的预测结果如表4-1所示。

表 4-1　FHLR2 方法预测结果

预测日期(年-月)	工业增加值-当期同比 FHLR2 方法预测结果(FHLR2-CLI)	工业增加值-当期同比当期实际值
2007-01	14.677 71	18.5
2007-02	12.973 63	18.5
2007-03	16.739 2	17.6
2007-04	14.879 63	17.4
2007-05	15.048 41	18.1
2007-06	14.336 04	19.4
2007-07	13.776 17	18
2007-08	14.429 58	17.5
2007-09	14.705 89	18.9
2007-10	16.316 82	17.9
2007-11	15.864 1	17.3
2007-12	13.425 86	17.4
2008-01	13.475 24	15.4
2008-02	13.781 47	15.4
2008-03	11.267 91	17.8
2008-04	13.851 09	15.7
2008-05	13.417 79	16
2008-06	13.761 29	16

上述18次滚动预测结果的RMSE计算结果为0.0346,可见误差较小,而且小于4.6.1节利用SW2-CLI方法进行预测的平均标准误差。分析其原因可知,一方面由于滚动次数较少,样本内时序长度较长,所以提高了FHLR2方法的精度;另

一方面,对 4.2 节和 4.3 节的分析比较可知,FHLR2 方法通过引入频域分析,更加自然地将因子模型"动态化",理论上较 SW2 方法更胜一筹。在 FHLR2 方法的原始文献中就对 SW2 方法文献中采用的数据进行了实证研究,发现 FHLR2 方法的预测精度更高。本实证研究同样采用相同的数据,虽然实验设计上有所出入,但是由于对比的指标是"平均意义"上的误差统计量,所以还是从一定程度上证明了FHLR2 方法的优势。

然而,如图 4-2 所示,FHLR2 方法存在的一些问题,FHLR2 预测结果整体存在"低估"性。分析其原因,首先,是由于 FHLR2 方法采用的单边滤子导致的:我国近年来经济增长比较迅速,历史数据对于未来预测的指导意义有所降低,虽然在动态因子模型下引入了多维变量的信息,但依旧无法弥补单边滤子仅引入滞后信息带来的预测精度损失。其次,本实证研究引入的变量个数较少,仅为 17 个变量,涵盖的经济层面较少,影响了方法应用的效果,如果增大变量的横截面维数,预计预测精度会得到较大提升。

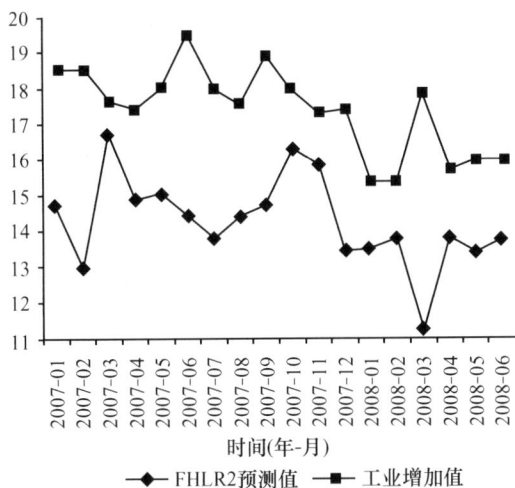

图 4-2　FHLR2 预测值和工业增加值

4.6.3　MS-CLI——先行指数

对于 MS 方法,首先给出先行指数的各状态概率。本书下一节将从经济持久期角度进行实证探讨。

4.6.3.1　数据及指标说明

本部分主要采用两状态 MS 模型进行估计,这是为了和后面采用时变概率的状态转移模型的分析结果进行对比,而采用时变概率的状态转移模型较为复杂。

本书使用的 MS-CLI 方法的分析对象是 NMB-CLI,计算基于的指标组合见表 3-1,样本区间为 1991 年 1 月至 2008 年 6 月。对于该 NMB-CLI 序列,采用单变量的 MSAR(4)模型,即单变量的 MSI(2)-VAR(4)模型。这里采用二状态的状态转移模型主要有两方面原因,一方面,我国经济数据样本较短,采用更多状态的估计会占用更多的自由度,从而导致模型估计的偏差;另一方面,二状态分别代表上升期和下降期,经济解释也比较合理。通过多个模型效果对比,滞后四阶效果最好,所以采用 MSI(2)−VAR(4)模型。

4.6.3.2　实证结果及分析

对模型进行估计,得到转移概率矩阵如表 4-2 所示。其中状态的确定还需要通过参数估计结果(表 4-3)进行。模型相关统计指标见表 4-4。

表 4-2　先行合成指数转移概率

	状态一	状态二
状态一	0.982 383	0.022 643
状态二	0.017 617	0.977 357

表 4-3　先行合成指数系数估计结果

	Estimates	T-student	Pvalue.
状态一常数	−0.001 67	−0.674 14	0.501 008
状态二常数	0.002 327	0.313 637	0.754 125
状态一方差	0.000 607	5.286 093	0
状态二方差	0.004 515	5.706 92	0
lags(1,cli)	2.598 397	36.751 21	0
lags(2,cli)	−2.986 76	−19.154 5	0
lags(3,cli)	1.798 655	12.409 5	0
lags(4,cli)	−0.484 23	−8.441 81	0

根据参数估计结果即可判断两个状态对应的具体情况:状态一为下降期,状态二为上升期。

表 4-4　先行合成指数模型信息量

BIC	AICa	AICc	SIC	FPE	AIC	HQ	似然值
−5.991	−6.036	−5.065	0.002	0.002	−6.056	−6.029	370.860 2

其平滑后的状态概率如图 4-3 所示(CLI_expansion 表示 CLI 的繁荣状态;CLI_recession 表示 CLI 的衰退状态)。

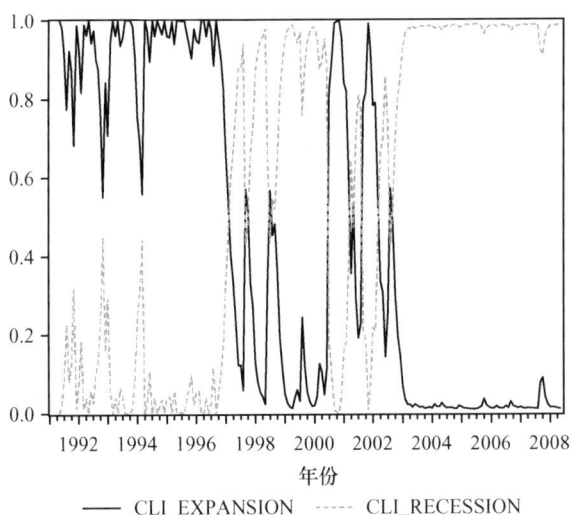

图 4-3　先行合成指数各状态概率

对先行合成指数与一致合成指数的分析结果基本统一,而且先行合成指数相比一致合成指数有一些先行性。最明显的是对最近的上升期的判断,在第 3 章中,一致合成指数显示自 2004 年进入上升期,而先行合成指数要早于一致合成指数的判断。也就是说,如果先行合成指数构造合理的话,那么通过先行合成指数可以更早地判断出各状态的变化。

如图 4-4、图 4-5 所示,通过先行合成指数计算出的各状态的概率相比一致合

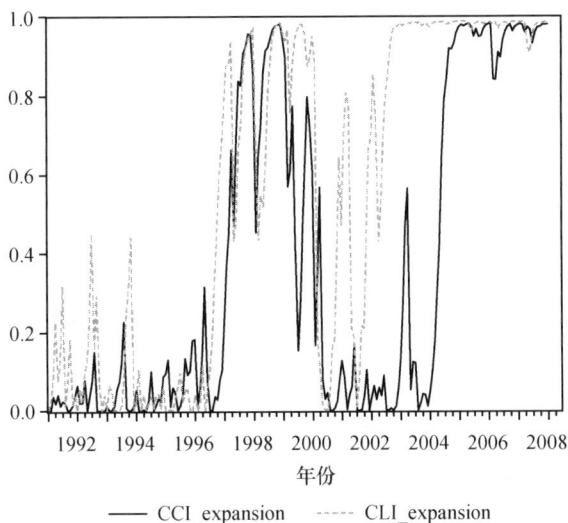

图 4-4　先行与一致合成指数上升期概率

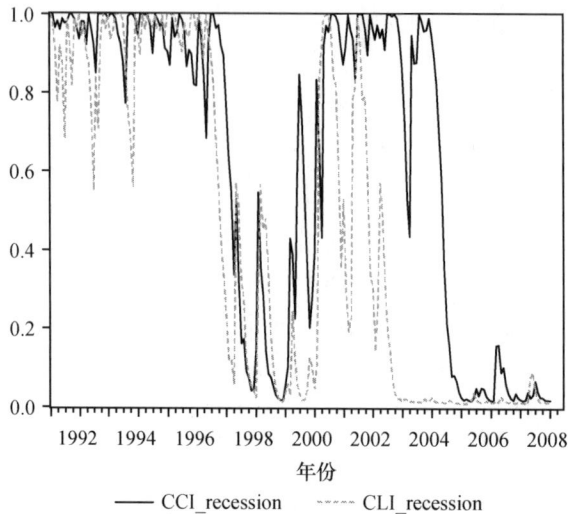

图 4-5　先行与一致合成指数下降期概率

成指数有很好的先行性,如果先行合成指数的构造比较合理的话,它能够更早地判断出拐点。

4.6.4　MS-CLI——经济持久期

MS 方法在给出先行指数的状态概率的同时,还能给出经济持久期序列,这对实际问题的景气分析是非常有用的。

4.6.4.1　数据及指标说明

为了能够更全面地研究经济周期的整个情况,这里以一致合成指数(NMB-CCI)作为基准,通过对一致合成指数的分析,得到经济周期的情况,并采用先行合成指数(NMB-CLI)作为解释指标。计算非模型基础的合成指数的指标组合如表 3-1 所示,样本区间为 1991 年 1 月至 2008 年 6 月。如果可采用类似于 NBER 等机构公布的经济周期表的数据,那模型会更准确。然而由于我国没有相关机构公布的该类数据,所以本书采用主、客观相结合的方式,基于一致合成指数,采用传统的峰谷分析及 BB 算法,结合经验,给出经济处于上升期还是下降期的判断。

4.6.4.2　实证结果及分析

基于 NMB-CCI,分别采用三种不同形式的状态转移模型,以 Gibbs 抽样方法,抽样 10 000 次,并以其中后 2000 次作为估计样本。对模型参数估计如表 4-5 所示,其中 LI 代表只引入先行合成指数的模型,DUR 代表只引入持久期的模型,LI-DUR 代表两种变量均引入的模型。

表 4-5　TVTP 模型参数估计结果

	LI	DUR	LIDUR
α_0	−0.136 18	−0.149 63	−0.139 73
	(0.541 82)	(0.566 24)	(0.638 74)
α_1	0.002 783	0.004 637	0.003 893
	(0.002 251)	(0.003 789)	(0.003 247)
γ_0	−1.455 7	−2.157 3	−1.618 4
	(0.014 764)	(0.006 393)	(0.026 395)
γ_z	0.101 59		0.012 823
	(0.005 874)		(0.001 985)
γ_S	3.415 1	3.850 6	3.445 8
	(0.026 282)	(0.010 336)	(0.016 186)
γ_d		−0.031 81	−0.003 35
		(0.002 582)	(0.002 489)
σ_y	0.001 037	0.001 035	0.001 023

　　从模型参数估计结果可见,参数变化范围较小,估计结果已经收敛。因此,使用这三个模型计算上升期的概率,结果如图 4-6 所示。

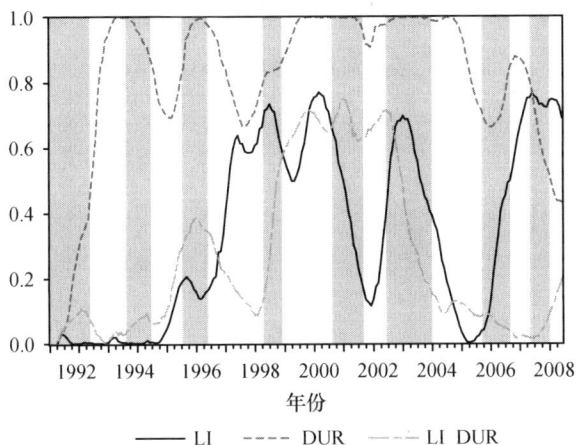

图 4-6　上升期的概率

　　图 4-6 中各曲线分别表示的是各期处在上升期的概率,图中阴影部分为上升期。可以发现,以先行合成指数作为解释变量的模型对上升期的判断与实际的经济周期最为符合,持久期依赖次之,持久期依赖及先行指数两者均包括的模型对经济周期的判断能力相对较差。除数据开始处和 2005 年的周期外,以先行合成指数作为解释变量的模型对各个周期的拟合效果均较好,而且由于采用的是先行合成指数,所以对有些周期的预测还有一定的先行性,如对 2000 年上升期。持久期依

赖的模型在模型起始处与经济周期的拟合效果很好,但对部分较短的上升期,会无法判断,如 1998 年时的上升期,以及 2005 年时的上升期。理论上说,两者结合的方法应该能综合两者的信息,会取得更好的效果,但实证结果显示,两者结合的方法与实际周期的拟合效果最差。

通过三种不同形式的时变参数的状态转移模型,分别计算出经济周期上升期和下降期的条件持久期,如图 4-7 和图 4-8 所示。

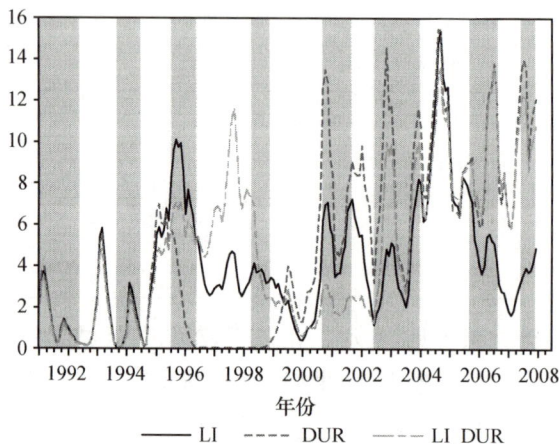

图 4-7　经济周期上升期的条件持久期[①]

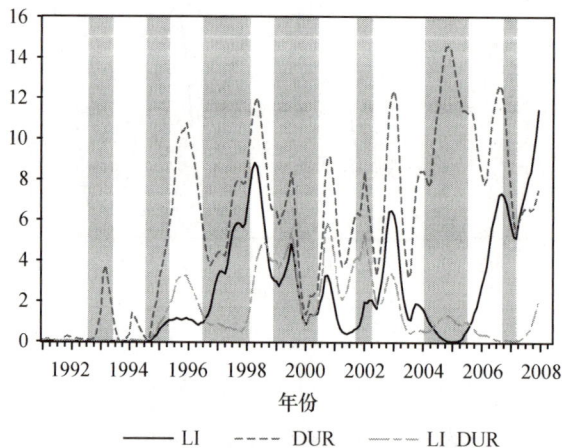

图 4-8　经济周期下降期的条件持久期[②]

分析图 4-7 和图 4-8 阴影部分的条件持久期发现,虽然从计算结果来看,引入

---

① 阴影部分为上升期。

② 阴影部分为下降期。

持久期依赖的模型对持久期长度的判断能力较强,与整个周期的拟合性较好。但由于这里计算的是条件持久期的期望值,所以,图 4-7 仅在上升期下的期望值才有意义。而且该持久期的特点是,当上升期开始时,条件持久期的期望值应达到最大,当该值达到最小时,繁荣期接近结束,拐点出现,衰退期开始。另外,当持久期期望值较大时,说明该周期持续时间较长,反之亦然。同理可查看图 4-8。

上升期及下降期的历史持久期与模型判断结果如表 4-6 所示。

表 4-6　历史持久期与模型判断结果

时期	时间(年-月)	长度	先行指数	持久期依赖	两者结合
上升期	1991-1～1992-6	18.00	2.50	2.50	2.50
下降期	1992-7～1993-7	13.00	4.00	——	——
上升期	1993-8～1994-7	12.00	2.00	2.00	2.00
下降期	1994-8～1995-6	11.00	——	——	——
上升期	1995-7～1996-6	12.00	6.50	4.50	4.50
下降期	1996-7～1998-3	21.00	——	——	——
上升期	1998-4～1998-11	8.00	3.00	——	5.00
下降期	1999-12～2000-7	20.00	5.50	8.50	5.50
上升期	2000-8～2001-9	14.00	5.00	8.00	2.00
下降期	2001-10～2002-5	8.00	2.50	8.00	5.00
上升期	2002-6～2004-1	25.00	3.00	9.00	6.00
下降期	2004-2～2005-8	19.00	2.00	14.00	2.00
上升期	2005-9～2006-9	13.00	6.00	8.00	8.00
下降期	2006-10～2007-4	7.00	7.00	12.00	——
上升期	2007-5	——	——	9.00	7.50

整体看来,数据初期的判断结果不理想,不过这并非本书关注的重点,先行指数的模型有 2 个下降期与 1 个上升期没有判断出来,而持久期依赖的模型有 3 个下降期与 1 个上升期没有识别出来,而两者结合的方法有 4 个下降期无法识别。这些无法识别的点大多出现在数据初期。在对近期持久期的判断上,持久期依赖的模型要明显好于其他两种,而且持久期依赖的模型对持久期长度的判断也较其他两种方法更准确。

图 4-7 的结果显示,各剩余持久期拐点的判断基本能与周期相符合。历史数据显示,在最近的几个小周期上,其期望值较大的周期基本持续时间要长于期望值较小的。另外,由于数据截止到 2008 年 6 月份,当时经济拐点还未明显出现,但根据剩余持久期的判断显示,该繁荣期大约持续 1 年半左右,即该繁荣期小周期开始于 2007 年 5 月,到 2008 年 11 月左右,就将进入衰退期的小周期。所以说,一方面,我国目前经济的调整和拐点与国际经济密切相关;另一方面,这也受到我国自身经济周期规律的影响。

　　图 4-8 结果显示,持久期依赖的状态转移模型对剩余持久期长度的判断也要略优于其他两种方法。而且该模型对衰退期拐点的判断更准确,在最近的几个小衰退期中,剩余持久期的期望值均表现出明显的由极大转向极小的趋势。而且其数值也与衰退期的持续时间基本吻合。另外,对衰退期的判断相比对繁荣期的判断更稳定。

　　许多以往对经济周期研究的理论均表明,衰退的到来往往比繁荣更难预测,也就是说上升期长度要比下降期更难判断。但 Layton 等(2007)也指出,有时无法判断的原因是忽略了一些重要的信息,如果能够引入足够的信息,对两者均能很好地判断。而本书对我国经济周期的研究结果显示,通过引入合适的变量,如采用持久期依赖的方法能够对我国经济周期的上升期和下降期均取得很好的判断结果。同时,采用先行合成指数的方法也具有一定的解释力,但是效果一般。而如果能够将两者很好地结合理应具有更强的解释力。然而,受我国数据较短的局限,当引入多解释变量后,会占用模型估计的自由度,虽然 MCMC 的方法比传统的极大似然估计的方法改进了很多,然而,其稳定性还是较差,结果不收敛是造成该方法解释力不佳的最主要原因。因此,对我国经济持久期的研究很有必要,同时,受我国数据长度的局限,许多方法还应进一步改进以更好地适应我国具体问题的研究。

参 考 文 献

王金明,程建华,杨晓光.2007.SW 型先导性景气指数建设的实证研究.中国管理科学,(9)116～123

Artis M J,Krolzig H M,Toro J. 2004. The European business cycle. Oxford Economic Papers,56 (1):1～44

Bai J,Ng S. 2003. Determining the number of factors in approximate factor models. Econometrica,70:191～221

Bernard H,Gerlach S. 1998. Does the term structure predict recessions? the international evidence. International Journal of Finance and Economics,3:195～215

Birchenhall C R,Osborn D R,Sensier M. 2001. Predicting UK business cycle regimes. Scottish Journal of Political Economy,48:179～195

Brillinger D R. 1981. Time series:data analysis and theory. San Francisco:Holden-Day

Brockwell P J,Davis R A. 1991. Time series:theory and methods(2nd ed.). New York:Springer-Verlag

Burns A F,Mitchell W C. 1946. Measuring business cycles. New York:NBER

Camacho M,Perez-Quiros G. 2002. This is what the leading indicators lead. Journal of Applied Econometrics,17:61～80

Canova F,Ciccarelli M. 2001. Forecasting and turning point predictions in a Bayesian panel VAR model. Journal of Econometrics,120:327～359

Canova F,Ciccarelli M. 2003. Panel index VAR models:specification,estimation,testing and leading indicators. CEPR Discussion Paper No. 4033

Carriero A, Marcellino M. 2007. A comparison of methods for the construction of composite coincident and leading indexes for the UK. International Journal of Forecasting, 23:219~236

Casella G, George E I. 1993. Explaining the gibbs sampler. The American Statistician, 46(3): 167~174

Chamberlain G, Rothschild M. 1983. Arbitrage factor structure, and mean-variance analysis of large asset markets. Econometrica, 51:1281~1304

Ding A A, Hwang J T. 1999. Prediction intervals, factor analysis models, and high-dimensional empirical linear prediction. Journal of the American Statistical Association, 94:446~455

Durland J M, McCurdy T H. 1994. Duration-dependent transitions in a Markov model of US GNP growth. Journal of Business and Economic Statistics, 12:279~288

Emerson R A, Hendry D F. 1996. An evaluation of forecasting using leading indicators. Journal of Forecasting, 15:271~291

Estrella A, Mishkin F S. 1997. The predictive power of the term structure of interest rates in Europe and the United States: implications for the European Central Bank. European Economic Review, 41:1375~1401

Estrella A, Mishkin F S. 1998. Predicting US recessions: financial variables as leading indicators. The Review of Economics and Statistics, 80:45~61

Estrella A, Rodrigues A P, Schich S. 2003. How stable is the predictive power of the yield curve? evidence from Germany and the United States. Review of Economics and Statistics, 85:629~644

Filardo A J, Stephen F G. 1998. Business cycle durations. Journal of Econometrics, 85:99~123

Filardo A J. 1994. Business cycle phases and their transitional dynamics. Journal of Business and Economic Statistics, 12:299~308

Forni M, Hallin M, Lippi M, et al. 2000. The generalized dynamnic factor model: identi cation and estimation. The Review of Economics and Statistics, 82:540~552

Forni M, Hallin M, Lippi M, et al. 2005. The generalized dynamic factor model: one-sided estimation and forecasting. Journal of the American Statistical Association, 100:830~840

Forni M, Lippi M. 2001. The generalized dynamic factor model: representation theory. Econometric Theory, 17:1113 ~1141

Forni M, Reichlin L. 1996. Dynamic common factors in large cross-sections. Empirical Economics, 21:27~42

Forni M, Reichlin L. 1998. Let's get real: a factor analytical approach to disaggregated business cycle dynamics. Review of Economic Studies, 65:453~473

Gary C, Rothschild M. 1983. Arbitrage, factor structure and mean-variance analysis in large asset markets. Econometrica, 51:1305 ~1324

Gary C. 1983. Funds, factors, and diversification in arbitrage pricing models. Econometrica, 51: 1281 ~1304

Gelfand A E,Smith A F M. 1990. Sampling-based approaches to calculating marginal densities. Journal of the American Statistical Association,85:398～409

Gelman A,Rubin D B. 1992. A single series from the Gibbs sampler provides a false sense of security// Bernardo J M,Berger J O,Dawid A P,et al. Bayesian Statistics. Oxford:Oxford University Press. 625～631

Gerard J,den Berg V,van der Klaauw B. 2001. Combining micro and macro unemployment duration data. Journal of Econometrics,102:271～309

Hamilton J D. 1989. A new approach to the economic analysis of nonstationary time series and the business cycle. Econometrica,57:357～384

Hamilton J D. 1994. Time series analysis. New Jersey:Princeton University Press

Harding D,Pagan A. 2002. Dissecting the cycle:a methodological investigation. Journal of Monetary Economics,49:365～381

Hardle W, View P. 1992. Kernel regression smoothing of time series. Journal of Time Series Analysis,13:209～232

Hornick K,Stinchcombe M,White H. 1989. Multilated feedforward networks are universal approximators. Neural Networks,2:359～366

Iiboshi H. 2007. Duration dependence of the business cycle in Japan:a bayesian analysis of extended Markov switching model. Japan and the World Economy,19:86～111

John G. 1977. The dynamic factor analysis of economic time series. Amsterdam:North-Holland

Kim C J,Murray C. 2002. Permanent and transitory components of recessions. Empirical Economics,27:163～183

Lawley D N,Maxwell A E. 1971. Factor analysis as a statistical method. London:Butterworths

Layton A P,Katsuura M. 2001. Comparison of regime switching,probit and logit models in dating and forecasting US business cycles. International Journal of Forecasting,17:403～417

Layton A P,Smith D R. 2007. Business cycle dynamics with duration dependence and leading indicators. Journal of Macroeconomics,29:855～875

Marcellino M. 2003. Forecasting EMU marcroeconomic variables. International Journal of Forecasting,20:359～372

Marcellino M. 2006. Leading indicators. Handbook of Economic Forecasting,1:880～960

McCulloch R,Rossi P E. 1994. An exact likelihood analysis of the multinomial probit model. Journal of Econometrics,64:207～240

Moneta F. 2003. Does the yield spread predict recessions in the Euro area? ECB Working Paper, No. 294

Osborn D,Sensier M,Simpson P W. 2001. Forecasting UK industrial production over the business cycle. Journal of Forecasting,20:405～424

Qi M. 2001. Predicting US recessions with leading indicators via neural network models. International Journal of Forecasting,17:383～401

Stock J H,Watson M W. 1988a. A probability model of the coincident economic indicators. NBER

Discussion Paper, No. 2772

Stock J H, Watson M W. 1988b. Testing for common trends. Journal of the American Statistical Association, 83:1097~1107

Stock J H, Watson M W. 1998. Aprobability model of the coincident indicators//Lahiri K, Moore G H. Leading economic indicators: new approaches and forecasting Records. Cambridge: Cambridge University Press

Stock J H, Watson M W. 1999. A comparison of linear and nonlinear univariate models for forecasting macroeconomic time series//Engle R F, White H. Cointegration, causality, and forecasting: festschrift in honor of Clive W. J. Granger. London: Oxford University Press

Stock J H, Watson M W. 2002a. Forecasting using principal components from a large number of predictors. Journal of the American Statistical Association, 97:1167~1179

Stock J H, Watson M W. 2002b. Macroeconomic forecasting using diffusion indexes. Journal of Business & Economic Statistics, 20:147~162

Swanson N R, White H. 1997. A model selection approach to real-time macroeconomic forecasting using linear models and artificial neural networks. The Review of Economics and Statistics, 79:540~550

第5章 多维景气分析方法

前面几章介绍的方法的共同点是针对一个周期(一个目标)进行分析,却不能考虑不同周期之间的密切关系。随着经济社会系统复杂性的增强,传统的景气指数构建方法已经不能满足实际分析的需要。

在现实中,经济系统非常复杂。历史经验已经表明,仅用一个先行指数很难正确刻画一国经济的复杂性,也很难全面反映经济中主要部分的运行状况。例如,仅以货币周期、信贷周期或利率周期中的任何一个来刻画金融周期,都不能充分和全面地反映出金融周期真正的内在规律。理论上,这三个周期是金融周期的主要部分。只有同时分析这三个周期,并以此为基础来研究金融周期才是合适的方法;而且,分析这些周期之间的动态关系,以及它们与重要宏观经济指标间的动态关系,也是非常必要的。因此,近十年来,先行指标研究方法不断地被应用于不同经济部门及不同层面,构建了不同领域的合成指数(或景气指数)。

基于此,ECRI 提出了一个多周期分析的思路(Banerji and Hiris,2001;Achuthan and Banerji,2004)。该思路旨在通过这些先行指数的运行轨迹,来测算由经济的许多不同方面的方向变化所带来的风险。只有通过这个方法才能有效地捕捉经济运行中出现的细微差别。实际上,经济系统中不同方面之间的内部关系是动态发展的,并不是静止的。多周期分析方法的提出,正可以有效地探讨这种动态的演变过程,并对将来的动态关系做出一定的推断。

然而,这种多周期分析的方法所需解决的一个难题是:如何能够同时有效地对这些不同方面的运行状况及其相互之间的动态关系进行监测呢?这需要把这些多角度的周期,组合到一个统一的框架中来进行分析,即把这些多角度的周期标准化后放到一个可比较的结构中来。为此,ECRI 引入了一个多维结构,即经济周期立方体(economic cycle cube,ECC),借助它能有效描述经济系统复杂的运行状况。其中,经济活动、通货膨胀、就业情况构成了经济周期立方体的三维空间。ECC 从这三个方面分别进行先行指标研究,对经济进行全面而正确地监控和预测,并在实际工作中得到了广泛而有效的应用。在这个三维框架下,有些维度又可以分成很多不同的方面进一步细化研究。例如,经济增长可以从国内经济和对外贸易两个角度进行分析;国内经济又分建筑业、制造业和服务业(金融行业和非金融行业);对外贸易又分出口、进口和贸易平衡。每一个方面都包括很多指标以跟踪分析每个周期的运行状况。

ECC 的引入使 ECRI 能够独立地分析经济中的增长、通货膨胀和就业情况,并且分析它们之间的动态变化过程,从而能够及时了解三者的运行是否一致。ECRI 在对 ECC 结构中的几个方面独立地进行研究后发现,它们彼此之间存在非常弱的相关性。因此,不同层面的周期波动的预测分析之间并不存在冲突和矛盾,这证实了该方法在理论上的合理性。在过去的十年中,ECRI 利用 ECC 的多周期方法,多次成功地预测出经济拐点的出现,以及一些经济形势的转变,这是一般的计量模型方法所不能做到的。可见,借助 ECC 可以及时了解经济运行是否协调健康,可以及时发现问题,并且探究不协调发展的原因所在。因此,从多维框架对经济景气进行更为全面和系统的分析,可以给宏观经济管理部门提供有价值的参考。

然而,从目前的研究状况看,到目前为止,景气指数的多维分析还仅局限在对每个维度的主题建立先行指标体系并构建景气指数上。但对于如何在一个统一的框架中直接构建多维指数,以及如何从多维角度对这些指数进行综合的分析和比较等这些方面的研究还是空白。因此,直接构建多维景气指数的方法还有待于进一步探索,同时,还缺乏一个统一的测量及评价体系方法对这样一种多维度的分析结果进行有效的衡量,对不同维度下的结论也还缺乏一个统一的标准去比较。如果能够利用多维度的分析框架,引入一些标准化体系及量化的分析方法,则既可以对经济历史运行状况加以评析,对政策调整效用进行评判,又可以对未来的形势做出一定的推断。量化的结果将能给出更直观的结论,为宏观经济管理部门提供更有价值的参考。因此,对经济景气多维分析方法及其应用这一问题进行研究,是非常重要的,具有很强的应用价值。由于多维预警分析依赖于经济中众多子预警系统的建立,对基础工作和数据的要求非常严格,所以该方法无论是理论还是实践上都还处于起步阶段,是一项具有开创性和前瞻性的工作。

作者所在的课题组在多年从事经济预警研究及参与多个预警方面的相关项目的基础上,认识到多维景气分析方法及应用研究的重要性,并开展了深入的相关研究,目前已经在多维指数构建及多维指数分析方面取得了进展。本节将首先介绍直接构建多维一致指数的方法,基于此提出多维指数的分析方法,即向量空间方法和多维落点概率分析方法,并且给出了应用实例,对宏观经济、金融周期进行多维景气分析。

5.1　经济周期立方体

ECRI 提出了经济周期立方体(图 5-1),用来对宏观经济结构层次进行划分。一个大的立方体由许多小立方体组成,每个小立方体代表针对宏观经济中的一个部门建立的监测和预警系统。最顶层是经济中的三个方面,即经济活动、通货膨胀,以及就业。三者构成了一个多维空间。经济活动往下可分为国内经济活动和对外贸易;国内经济活动可分为建筑业、制造业、服务业等;对外贸易又可继续分为

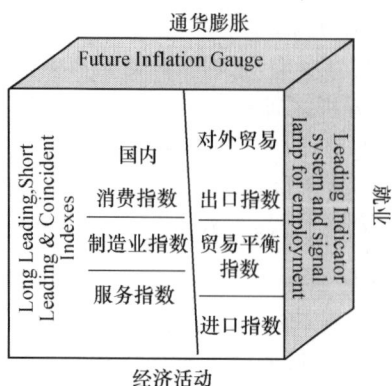

图 5-1　ECRI 的经济立方体

出口、进口、贸易平衡等。

　　ECRI 借助 ECC 单独分析经济增长、通货膨胀、就业，能够判断两者的运行是否同步。在 ECC 框架下，ECRI 不断扩展分析目标，如贸易景气、主要行业的景气及国际上主要国家的景气分析；此外，还同时分析长经济周期、短经济周期，并建立各自的先行指标体系，构建各自的先行指数。这种多周期分析的思想同样可以从一国经济的研究拓展到主要经济体国家的整体研究，实现对多个国家的经济周期及增长率周期拐点之间的比较分析。

　　在 ECRI 的实际应用中，ECC 的多周期观点多次表现出其优势，即对多种周期，给出一个一致的预测轨迹。这是目前使用非常广泛的标准计量经济建模方法所不能做到的。

　　事实上，每一个合成指数仅仅是在一个相对较小的规模中提取和组织数据。在 ECC 提出的多周期方法下，随着所需要研究目标的周期的增多，所建立的合成指数也就随之增多，规模不断扩大，自然需要一个合适的框架来用于对这些合成指数的分析。然而，ECC 方法也仅仅是提出了一个多周期分析的框架和思路，仍然是采用传统的景气方法针对单个目标建立单个指数，对于这些指数的分析也没有给出系统的多维分析方法。

5.2　多维一致指数的构建

　　前面介绍的一致指数构建方法，都仅仅限于建立单个的一致指数，并不能用来直接提取多维一致指数。在研究中发现，Forni 等（2000，2004）提出的广义动态因子模型方法，建立在频域分析的基础上，可以同时提取多个变量的不可观测的周期波动，即多个一致指数。因此，它不仅可以反映多个变量之间的动态影响，而且可以在一个统一的框架中同时得到多个景气指数，并能分析这些指数刻画的不同周期之间的密切关系。

　　因此，我们创新性地应用 FHLR 方法构建多周期景气一致指数。假设需要考虑 n 个目标，其基准指标序列为 $\{x_{it}, i\in n\}$，需要纳入分析的其他相关指标序列为 $\{y_{jt}, j\in m\}$，相应的 GDFM 模型为

$$(x_{it}, y_{jt})^{\mathrm{T}} = b_{i1}(L)u_{1t} + b_{i2}(L)u_{2t} + \cdots + b_{iq}(L)u_{qt} + (\xi_{it}, \zeta_{jt})^{\mathrm{T}} \qquad (5.2.1)$$

式中，L 为滞后算子；变量 $u_{jt}, j=1,\cdots,q$ 称为模型的"共同因子"或"共同冲击"；变量 $\chi_{it}=x_{it}-\xi_{it}$ 和 ξ_{it} 分别称为 x_{it} 的"共同成分"和"随机成分"。

因此,多维一致指数的构建步骤如下:

(1)确定需要分析的每个维度的主题,以及各自主题对应的基准指标 x_{it};

(2)选择与这几个维度的主题相关的分析指标序列 y_{jt};

(3)采用 FHLR 方法对前面两步的所有指标进行分析,得到多维一致指数,即基准指标 x_{it} 的共同成分 χ_{it}。

5.3 多维指数分析

对于多维指数,只有采用相应的多维分析方法,才能有效、深入地分析多维指数包含的信息和规律。因此,课题组在多年从事经济预警研究的基础上,创新性地提出了多维指数分析方法。它包括从向量空间角度分析多维指数的方法,以及对多维指数进行多维落点概率分析的方法。下面将对这两种方法进行详细的介绍。

5.3.1 向量空间方法

在向量中,一般使用距离和角度来对其进行刻画。对于一个经济体来说,它由一些主要的方面组成,这些方面组成了一个多维的框架,其变化也必然显示出规律性,如周期性。而且这里的周期性不仅体现在一个方面本身的周期性,而且表现在多维整体的周期性,相互制约均衡体现的周期性。如何刻画这种整体的周期性?本书引入向量空间方法(vector space approach),采用多维指数与均值之间的距离和角度对此进行刻画,通过分析距离和角度的变化规律,来分析多维指数整体的变化规律(从空间角度刻画变化规律,空间上的变化,包括距离和角度)。其中,距离刻画了整体偏离均值水平的程度;而角度则刻画了整体偏离均值的方向。

本书使用统计距离,而非一般的距离。考虑到每个坐标对于计算欧几里得距离起着相同的作用,使用直线或欧几里得距离进行度量达不到大多数统计的目的。当坐标被用来表示不同随机波动幅度的测量值时,对那些可变性大的坐标的加权通常要少于对没有很大变化性的坐标的加权,这就需要一个不同于欧几里得距离的度量方法,即统计距离。定义如下:

令点 P 和 Q 含有 p 个坐标,即 $P=(x_1,x_2,\cdots,x_p)$ 和 $Q=(y_1,y_2,\cdots,y_p)$,假设 Q 是一固定点,且变量坐标的变化相互独立。令 $s_{11},s_{22},\cdots,s_{pp}$ 分别是由 x_1,$x_2,\cdots,x_p$ 的 n 个测量值构造的样本方差,则从 P 到 Q 的统计距离是

$$d(P,Q)=\sqrt{\frac{(x_1-y_1)^2}{s_{11}}+\frac{(x_2-y_2)^2}{s_{22}}+\cdots+\frac{(x_p-y_p)^2}{s_{pp}}}$$

如果坐标不相互独立,则可以旋转 θ 角并得到旋转过的坐标轴 $\tilde{x}_1$ 和 $\tilde{x}_2$,使得

新坐标相互独立。

或者采用如下的公式计算 x,即

$$d(x,y) = \sqrt{(x-y)'A(x-y)}$$

通常 $A=S^{-1}$,式中,S 为样本方差和协方差矩阵。

对于角度,定义为

$$\alpha = \arccos\left(\frac{x_1y_1 + x_2y_2 + \cdots + x_py_p}{\sqrt{x_1^2 + x_2^2 + \cdots + x_p^2}\ \sqrt{y_1^2 + y_2^2 + \cdots + y_p^2}}\right)$$

5.3.2　多维落点概率分析

在经典的景气预警分析中,建立监测预警信号系统是其中一种方法。它以经济周期波动理论为依据,综合考虑生产、消费、投资、金融、物价、财政等各领域的景气变动及相互影响,反映宏观经济的运行轨迹。首先对一组反映经济发展状况的敏感性指标中的单个指标进行落点概率分析,并结合经济理论、人工经验等方法确定预警界限,对处于不同界限的状态分别赋予不同的值,使权重集成为一个综合性的指标;最后通过一组类似于交通管制信号,如红灯、黄灯、绿灯和蓝灯等的标识,对这组指标和综合指标所代表的经济周期波动状况发出预警信号,通过观察信号的变动情况判断未来经济运行的状态。

这种方法对于分析多维指数来说是不合适的,它只能表现每个维度内部的预警情况,而不能对这些多维度之间综合的预警进行分析。因此,有必要引入多维落点概率分析(probability analysis of multi-dimension impact point),在多维框架下对整体的落点状态的概率进行分析。对基于多维落点概率分析的结果进行调整,可以给出这些多维指数所刻画的整个空间的信号情况。

由于是多维,根据概率值确定预警界限或边界值,并不能得到唯一解。为了保证解的唯一性,在多维落点概率的求解中,先是根据边界值求概率,每个边界值中不同维度之间保持同样的平衡关系;再根据概率采用相应的插值法求多维边界值。

设随机向量序列 $X=(x_1,x_2,\cdots,x_p)$,假定 $x_i \in N(\mu,\sigma^2)$。

第一步,求出每个 x_i 对应的均值 μ_i 和标准差 σ_i。

标准化,令 $z_i=(x_i-\mu_i)/\sigma_i$,则 $z_i \in N(0,1)$。

第二步,根据边界值求概率。因为 $k_i=(x_i-\mu_i)/\sigma_i \in N(0,1)$,所以 $-4 \leqslant k_i \leqslant 4$ 的概率将近 99%。限定 k_i 的取值范围为 $[-4,4]$,从 -4 开始取值,间隔 0.1 递增,一直取到 4,得到 81 个值 $\{k_{ij}\}$,从而得到边界值 $k_{ij}\sigma_i + \mu_i$。对于每个 j,计算如下区域的落点概率,记为 p_j

$$p_j = p\{x \in (-\infty, k_{1j}\sigma_1 + \mu_1) \times (-\infty, k_{2j}\sigma_2 + \mu_2) \times \cdots \times (-\infty, k_{pj}\sigma_p + \mu_p)\}$$

第三步,根据概率值采用相应的插值法求多维边界值,一般我们需要得到 0.1,0.25,0.75,0.9 对应的边界值。假设我们要得到概率为 p 的值对应的边界值。如果在第二步中求出的概率值中有 $p_j = p$,则其对应的边界值为

$$(\bar{x}_1, \bar{x}_2, \cdots, \bar{x}_p) = (k_{1j}\sigma_1 + \mu_1, k_{2j}\sigma_2 + \mu_2, \cdots, k_{pj}\sigma_p + \mu_p)$$

如果在第二步中求出的概率值中没有 $p_j = p$,但存在 $p_j < p < p_{j+1}$,设 p_j、p_{j+1} 对应的边界值向量为 U、V,其中

$$U = (u_1, u_2, \cdots, u_p) = (k_{1j}\sigma_1 + \mu_1, k_{2j}\sigma_2 + \mu_2, \cdots, k_{pj}\sigma_p + \mu_p)$$
$$V = (v_1, v_2, \cdots, v_p) = (k_{1,j+1}\sigma_1 + \mu_1, k_{2,j+1}\sigma_2 + \mu_2, \cdots, k_{p,j+1}\sigma_p + \mu_p)$$

则利用插值法近似求出 p 值对应的边界值向量 $(\bar{x}_1, \bar{x}_2, \cdots, \bar{x}_p)$,$\bar{x}_i$ 的计算公式为

$$\bar{x}_i = \frac{p - p_j}{p_{j+1} - p_j} u_i + \frac{p_{j+1} - p}{p_{j+1} - p_j} v_i$$

因此,采取上述方法可以求出概率为 0.1,0.25,0.75,0.9 对应的多维边界值,即边界值向量。从而可以对多维一致指数的落点情况给出信号输出,如红灯、黄灯、绿灯、蓝灯。

5.4　结合我国数据的实例分析

本节应用前面介绍的多维景气分析方法,结合我国的数据,给出实例分析,即宏观经济两维景气分析、金融周期多维景气分析。

5.4.1　宏观经济两维景气分析

宏观经济两维景气分析关注两个目标:经济增长、通货膨胀。实际上,失业率问题也是需要关注的一个重要目标,但由于数据缺失,不能对其展开景气分析,所以只能放弃。

首先,选择基准指标。经济增长的基准指标为工业增加值(value added of industry)-当月同比;通货膨胀的基准指标为 CPI。

最后,选择相关的重要经济金融指标如下:固定资产投资-投资完成额[2]、社会消费品零售总额[1]、出口和进口的比例、出口[1]、进口[1]、工业产品销售率[1]、国家财政预算支出[1]、国家财政预算收入[1]、储蓄存款[3]、外汇储备[3]、粗钢产量[1]、能源生产总量[1]、发电量[1]、新开工项目[2]、商品零售价格指数[1]。(备注:1 代表当月同比;2 代表累计同比;3 代表期末同比)

采用 FHLR 方法直接构建多维一致指数,样本区间为 1999 年 1 月至 2007 年 12 月,指数结果如图 5-2 和图 5-3 所示。其中图 5-2 表明经济增长和通货膨胀均

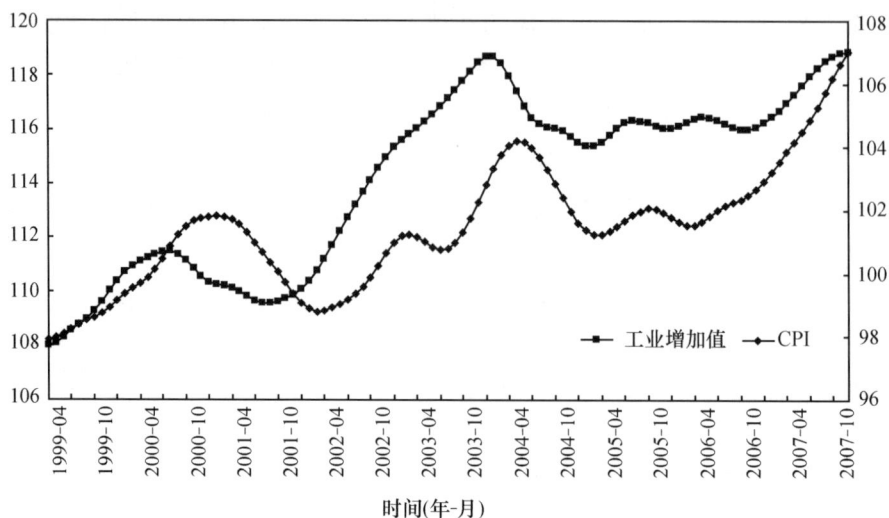

图 5-2　经济增长和通货膨胀一致指数

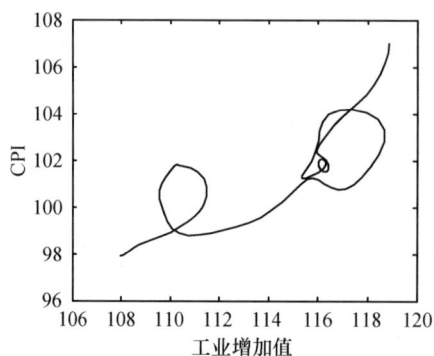

图 5-3　宏观经济两维景气一致指数

周期性地波动,但它们之间共同的变化规律需要从图 5-3 中进行分析。图 5-3 表明,在样本区间内,这个两维的一致指数存在着两个周期,下一个周期尚未出现。

使用向量空间方法计算该两维指数的距离和角度,其结果如图 5-4 和图 5-5 所示。其当前的距离曲线居于高位,表明当前状态远远偏高于均值状态,但从角度曲线中可以看出,目前方向上的波动趋于较为稳定的状态。

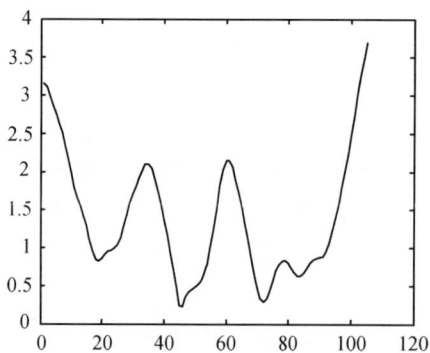

图 5-4　宏观经济两维指数的距离曲线

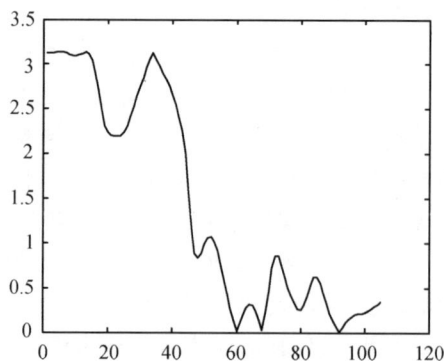

图 5-5　宏观经济两维指数的角度曲线

采用前面介绍的多维落点概率分析方法计算该两维一致指数的落点概率情况的结果如表 5-1 所示；2007 年 1 月～12 月的信号输出结果如表 5-2 所示，从中可以看出由经济增长和通货膨胀组成的两维系统的整体的信号输出情况。一般而言，落点概率确定的阈值仅仅是初始阈值，还需要根据经济理论、专家经验、国际惯例等对这些阈值进行调整。这不是本书要涵盖的内容，在这里省略。

表 5-1　宏观经济两维一致指数的阈值

概　率	阈　值	
	工业增加值	CPI
0.1	110.271 9	99.098 5
0.25	112.274 5	100.312 1
0.75	117.196 0	103.294 7
0.9	119.334 3	104.590 5

表 5-2　宏观经济两维一致指数的信号输出结果

信　号	○	○	◎	◎	◎	◎
时间(年-月)	2007-01	2007-02	2007-03	2007-04	2007-05	2007-06
信　号	●	●	●	●	●	●
时间(年-月)	2007-07	2007-08	2007-09	2007-10	2007-11	2007-12

注：○绿灯；◎黄灯；●红灯

5.4.2　金融周期多维景气分析

对于金融周期景气分析，不仅需要把金融与经济变量间的相互影响纳入模型来寻找金融系统和经济系统互动下的金融周期；同时，还需要将金融周期包含的货币周期、信贷周期和利率周期等之间的相互作用和联动体现在模型之中，对多个目标同时提取周期波动。前面已经提到，仅以货币周期、信贷周期或利率周期中的任何一个来刻画金融周期，都不能充分和全面地反映出金融周期真正的内在规律。

首先，选择基准指标。货币的基准指标为 M1-期末同比；信贷的基准指标为贷款-期末同比；利率的基准指标为银行同业拆借 7 天加权平均利率。

其次，选择相关的重要经济金融指标：工业增加值[1]、CPI、固定资产投资-投资完成额[2]、社会消费品零售总额[1]、出口和进口的比例、出口[1]、进口[1]、工业产品销售率[1]、国家财政预算支出[1]、国家财政预算收入[1]、储蓄存款[3]、外汇储备[3]、粗钢产量[1]、能源生产总量[1]、发电量[1]、新开工项目[2]、商品零售价格指数[1]。（备注：1 代表当月同比；2 代表累计同比；3 代表期末同比）

采用 FHLR 方法直接构建多维一致指数，样本区间为 1999 年 1 月至 2007 年

12月,指数结果如图 5-6 和图 5-7 所示。其中图 5-6 表明货币、信贷、利率均周期性地波动,但它们之间共同的变化规律需要从图 5-7 中进行分析。

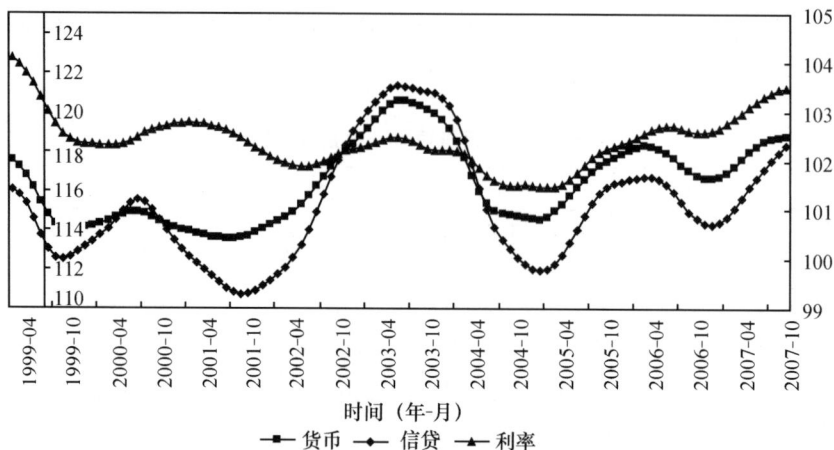

图 5-6　货币、信贷、利率的一致指数

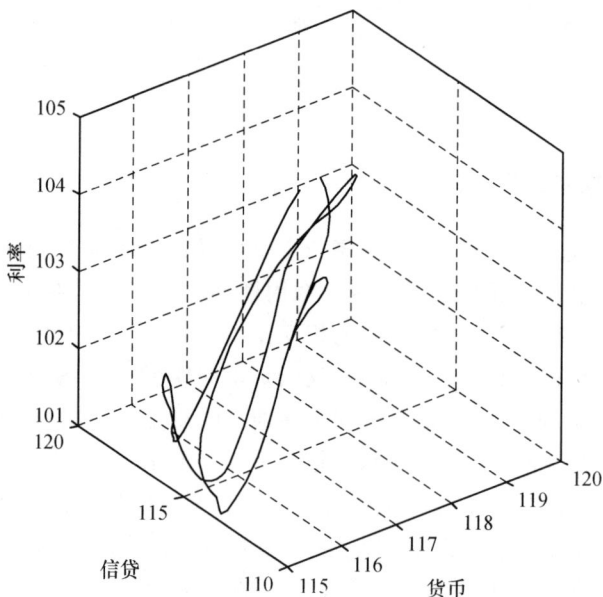

图 5-7　金融周期多维景气指数

使用向量空间方法计算该三维指数的距离和角度的结果如图 5-8 和图 5-9 所示。当前距离曲线和角度曲线均居于高位,远远偏离于均值状态。

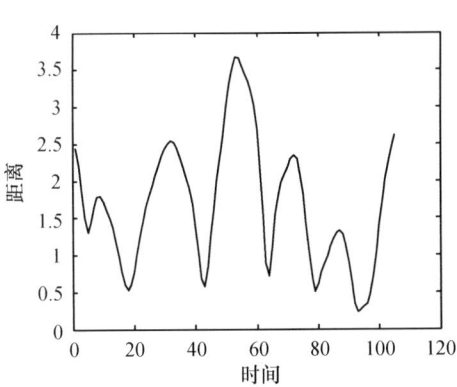

图 5-8　金融周期多维指数的距离曲线　　　　图 5-9　金融周期多维指数的角度曲线

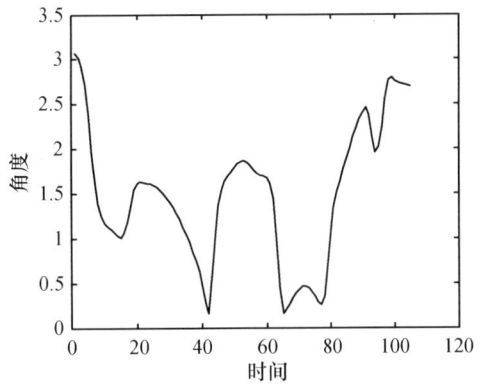

采用前面介绍的多维落点概率分析方法计算该三维一致指数的落点概率情况的结果如表 5-3 所示;2007 年 1~12 月的信号输出结果如表 5-4 所示,从中可以看出由货币、信贷、利率组成的三维系统的整体的信号输出情况。

表 5-3　金融周期多维一致指数的阈值

概　率	阈　值		
	货币	信贷	利率
10%	115. 471 3	113. 975 8	102. 193 9
25%	115. 994 0	114. 701 1	102. 347 0
75%	119. 025 9	118. 909 4	103. 235 5
90%	121. 516 9	122. 367 0	103. 965 5

表 5-4　金融周期多维一致指数的信号输出结果

信　号	○	○	○	○	○	○
时间(年-月)	2007-01	2007-02	2007-03	2007-04	2007-05	2007-06
信　号	○	○	◎	◎	◎	◎
时间(年-月)	2007-07	2007-08	2007-09	2007-10	2007-11	2007-12

注:○绿灯;◎黄灯

参 考 文 献

东北财经大学宏观经济分析与预测课题组.2006.构建多维框架景气指数系统的初步尝试.数量经济技术经济研究,7:49~57

Achuthan L,Banerji A.2004. Beating the business cycle——how to predict and profit from turning points in the economy. Doubleday,97~126

Banerji A,Hiris L.2001. A multidimensional framework for measuring business cycles. International Journal of Forecasting,17:333~348

Bonett D G,Price R M. 2007. Statistical inference for generalized Yule coefficients in 2 * 2 contingency tables. Sociological Methods & Research,35:429~446

Bry G,Boschan C. 1971. Cyclical analysis of time series:selected procedures and computer programs. Technical Paper 20,National Bureau of Economic Research,New York

Burns A F,Mitchell W C. 1946. Measuring business cycles,NBER studies in Business Cycles No. 2,New York:Columbia University Press

Diebold F X,Rudebusch G D. 1996. Measuring business cycles:a modern perspective. The Review of Economics and Statistics,78:67~77

Einenberger H. 2006. Evaluation and analysis of similarity measures for content-based visual information retrieval. Multimedia Systems,12:71~87

Forni M,Hallin M,Lippi M,et al. 2000. The generalized dynamic factor model:identification and estimation. Review of Economics and Statistics,(82):540~554

Forni M,Hallin M,Lippi M,et al. 2004. The generalized dynamic factor model:consistency and rates. Journal of Econometrics,(119):231~255

Hamilton J D. 1989. A new approach to the economic analysis of nonstationary time series and the business cycle. Econometrica,57:357~384

Han A,Zheng G H,Wang S Y. 2008. The generalized dynamic factor model with an application to coincident index. Systems Engineering-Theory& Practice

Klein P A,Moore G H. 1985. Monitoring growth cycles in market-oriented countries:developing and using international economic indicators. Cambridge,Massachusetts:Ballinger for NBER

Klein P A. 1989. Analyzing modern business cycles:essays honoring geoffrey H. Moore,Armonk,N. Y. :M. E. Sharpe

Lahiri K,Moore G H. 1991. Leading economic indicators:new approaches and forecasting records. New York:the Press Syndicate of the University of Cambridge

Moore G H. 1961. Statistical indicators of cyclical revivals and recessions. // Moore GH. 1. Business Cycle Indicators. Princeton:Princeton University Press

Stock J H,Watson M W. 1988. A probability model of coincident economic indicators. NBER Working Paprs,No. 2772

Zheng G H,Wang S Y. 2007. Forecast,trade cycle and leading index,advances in forecasting science and risk management I. Lecture Notes in Decision Sciences,10:234~257

Zheng G H,Zhang J W,Han A,et al. 2008. A study of multi-dimension climate index approach and its application. International Journal of Society Systems Science

第6章 景气调查数据分析

6.1 景气调查简介

景气调查是指运用抽样调查的方法,以固定问卷的方式,并根据一定的时间频度向企业家、消费者提问,要求答卷者在几种简单明了的答案中进行选择回答。

景气调查主要有三种类型:景气动向调查、设备投资意向调查和消费调查。景气动向调查的目的是了解宏观经济总体运行的状况和趋势,主要面向各国大中型企业。这些大中型企业数量不多,但是在整个国民经济中所占比重却相当大,一定程度上可以代表国民经济走势。设备投资意向调查的目的是把握企业未来投资的基本动向。由于投资活动是引起宏观经济波动的重要因素,所以这种调查对政府掌握景气动向,进行宏观调控是十分必要的。设备投资意向调查主要是了解消费者的消费态度、购买意向等消费动向。无论在哪个国家,居民消费,特别是耐用消费品需求的循环变动都对经济波动起着很大的影响,所以这也是政府进行宏观经济调控时所关注的重要问题。

如果说景气分析是根据经济发展的以往规律,概据已经发生的经济活动的统计数据来评价预测未来经济发展的情况,那么景气调查则是根据对企业和个人的典型抽样调查,根据被调查对象超前的主观定性判断而得出定量的结论,二者兼备,可以互相补充、互相印证。此外,国民经济核算数据存在着一定的滞后性,景气调查数据的发布往往领先于国民经济核算数据的发布,可以更快地了解经济情况。因此,景气调查数据在景气分析中的应用由来已久。美国 20 世纪 70 年代初开始将景气调查纳入经济景气监测预警系统,并专门设置了用景气调查的信息编制的产品订单、利润、销售、物价等的扩散指数。日本及西欧一些国家也设立了基于景气调查的景气指数,将其作为宏观景气监测的一部分。

我国的景气调查从 20 世纪 90 年代开始,主要成果有全国 5000 户工业生产企业景气调查、国家信息中心对 12 个省市 5000 家工业企业的景气调查和国家统计局于 1998 年采取抽样调查和重点调查相结合的方法对 16 000 家国家级企业的景气调查等。这些较早开展的景气调查,董文泉等(1998)对其有较为详细的介绍。但是,近年来,随着调查经验的不断增加和国际交流的深入,我国开展了一些新的景气调查,如采购经理调查和银行家调查。本章首先介绍采购经理调查和银行家调查这两个我国新开展的但却非常重要的景气调查的基本情况；其次就景气数据的分析方法和工具进行说明；最后用一个实际的指数分析例子说明景气调查数据在景气分析中的应用。

6.1.1　采购经理调查

国际上的采购经理调查有着悠久的历史。采购经理调查的结果以采购经理指数(product manager index)的形式发布，简称 PMI。第一个 PMI 是 1948 年的美国制造业 PMI，至今已有 60 多年的历史。该指数对美国制造业的景气情况的反应可靠灵敏，不仅成为美国制造业状况的晴雨表，而且也能较准确地检测美国经济的发展态势。20 世纪 90 年代以后，美国在 PMI 编制上的成功经验被更多的国家运用，很多国家和地区都采用和美国基本一致的计算方法，为的是具有横向的可比性，甚至可以计算出全球范围内的 PMI 用于反映全球经济的发展状况。

采购经理调查通常由物流与供应链的相关组织发起。以美国为例，其 PMI 是由非营利的美国供应管理协会 ISM（the institute for supply management）编制提供的，ISM 是当今美国也是全球最大的采购管理、供应管理、物流管理等领域的专业组织，在美国有 48 000 多名会员。每月，该协会进行问卷调查，并将其结果绘制成图表，发布 PMI 和商业分析报告。目前，美国 PMI 包括了制造业与非制造业（服务业）两大部分，已成为监测美国经济运行及时、可靠、权威的先行性指标，得到了美联储、商业银行、金融与投资公司、政府，以及商界经济学家与预测专家的普遍认同和采用。此外，在美国除了有全国性的 PMI 外，还有区域性的 PMI，如覆盖某个州或城市，用于预测地域经济的走势。最著名的是芝加哥 PMI。

我国也引进了采购经理调查。目前，在中国的采购经理调查有两个，一个由法国里昂集团旗下的里昂证券(CLSA)与英国 NTC 研究公司于 2004 年 9 月合作推出，另一个由中国物流和采购联合会(EFLP)和国家统计局于 2005 年 7 月合作推出。里昂证券与 NTC 研究公司的指数采样对象为 450 多家企业，它们来自细分的 40 个行业，调查覆盖 31 个省市自治区，涵盖了国有企业、集体企业、私人企业、合伙企业等企业类型。中国物流与采购联合会和国家统计局的调查样本包括 727 家企业，涵盖了 20 个行业。国有企业、民营企业和外资企业所占权重分别为 12.6%、20.6% 和 66.8%。两个采购经理调查的指标体系和包含的单项指数一般来说是相似的，如都包括新订单、生产、存货、采购、供应商配送时间、就业等。国家统计局制造业采购经理调查问卷示例如表 6-1 所示。

表 6-1　国家统计局制造业采购经理调查问卷

01 生产量:贵企业本月主要产品的生产量比上月
　　□ 增加　　　　　□ 基本持平　　　　　□ 减少

02 产品订货:贵企业本月来自客户的产品订货数量比上月
　　□ 增加　　　　　□ 基本持平　　　　　□ 减少

021 出口订货:贵企业本月用于出口的产品订货数量比上月
　　□ 增加　　　　　□ 基本持平　　　　　□ 减少　　　　　□ 没有出口

03 现有订货:贵企业目前存有但尚未交付客户的产品订货数量比一个月前
　　□ 增加　　　　　□ 基本持平　　　　　□ 减少　　　　　□ 不好估计

04 产成品库存:贵企业目前主要产品的产成品库存数量比一个月前
　　□ 增加　　　　　□ 基本持平　　　　　□ 减少

05 采购量:贵企业本月主要原材料(含零部件)的采购数量比上月
　　□ 增加　　　　　□ 基本持平　　　　　□ 减少

051 进口:贵企业本月主要原材料(含零部件)的进口数量比上月
　　□ 增长　　　　　□ 基本持平　　　　　□ 减少　　　　　□ 没有进口

06 购进价格:贵企业本月主要原材料(含零部件)的平均购进价格比上月
　　□ 上升　　　　　□ 变化不大　　　　　□ 下降

061 在本月购进的主要原材料中,价格上升或下降的有哪些?(请按常用名称列示)
　　　价格上升:
　　　价格下降:

07 主要原材料库存:贵企业目前主要原材料(含零部件)的库存数量比一个月前
　　□ 增加　　　　　□ 基本持平　　　　　□ 减少

08 生产经营人员:贵企业目前主要生产经营人员的数量比一个月前
　　□ 增加　　　　　□ 基本持平　　　　　□ 减少

09 供应商配送时间:贵企业本月主要供应商的交货时间比上月
　　□ 放慢　　　　　□ 差别不大　　　　　□ 加快

091 下列各类原材料一般需要提前多少天订货?(不包括套期保值与投机商品)
　　· 国内采购的生产用原材料　□ 随用随买　□ 30 天　□ 60 天　□ 90 天　□ 6 个月　□ 1 年
　　· 进口的生产用原材料　　　□ 随用随买　□ 30 天　□ 60 天　□ 90 天　□ 6 个月　□ 1 年
　□ 没有进口
　　· 生产或维修用零部件　　　□ 随用随买　□ 30 天　□ 60 天　□ 90 天　□ 6 个月　□ 1 年
　　· 生产用固定资产　　　　　□ 随用随买　□ 30 天　□ 60 天　□ 90 天　□ 6 个月　□ 1 年
　□ 没有订货

092 在企业主要原材料中,本月出现供应短缺的有哪些?(请按常用名称列示):＿＿＿＿＿

10 贵企业目前在原材料采购中遇到的主要问题或困难是什么?您有何评价或建议?

　　国家统计局制造业 PMI(季节调整后)与重工业增加值当期同比(季节调整后)的峰谷分析图如图 6-1 所示。从图中可以看出,重工业增加值在 2007 年 10 月出现了峰,而 PMI 提早 3 个月,在 2007 年 7 月就出现了峰。

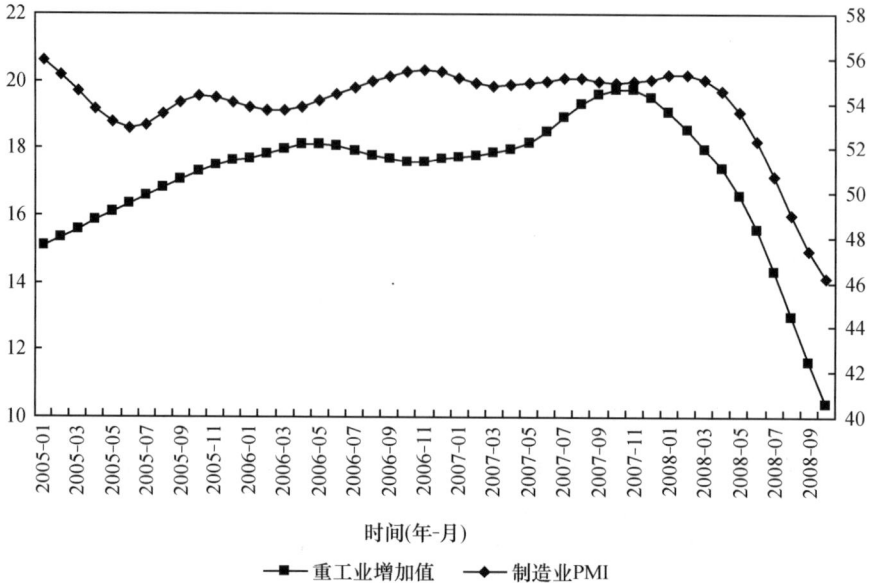

图 6-1　制造业 PMI 与重工业增加值当期同比(季节调整后)

　　遗憾的是,由于调查时间不长,数据长度限制了 PMI 的进一步应用。但现有的初步分析表明,这些调查数据对我国经济景气具有较好的预见性,是很好的景气先行指标。

6.1.2　银行家问卷调查

　　银行家问卷调查是从 2004 年起,由中国人民银行和国家统计局共同合作完成的一项制度性季度统计调查。该调查采用全面调查与抽样调查相结合的调查方式,对我国境内地市级以上的各类银行机构采取全面调查,对农村信用合作社采用分层 PPS(与信用社规模成比例)抽样调查,全国共调查各类银行机构 2900 家左右。调查对象为全国各类银行机构(含外资商业银行机构)的总部负责人及其一级分支机构、二级分支机构的行长或主管信贷业务的副行长。

　　银行家问卷调查的结果反映了调查当季相对于上季的变化情况。中国人民银行每季发布报告,对问卷中涉及的四个指标进行量化描述并列示这些指标选项回答的占比情况和景气指数。其中,银行家信心指数为判断本季经济形势"正常"的银行家占比与预期"正常"占比的算术平均数;货币政策感受指数为判断货币政策"适度"的银行家占比;银行业景气指数和贷款需求景气指数均采用扩散指数法计算,即首先剔除对此问题选择"不确定"的银行机构个数,然后计算各选项占比,并分别赋予各选项不同的权重("很好"为 1,"较好"为 0.75,"一般"为 0.5,"较差"为 0.25,"很差"为 0),在此基础上求和并计算出最终的景气指数。所有指数取值范围在 0~100%。指数在 50% 以上,说明某一方面经济活动扩张;低于 50%,通常说明其经济活动衰退。银行家调查结果与我国 GDP 指数的对比如图 6-2 所示。其中,银行业景气指数和银行家信心指数对 GDP 指数有明显的先行性。

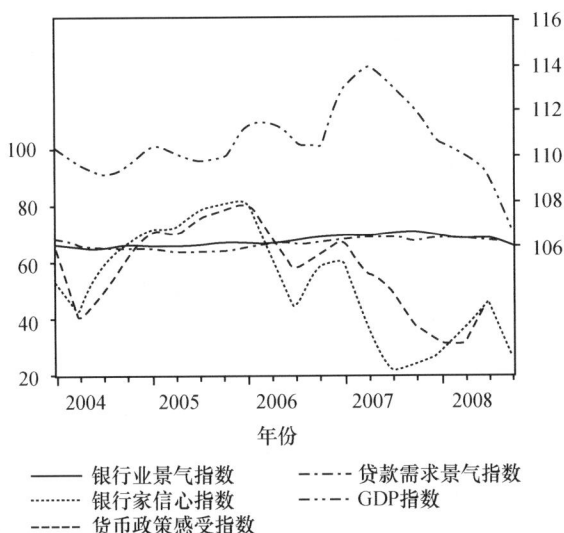

图 6-2　银行家调查结果与 GDP 指数

6.2　定性景气调查数据的定量分析

国际上主要的景气调查机构进行的都是定性调查。定性调查的问题又可以进一步分为两类。第一类问题的基本形式,如"变量 x 的水平怎样?",提供的选项包括"高、正常、低"三个;第二类问题的基本形式,如"变量 x(将)如何变化?",提供的选项包括"x(将)上升,x(将)持平,x(将)下降"。以中国人民银行 5000 户工业企业的调查问卷为例,该调查为季度工业景气状况问卷调查,调查企业以国有大中型工业生产企业为主,共有 29 个问题,分属六大类:企业总体经营状况、各生产要素供给状况、市场需求变化、资金流转状况、成本效益核算及投资状况。表 6-2 和问卷的第一部分企业总体经营状况如表 6-2 所示,第五部分成本效益核算状况如表 6-3 所示。这两部分的问题分别属于前述第一类问题和第二类问题。

表 6-2　中国人民银行 5000 户工业企业调查问卷:企业总体状况部分

问题栏	企业判断栏		银行汇总栏	
	本季实际	下季预测	本季	下季
1. 贵企业总产值速度判断	a. 偏高[ ] b. 正常[ ] c. 偏低	a. 偏高[ ] b. 正常[ ] c. 偏低	[ ]	[ ]
2. 贵企业总体经营状况	a. 良好[ ] b. 一般[ ] c. 不良	a. 良好[ ] b. 一般[ ] c. 不良	[ ]	[ ]
3. 贵企业所在行业整体经营状况	a. 良好[ ] b. 一般[ ] c. 不良	a. 良好[ ] b. 一般[ ] c. 不良	[ ]	[ ]
4. 对当前宏观经济形势的判断	a. 偏热[ ] b. 正常[ ] c. 偏冷	a. 偏热[ ] b. 正常[ ] c. 偏冷	[ ]	[ ]

表 6-3　中国人民银行 5000 户工业企业调查问卷:成本效益状况

问题栏	企业判断栏		银行汇总栏	
	与上季比	下季比本季	本季	下季
22. 贵企业可比产品成本走势	a. 下降[ ] b. 持平[ ] c. 上升	a. 下降[ ] b. 持平[ ] c. 上升	[ ]	[ ]
23. 贵企业盈利状况	a. 增盈[ ] b. 持平[ ] c. 增亏	a. 良好[ ] b. 一般[ ] c. 不良	[ ]	[ ]
24. 产品销售价格水平	a. 下降[ ] b. 持平[ ] c. 上升	a. 下降[ ] b. 持平[ ] c. 上升	[ ]	[ ]
25. 原材料购进价格	a. 下降[ ] b. 持平[ ] c. 上升	a. 下降[ ] b. 持平[ ] c. 上升	[ ]	[ ]
26. 您对生产资料综合价格水平的判断	a. 下降[ ] b. 持平[ ] c. 上升	a. 下降[ ] b. 持平[ ] c. 上升	[ ]	[ ]

因此,定性景气调查得到的结果是被调查者选择每个选项的百分比。如果将多期的景气调查结果汇总到一起,得到的就是选项百分比的时间序列。例如,对于问题 Q,有三个选项,则从 1 到 t 期 Q 的调查结果被表示为一个向量时间序列(p_{1t}, p_{2t}, p_{3t}),p_{1t}, p_{2t}, p_{3t} 分别是 t 期被调查者选择选项 1,2,3 的百分比,满足 $p_{1t}+p_{2t}+p_{3t}=1$。很显然,对于这样的一个向量时间序列,或者说横截面数据,是很难直接用于定量分析或者建模的。因此,景气调查数据分析需要解决的第一个问题就是:如何将定性调查数据转化为定量数据?

景气调查数据的结果往往是定性数据,为了将定性数据应用到景气分析和景气预测中,研究者提出了将定性调查数据转化为定量分析的技术研究。目前主要有三种定性数据的定量分析方法:概率分析(probabilistic analysis)、回归分析(regression approach)和因子分析(latent factor analysis)。

6.2.1　概率分析

在定性数据定量分析的三种方法中,概率分析方法使用得最为广泛。概率分析方法最早由 Theil(1952)、Carlson 和 Parkin(1975)提出。该方法假设调查变量的值在一定的区间范围内,被调查者有能力用定性语言来表述这个变量的状态。

例如,如果被调查变量 x 的当期值在上期值的正负 5% 阈值区间内波动,则调查者可以用"x 取值不变"来描述 x 的当期值。因此,假设关于 x 的判断和预期满足特定形式的概率分布,可以推导出 x 的均值是这个阈值的一个函数。

假设被调查变量 x 的累积概率分布为 $F(x,\theta)$,θ 是包括均值 μ 和标准差 σ 在内的参数向量。此外,假设当 $x \in [-\delta,\delta]$ 时,被调查者认为"x 取值不变"。这里 δ 是一个未知的正常数。设 p_1 和 p_2 分别为回答"x(将)下降"和"x(将)上升"的百分比,则有

$$F(-\delta,\theta) = p_1 \tag{6.2.1}$$

及

$$F(\delta,\theta) = p_1 + p_2 \tag{6.2.2}$$

一旦给定 F 的函数形式,通过等式(6.2.1)和式(6.2.2),可以将 θ 中的 μ 和 σ 表示为 p_1,p_2 和 δ 的函数。如果 F 完全只由两个参数决定,如正态分布,则可以将 x 的均值 μ 唯一地表达为 p_1,p_2 和 δ 的函数。因此,时间序列 μ 就是关于 x 的定性调查结果的定量表达。

接下来,我们将推导当 F 为正态分布时 μ 的表达形式。假设 $Q(p,\theta)$ 是 $F(\delta,\theta)$ 的反函数,即当 $F(x,\theta)=p$ 时,有 $Q(p,\theta)=x$。则对于正态分布的函数 F,有 $Q(p,\mu,\sigma)=\sigma\hat{Q}(p)+\mu$,其中,$\hat{Q}(p)=Q(p,0,1)$。由等式(6.2.1)和式(6.2.2)可得

$$\mu = \delta\frac{2p_1+p_2}{p_2}$$
$$\sigma = \frac{2\delta}{p_2} \tag{6.2.3}$$

如果 F 是 $[0,1]$ 上的均匀分布,则有 $F(x)=x$,$Q(p)=p$,进一步有

$$\mu = \delta\frac{Q(p_1+p_2)+Q(p_1)}{Q(p_1+p_2)-Q(p_1)}$$
$$\sigma = \frac{2\delta}{Q(p_1+p_2)-Q(p_1)} \tag{6.2.4}$$

由式(6.2.4)和定义 $p_1+p_2+p_3=1$,有

$$\mu = \frac{2}{\sigma}(1+p_3-p_1) \tag{6.2.5}$$

假设 σ 不随时间改变,则 μ 就是由最常用的定性数据处理方法——差额法得到的值(p_3-p_1)的线性变换。

概率方法也适用于问卷选项多于 3 的情况。具体的推导可参见 D'Elia (2005)。

值得注意的是,由于我国调查机构公布的调查数据大部分为处理后的差额值,很少有原始景气调查数据,所以概率分析对于分析我国景气调查数据并不是很实用。

6.2.2　回归分析

回归分析方法的核心是利用回归技术根据定性答案估计相应的数量值,即以样本内每个选项的百分比为主要自变量,以调查变量的真实值为因变量,建立并估计回归方程式。假设 $P_t = (p_{1t}, p_{2t}, \cdots, p_{kt})$ 是 t 时刻关于定性问题的各个选项的百分比,Y_t 是调查变量的实际值 x_t 的一个观察值,建立回归模型,即

$$Y_t = a_1 p_{1t} + a_2 p_{2t} + \cdots + a_k p_{kt} + \mu_t \qquad (6.2.6)$$

μ_t 是随机干扰项。使用样本内数据估计出参数值后,可基于该方程,输入样本外的调查数据,计算调查变量的值。

在具体使用中,可以对 P_t 作各种预处理,如对数化、季节调整、二元化等。回归方程也可以有多种具体形式,如 ARIMAX 模型、误差修正模型,以及参数限制模型等。

关于使用回归分析方法分析我国景气调查数据的例子可以参考王晋斌(2006)。该文基于 5000 户工业企业的调查数据,分析了中国工业企业财务预期的性质。具体而言,该文考察了工业企业调查中产品销售情况的调查结果与工业产品销售率的匹配程度。设 t 期选项为良好的问卷百分比为 p_{1t},选项为不良的问卷百分比为 p_{2t}。由于我国 5000 户工业企业仅公布良好与不良的选项百分比之差,对回归方程式施加系数限制,令 p_{1t} 和 p_{2t} 的系数之和为 0。模型进一步假设误差满足 AR(2) 过程,估计方程

$$Y_t = \lambda(p_{1t} - p_{2t}) + \varphi_1 v_{t-1} + \varphi_2 v_{t-2} + \omega_t \qquad (6.2.7)$$

方程式(6.2.7)对工业产品销售率的预测效果优于天真模型。

6.2.3　因子分析

对定性景气调查数据采取因子分析的思路,与动态因子模型用于宏观经济景气分析的思路是一致的。因子分析假设被调查者根据对调查变量 x 的估计来填写问卷,也就是说,被调查者在 t 期选择第 j 个答案的概率为 p_{jt},与其对调查变量 x 的估计相关。所以,可以将被调查者对 x 的估计视为向量 $P_t = (p_{1t}, p_{2t}, \cdots, p_{kt})$ 中包含的一个因子。假设 x 和 P_t 之间是线性关系,则根据因子模型的思想,有

$$p_{1t} = a_1 x_t + \varepsilon_{1t}$$
$$p_{2t} = a_2 x_t + \varepsilon_{2t}$$
$$\cdots \qquad\qquad (6.2.8)$$
$$p_{kt} = a_k x_t + \varepsilon_{kt}$$

通过估计方程组式(6.2.8),求解得到的 $\{x_t\}$ 序列即为定量化后的数据。

6.3　景气调查数据分析工具和实例

为了更好地分析和利用景气调查数据,研究者提出了各种专门针对调查数据的分析工具。本节将介绍两种:钟形图分析和指数分析。在指数分析中,我们给出了利用我国景气调查数据进行景气分析的一个实例。

6.3.1　钟形图分析

钟形图是德国 IFO 研究所采用的景气数据可视化工具。钟形图本质上是一种散点图,当横轴取当期调查值,纵轴取预期调查值时,由于预期对当期的领先性,钟形图将呈现顺时针旋转的特性,而稳定的先行阶数将导致钟形图的形状也具有一定的规律性。这使得钟形图具有监测当期经济走势和预测下期经济走势的作用。Nerb(2004)关于 IFO 经济景气调查数据的钟形图如图 6-3 所示。横轴和纵轴分别是调查用户对当期经济形势的判断差额和今后 6 个月经济形势预期的判断差额。数据样本区间为 1991 年 1 月至 2005 年 10 月,黑方块标志的是起始值。

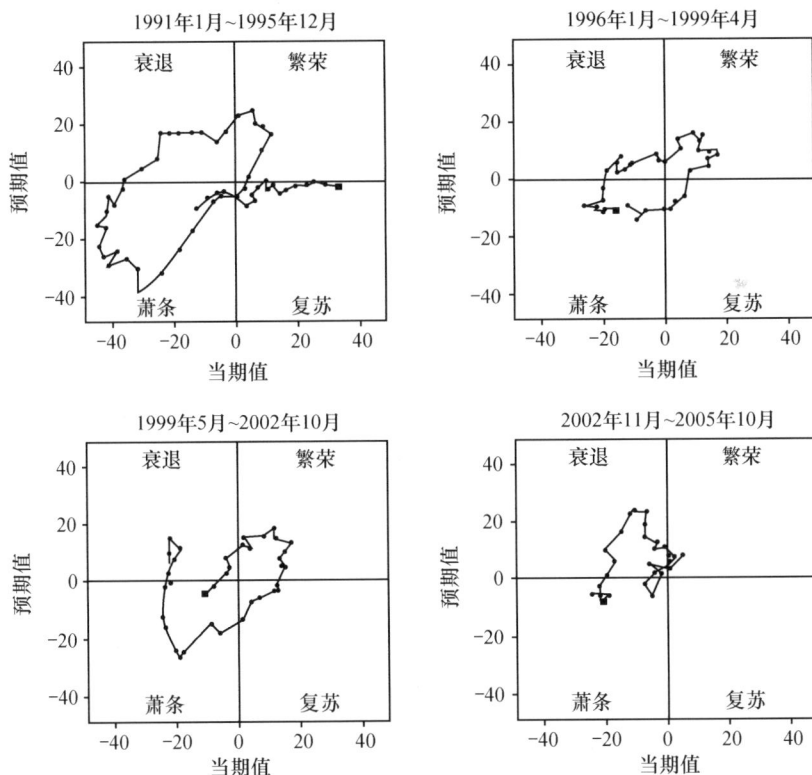

图 6-3　钟形图示例

为了便于观察,我们将每个完整经济周期的数据画在一个面板上。以(0,0)为原点,每个面板被划分四个象限,分别表示经济景气的上升期(左上)、繁荣期(右上)、下降期(右下)、衰退期(左下)。从图 6-3 中可知,每个面板中的图像都呈现明显的顺时针转动规律。不过,也有一些例外存在。例如,左下面板中,2002 年上半年出现了一个"预期泡沫"。调查者对未来经济形势的走势过于乐观,认为未来经济形势将有所好转的调查者数量超过了认为经济形势将恶化的调查者数量,但对于当前经济形势发展的判断差额仍然为负。2002 年后期,又回到了下降区间。在实际的经济形势分析中,并未将 2002 年作为德国经济的拐点。

　　再来看我国的景气调查数据。如图 6-4 所示,横轴是 GDP 指数,纵轴是我国银行业景气调查的银行家信心指数,数据样本区间为 2004 年第一季度至 2008 年第四季度,起始点和终点用文字标出。由于银行家信心指数和 GDP 指数均没有正负概念,所以,无法在图 6-4 中划分象限,但顺时针旋转的趋势仍然是非常明显的,这说明银行家信心指数对我国 GDP 指数具有一定的先行性。我们也尝试了工业企业景气调查中 5000 户企业家对当期形势判断与未来形势预期的钟形图,但是这两类序列表现出极为强烈的正相关性,主要分布在第一和第三象限,缺乏明显的顺时针旋转现象。

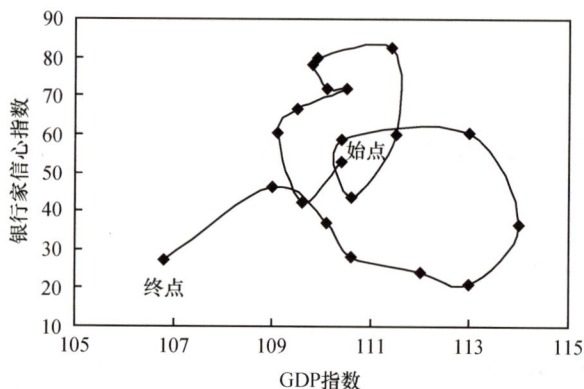

图 6-4　中国银行业景气调查:银行家信心指数与中国 GDP 指数的钟形图

　　在钟形图中,可以计算每个点的角度,按时间顺序将钟形图表达为一个圆周序列。为了分析钟形图与普通经济时间序列之间的相关性,可以采用圆周相关系数计算角度时间序列$\{a\}$与普通时间序列$\{x\}$之间的相关性,可定义为

$$r^2 = \frac{r_{xc}^2 + r_{xs}^2 - 2r_{xc}r_{xs}r_{cs}}{1 - r_{cs}^2} \tag{6.3.1}$$

式中,

$$r_{xc} = \mathrm{Corr}(x, \cos a)$$
$$r_{xs} = \mathrm{Corr}(x, \sin a) \qquad (6.3.2)$$
$$r_{cs} = \mathrm{Corr}(\cos a, \sin a)$$

Corr 表示皮尔逊相关系数。Klaus(2004)计算了 IFO 经济景气调查数据的钟形图与德国工业增加值之间的圆周相关系数,发现二者存在着极高的相关性。

此外,Abberger(2004)还认为,由于噪声的存在,钟形图中按照零点划分的四个界限并不能真正描述实际周期,例如,在峰/谷处,当一个拐点出现时,新的周期事实上已经开始。所以,Abberger 提出了利用一种基于经验的统计结果调整钟形图象限划分,详细算法可见参考文献 Abberger(2004)。

6.3.2　指数分析

景气调查数据的指数分析是指将景气调查数据转化为定量的时间序列后,利用合成指数的方法,选取调查指标,合成先行、一致和滞后指数。具体的指数合成方法可以是传统的非模型合成指数方法,也可以是本书中介绍的 SW、FHLR 方法等。本节以中国人民银行 5000 户工业企业景气调查数据为例,说明针对景气调查数据的指数分析,采用的是传统的 NBER 合成指数方法。

6.3.2.1　数据处理

中国人民银行的企业问卷调查共有六大类 29 个问题,每一个问题均包括当前情况和对下一季度的预测两个方面,这些问题基本涵盖了微观主体经济活动的各个方面。为便于计算合成指数,首先我们对汇总信息进行加工,把商情调查的结果计算成扩散指数形式(D・I)。计算方法为选择"1"的企业比重与选择"3"的企业比重之差,即

$$D \cdot I = w1 - w3 \qquad (6.3.3)$$

这里的景气动向扩散指数 D・I 与传统的景气扩散指数(diffusion index,DI)之间的差异是:D・I 计算的是单个指标好坏选项百分比的差值,是该指标对宏观经济某一方面的判断,趋势图的峰谷与经济走势的峰谷对应;DI 计算的是所选指标数中扩张指标数所占的比值,是对整个经济形势的度量,穿过 50% 的点对应于经济走势的峰与谷。

由于该调查对外只公布关于当季情况的 15 个指标的 D・I 值,所以,我们也只针对这 15 个指标进行了指标分析和指数合成。考虑到数据的完整性,样本区间为 1993 年第二季度至 2008 年第三季度。

值得注意的是,D・I 可能为负值。考虑到季节因素的影响,我们采用 X12 季节调整方法对所有时间序列进行乘法模型的季节调整,以消除季节影响。由于乘法季节调整模型要求数据非负,我们采取如下算法对所有原始序列进行修正:

$$\mathbf{D \cdot I} = \mathbf{D \cdot I} + 100 \tag{6.3.4}$$

6.3.2.2　合成指数计算

计算合成指数,首先需要确定基准指标。一般而言,基准指标应为能够反映经济增长状况的变量。一般认为,企业家对企业总体经营状况的判断直接影响到他对其他调查问题的回答,因此,选择企业总体经营状况作为基准指标是合理的。但是,考虑到景气调查的最终目的是服务于宏观经济预测与管理,我们选用了国内生产总值指数作为基准指标。

在确定基准指标后,利用时差相关系数、KL 信息量和峰谷图形分析等方法[①]判断各指标属于先行指标、一致指标还是滞后指标。最终确定的指标分类结果如表 6-4 所示。这个结果和高铁梅等(2002)对工业企业调查数据的分析结果是一致的。

表 6-4　　中国人民银行 5000 户工业企业调查问卷:合成指数指标分类结果

指标属性	指标名称
先行指标	能源供应状况、原材料供应情况、资金周转状况、银行贷款掌握状况
一致指标	总体经营状况、设备能力利用水平、销货款回笼情况、设备投资情况、企业盈利情况、固定资产投资情况
滞后指标	产成品库存水平、国内订货水平、出口产品订单、产品销售价格水平

根据以上组合得到的先行、一致、滞后指数如图 6-5 所示。

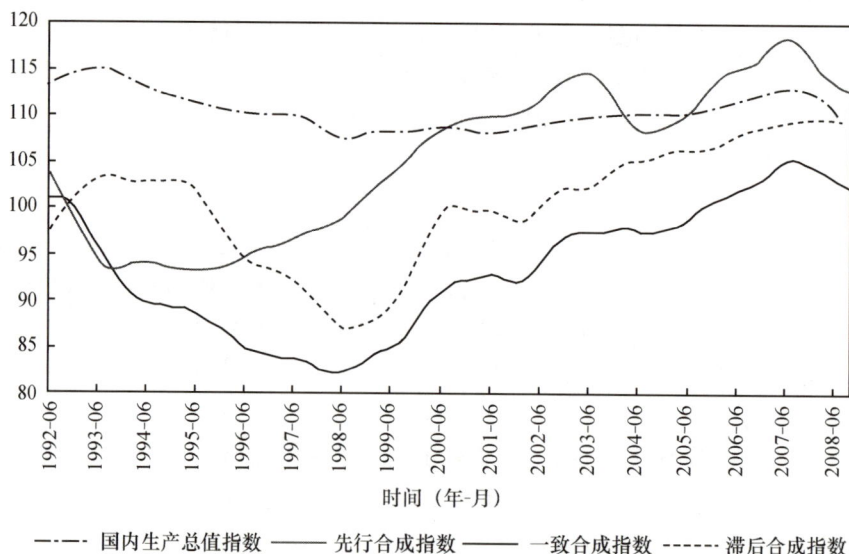

图 6-5　中国人民银行 5000 户工业企业调查问卷:合成指数图

---

① 具体算法参照董文泉等(1998)。

从图 6-5 中可以看出，一致指数的波峰和波谷基本和基准指标一致。先行指标具有一定的先行性，但由于是季度数据，先行阶数并不多，后期基本在 1～2 个季度。值得注意的是，1999 年第一季度 GDP 增长率的波峰和 1999 年第四季度的波谷没有在一致指数中反映出来。经过对数据的分析发现，我们采用的所有原始 D·I 数据在这一段时间内均呈现稳步上升趋势，缺乏能够反映 GDP 增长率变化的指标。我们初步认为可能是以下三种原因导致该结果。

（1）5000 家企业所代表的工业企业生产经营情况不是 1999 年 GDP 增长率波动的原因。

（2）1999 年，我们的数据统计口径发生了比较大的变化。

（3）答卷者由于某种外来原因造成错觉，未做出正确判断。

参 考 文 献

董文泉,高铁梅,姜诗章,等.1998.经济周期波动的分析与预测方法.长春:吉林大学出版社

高铁梅,梁云芳.2002.我国工业景气调查数据的综合分析.预测,21(4)

王晋斌.2006.中国工业企业财务预期的性质——基于 5000 家大中型国有企业经济景气调查数据的分析.经济理论与经济管理,2:42～47

肖争艳,陈彦斌.2004.中国通货膨胀预期研究:调查数据方法.金融研究,11:1～18

Abberger K.2004. Another look at the ifo business cycle clock. Journal of Business Cycle Measurement and Analysis,2(3):431～443

Carlson J,Parkin M. Inflation expectations. Econometrica,46:123～138

D'Elia E. 2005. Using the results of qualitative surveys in quantitative analysis. Working paper, No. 56,ISAE,Piazza dell'Indipendenza,Rome,Italy

Nerb G. 2004. Survey activity of the Ifo Institute. // Sturm J-E,Wollmershauser T. Ifo survey data in business cycle and monetary policy analysis. Physica,Verlag HD

Theil H. 1952. On the time shape of economic microvariables and the Munich business test. Review of the International Statistical Institute,20(2):105～120

第7章 基于景气分析的决策支持系统实现的新思路

7.1 引 言

通过宏观经济监测预警分析,可以了解当前经济状况,判断未来经济走势,及时发现警情。这必然涉及大量经济数据的收集和处理,以及经济模型的应用和管理。随着经济活动的复杂性不断增加,以及统计工作的不断完善,数据和模型的数量也不断增多。重复的手工处理,乃至单个软件的应用都已经不能满足现有经济监测预警工作的需要。因此,借助先进的信息技术,建立相关的宏观分析决策支持系统,对实现宏观经济监测预警具有重要的现实意义和应用价值。

决策支持系统技术起源于20世纪60年代,到今天已经由最初主要利用计算机进行定量模型计算的软件系统,发展为可支持结构化、半结构化,甚至非结构化问题的解决的系统,同时在数据处理能力及信息获取及时性等方面也有了很大的提高。我国第一个经济景气预警分析系统建于1988年,由国家信息中心与吉林大学合作开发研制。20世纪90年代和2000年以后是我国经济监测预警决策支持系统的快速发展期。我国各大经济研究机构和财经类院校纷纷开始开展景气分析与预警方面的研究工作,并开发了一系列信息系统。如卡斯特经济监测系统、国家统计局中国经济监测预警系统。与此同时,一些省市的信息中心、统计局等机构也开展了区域预警系统的建设工作,如广西壮族自治区经济信息中心开发了广西宏观经济预警系统,湖南省人民银行经济研究信息中心开发了湖南省宏观经济景气分析预警系统,山东省经济贸易委员会编制了山东省宏观经济景气指数。但多数区域的预警工作仍然停留在利用现有计量软件和自编程序实现指数编制的基础上,直到2000年以后,才以后续工作的形式开始相应决策支持系统的建设,如广西壮族自治区经济信息中心在2007年开展了广西宏观经济监测预测及辅助决策系统的前期需求分析和调研工作。从预警系统的发展来看,20世纪90年代的预警系统以文件形式存储数据,可实现经济指标与基准指标的先行、一致、滞后对应关系分析,景气指数合成和计算等主要功能。2000年以后,随着景气分析与监测工作的进一步深化,相应决策支持系统的建设也迎来了新的发展阶段。2005年,北邮中望软件有限公司与中国人民银行上海分行合作开发了上海市宏观经济景气分析系统;2006年,河北省经济信息中心经济预测处开发了河北省宏观经济景气分析与预警系统,东北财经大学与辽宁省信息中心合作开发了辽宁省宏观经济景气分析系统。此外,自 2005 年起,中国科学院预测科学研究中心先后与中国人民银行总行、中国人民银行长春支行、中国人民银行宁夏支行、国家发展和改革委员会等机构联合开发了一系列宏观经济监测预测预警系统。与 20 世纪 90 年代开发的信息系统相比,新型信息系统具有如下几个特点:①强化数据管理功能,采用数据库技术管理经济统计数据和调查数据,有的系统还采用了数据仓库技术支持对数据的钻取分析;②强化模型管理功能,支持指数模型的创建、修改和保存,支持常用计量经济模型;③强化结果展示,将计算过程和展示过程分离,设计面向决策者的结果展示界面或报表生成功能;④强化用户定制和扩展性,支持用户管理、权限管理,系统扩展性好;⑤从单机版发展为网络版,从客户端/服务器结构(client/server,CS)发展为浏览器/服务器结构(browser/server,BS),或者 CS 与 BS 相结合。

　　虽然决策支持系统在宏观经济预警分析中的应用已经有很长的历史,但是早期软件系统以实现单一功能为主,因此在同一个机构内往往并存着不同的软件。典型的情形有:一套报表工具用于处理和分析历史经济统计数据(监测),一套景气分析工具用于编制和计算景气指数(预警),一套时间序列分析软件用于预测经济时间序列(预测),以及一套专业计量软件负责宏观经济模型的建立、估计和预测(预测和政策模拟)。由于系统之间彼此分隔,无法实现数据、模型、方法、结果的共享和集成,在一定程度上增加了重复的人工劳动,造成一定的人力浪费。此外,由于监测、预测和预警系统之间缺乏沟通,导致监测、预测和预警三部分工作联系不紧密。然而,监测、预测和预警工作相辅相成,紧密联系。预测和预警分别从模型和指标体系两种不同的分析方法来判断未来经济走势,互为补充,但都必须以监测为基础。同时,预测和预警的结果反过来又可指导监测工作的进行。宏观经济决策需同时基于这三者。因此,在后期的决策支持系统开发中,特别强调信息系统的集成性。即基于监测、预测和预警工作流程,建设综合的集成监测、预测与预警工作的信息平台。平台应具备良好的扩展性、灵活的展现能力,应高度的自动化并减少人工干预,同时应能提供先进的预测和预警方法,提供对预测与预警结果的集成分析。

　　本章基于中国科学院预测科学研究中心与中国人民银行及国家发展和改革委员会等机构合作开发经济金融监测预警系统的经验,介绍宏观经济监测预警系统的架构设计、功能框架、系统特性和系统实现,并通过分析一个具体的应用案例,介绍与中国人民银行合作的"中国经济金融监测预警系统"的操作情况。

7.2　系统分析及架构设计

　　宏观经济金融监测系统的主要目的是基于对当前经济形势的把握,预测未来经济走势,及时发现经济异常状况并评估经济政策的有效性,提出可行的政策建议支持经济决策工作。所以,系统应涵盖监测、预警和预测功能。根据宏观经济决策支持部门的实际工作和宏观经济政策支持的实际流程,可以将系统框架抽象如图 7-1 所示。

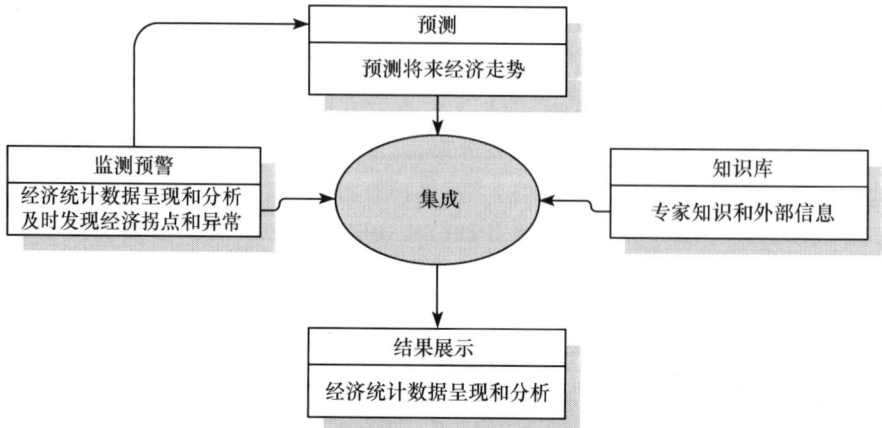

图 7-1　经济监测预测预警系统框架

监测预警的目的是了解当前经济的运行状况,及时发现经济中的拐点和异常状况,如经济过热、过冷,或者结构状态失衡。监测的主要要求是及时获取经济统计数据并采用适当的形式展现给分析人员,主要内容是编制宏观经济金融监测月报、季报和年报,并提供各种类型的数据表格和图形,这是整个系统的基础。预警基于监测的结果,编制指数反映上百个宏观经济统计数据中隐藏的整体经济波动,用以概括整个宏观经济周期所处的阶段,并根据合成的指数判断经济周期走势。预警模块的输出包括对经济景气指数及重要经济指标的预警结果。这些预警结果同时也是预测模块的输入。

预测模块定量估计未来经济活动短期内的发展状况。预测的对象包括经济景气指数和重要经济指标。预测的主要方法包括时间序列方法和宏观经济结构模型。当采用多种方法进行预测时,还涉及预测结果集成,通常采用扇形图集成预测结果。

最后,以上模块的分析结果将结合专家意见和外部信息汇总集成,形成宏观经济形势分析和政策建议报告。由于系统用户并不一定是宏观经济方面的专家,在形成报告时,往往需要参考现有的各种专家意见和信息,这里的专家意见包括规则、经验、文献、报告和案例等。所以,系统包含一个专门的知识库,负责专家知识的存储、管理和查询,以进一步提高系统的易用性。

现有决策支持系统的理论研究表明,分析和预测结果的展现与发布能在很大程度上影响决策者对结果的感受和接受程度,因此,系统特别设计了灵活的展示层用于最终分析结果的展示。展示层将直接面向决策者对直观结果的需求,脱离复杂的模型和计算过程,直接展现出分析的基础、假设条件、分析结果、结果的风险等有助于决策者进行决策的信息。

7.2.1　监测预警模块设计

常用的监测预警方法可以分为四类:基于指标的方法、基于指数的方法、景气调查方法、基于专家知识的方法。

基于指标的方法以观测和跟踪经济活动的代表指标或者对经济活动的变化极为敏感、具有指示性的指标为主。定期发布的统计报表就是这种方法的典型例子。这种方法简单、直观,被很多经济形势分析机构中所采用。

基于指数的方法将若干个经济指标合成为一个指数,用指数来代表这些经济指标共同反映的经济活动。不同指数的区别主要源于两点:一是输入指标的不同,二是合成算法的不同。输入指标可以是定量的经济统计数据,也可以是定性的景气调查数据,具体取决于要编制的指数类型。常见的基于指数的方法包括先行指标体系和景气信号灯方法。

景气调查方法通过问卷调查的方式,收集公司和消费者对景气状况的判断情况,并将定性答案转化为定量数据,利用这些定量数据来判断未来经济表现。景气调查方法与前两种方法的差异在于,景气调查方法不依赖于任何统计数据。同时,景气调查方法反映的是微观主体的直观感受和预期。因此,景气调查方法通常作为指标和指数方法的补充来使用。

根据专家意见来判断经济走势被称为基于专家知识的监测预警方法。这也是一种定性方法,主要作为定量方法的补充来使用。

在一个典型的宏观经济监测预警系统中,通常会提供基于指标的方法、先行指标体系的方法和景气信号灯方法。分析人员会根据所负责的监测目标的不同,建立若干经济景气监测预警子系统。图 7-2 是一个监测预警模块示意图。在这个系统中,分析人员分别建立了通货膨胀、经济增长和投资三个监测预警子系统,并从三个不同的方面观察国民经济整体发展情况。由于只有经济增长存在景气调查数据,三个子系统中只有经济增长才有基于调查数据的监测预警。在经济增长下,还会进一步选取重点行业建立行业监测预警子系统,如能源行业、建筑行业和房地产行业。每个行业监测子系统也都包含先行指标体系和对重要指标的监测。先行指标体系包括合成指数和扩散指数两种不同类型和性质的指数。这种建立多个预警子系统,从多个维度反映经济发展的方法,一般被称为多维景气分析。多维景气分析按照预警主题在经济中的层次将经济主题组织在一起进行分析,并通过提供不同维度景气的图形比较、多元统计分析、景气一致性分析、景气扩散分析等结果,对各重点领域、宏观经济各方面之间的景气关系进行深入把握。但由于多维景气分析的理论仍在发展之中,所以,本章的系统实现并没涉及这部分内容。

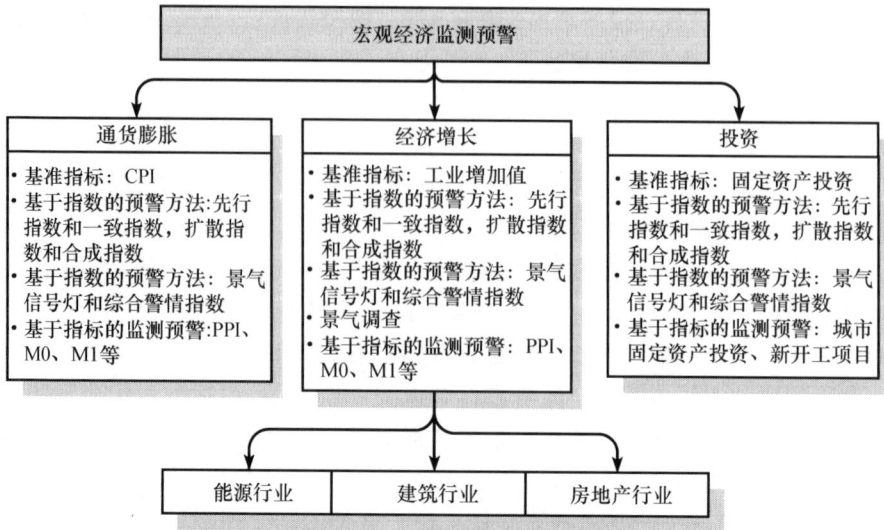

图 7-2　监测预警模块示意

7.2.2　预测模块设计

经济预测的主要需求是利用多种计量方法预测重要指标的发展趋势，以便前瞻性地把握宏观经济的运行，为制定调控政策服务。在已实现的多数监测预警系统中，预测模块以时间序列方法和向量自回归方法(vector autoregressive model，VAR)为主。选择这两种方法的原因包括：①时间序列模型和 VAR 模型具有较好的经济意义(与黑匣子模型，如人工神经网络，相比)；②现有文献和预测评估表明，时间序列模型和 VAR 模型具有较高的短期预测精度；③时间序列模型和 VAR 模型都具有容易使用的优点。即使对于不精通模型理论的分析人员，也可以根据选定的模型选择准则(如 SIC 准则、AIC 准则)，自动生成最优模型。

从预测对象来划分，预测模块主要是监测预警模块的输出，即对先行指数、一致指数、综合警情指数，以及其他重要指标进行预测(图 7-3)。在基于先行指数的预测中，主要采用两种方法：一种是利用先行指数对一致指数的领先性质，直接根据先行指数的图形推测一致指数走势；第二种是建立 probit 和 logit 二元选择模型，对先行指数未来出现拐点的概率进行预测。在基于一致指数的预测中，也有两种方法：第一是直接对基准指标建立 ARIMA 模型、ADL 模型或 VAR 模型，推测基准指标的未来值；第二是预测一致指数，先分别对一致指标建立 ARIMA 模型、ADL 模型或 VAR 模型，预测每个指标的未来值，再利用预测出来的未来值合成新的一致指数，从而得到一致指数的预测值，用以对比现有的先行合成指数，观测先行合成指数相对一致合成指数的先行性在预测期是否稳定。基于景气信号灯的预测与基于一致指数的预测思路类似。先分别对单个信号灯指标建立 ARIMA 模型、ADL 模型或 VAR 模型,预测每个指标的未来值,再利用预测得到的未来值计算新的综合警情指数,从而得到综合警情指数的预测值和灯号,用以判断未来经济走势的冷热和均衡。

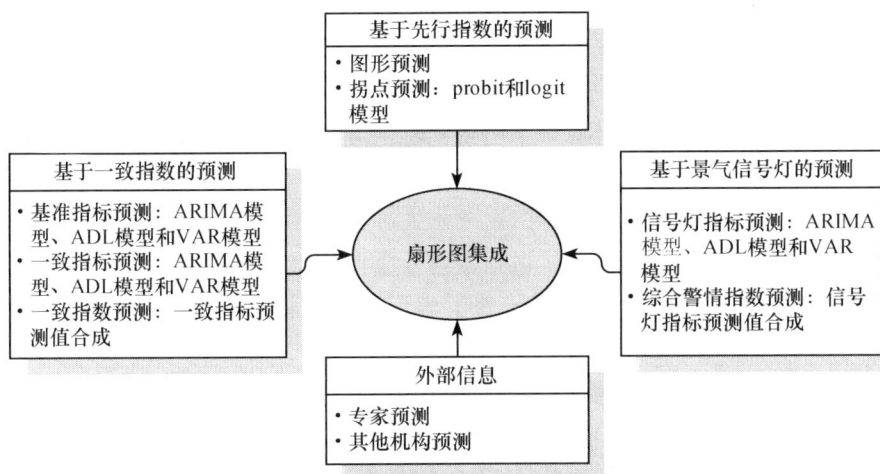

图 7-3　预测模块示意

预测模块采用了多种方法进行预测,这是借鉴了组合预测理论的思想。根据组合预测,每个模型都只是从某个方面去描述数据特征,因此,单一模型是无法抓住数据的全部特点的。但是,将若干简单模型结合起来应用,互相取长补短,往往可以得到比单个模型预测更好的效果。众所周知,经济是不可能准确预测的,相比一个精确的点预测,分析人员更关心的是预测的区间和概率分布,因此,预测模块采用了扇形图集成各种预测方法的结果。扇形图是一种主观概率分布图,它比点预测具有更多的信息含量,显示了不确定性,利用扇形区间的宽度,测量了不确定性的总程度,并且显示了中心预测存在的风险。由于扇形图属于集成技术的一种,其详细介绍安排在 7.2.4 节的集成模块设计中。

7.2.3　集成

在本章中,我们特别强调集成的重要性。这里集成的含义主要指汇总监测预警和预测的结果,形成最终的经济形势分析报告。由于基于不同的方法和数据,各个模块之间的结果并不一定完全一致,所以,集成的核心之一在于发现并消除结果之间的不一致性。由于不一致性可能存在于模块内或模块间,集成也包括模块内集成和模块间集成。

监测预警模块的集成目标是使得针对同一监测目标的合成指数、扩散指数和综合警情指数的结果一致。在一个合理的监测预警子系统中,这三者的结果是可以互相印证的。不仅合成指数和扩散指数对监测目标波动的峰谷识别应该一致，综合警情指数的形状和一致合成指数的形状也应该对应良好。举一个结果不一致的例子，经济增长一致合成指数表明当前处于景气的上升期，而先行合成指数认为景气繁荣将很快结束，进入景气的下降期；同时，先行扩散指数的分析结果却是繁荣期将持续很长一段时期；景气信号灯系统中的信号灯指标均处于正常状态，并没有预警信号发出。在这种情况下，决策者将很难判断未来经济走势。于是，集成模块可调用"因素分析"算法，计算单个经济指标的变化对最终指数变化的贡献率及变化方向。这样，可以发现造成先行合成指数和扩散指数得出矛盾结论的主要指标。这些指标按其贡献度大小排列，由分析人员决定是替换指标还是保留，或者调整指数合成算法中的权重，使得扩散指数与合成指数的结论一致。

预测模块的主要集成工具是扇形图。扇形图是目前宏观经济预测中使用较为广泛的集成工具。扇形图是一种主观概率分布图，它比点预测具有更多的信息含量，显示了不确定性。利用扇形区间的宽度，测量了不确定性的总程度，并且显示了中心预测存在的风险。它给出了预测分布最可能发生的结果和其他可能发生的结果的区域，显示了预测的风险性，给出的信息更多；而通常的预测图给出预测值（均值），有时给出 90% 的置信限，对风险描述不够。扇形图根据实际经济情况和一些经济假设，考虑标准差将来的变化，而传统预测图的标准差是根据历史预测得到，没有扇形图的标准差具有预测性。扇形图的分布考虑了风险的非对称性，而传统的预测分布是对称的（正态分布），没有考虑预测变量未来的上升或下行可能性的大小。由于没有专家数据，我们利用"两段正态分布"来模拟专家对于经济变量未来值最有可能发生的情况、不确定性和走向的看法，采用极大似然估计方法，估计出专家关注的几个变量：众数、不确定性和偏斜度，得到扇形图如图 7-4 所示。

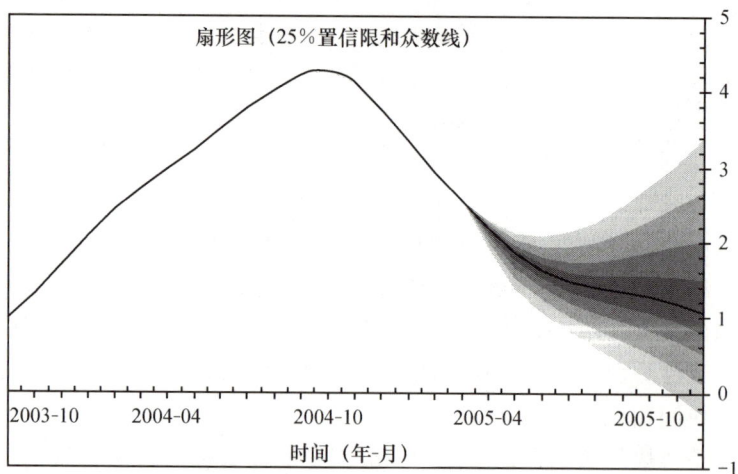

图 7-4　扇形图例子

模块间的集成建立在每个模块内部集成的基础上。虽然不同模块的目标并不一致,但彼此之间的结果也有重叠,比如监测预警模块和政策模拟模块也具备一定的预测功能,如果结果和预测模块差别太大,就需要寻找不一致的原因,看是否需要修正模型。探测不一致的方法也是基于"因素分析"算法。

7.2.4　系统化的决策支持构架

本节分别介绍了宏观经济监测预测预警系统按业务功能划分的主要模块及每个模块提供的方法和工具。监测预警模块包括统计报表生成工具、先行指标体系建设工具(包括合成指数和扩散指数)、景气信号灯建设工具;预测模块提供 ARIMA 建模、ADL 建模和 VAR 建模功能及指数合成工具;政策模拟模块提供宏观经济结构模型建模工具;集成方法提供针对指数模型和计量模型的因素分析算法及扇形图分析。通过各种方法的组合应用,宏观经济监测预测预警系统形成了一个系统化的决策支持构架,具体如图 7-5 所示。

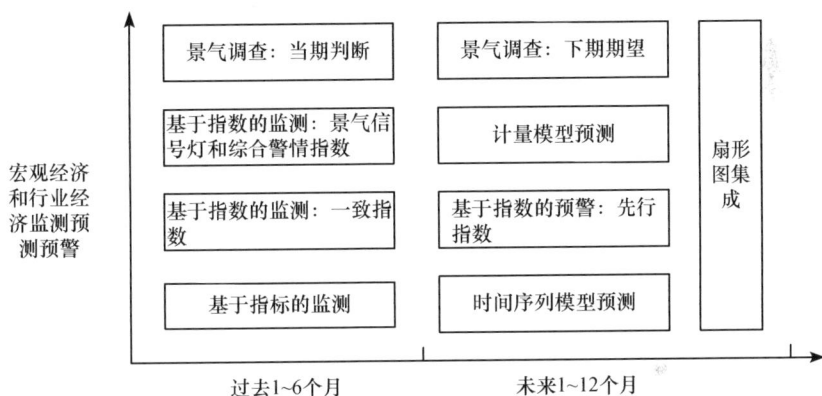

图 7-5　系统化的决策支持架构

通过先行指标体系,分析人员可以快速而及时地发现经济周期在一年之内的拐点。同时,景气信号灯清楚地表明了当前经济状态和短期内未来经济走势。因此,这两种工具主要用于经济监测和预警。计量模型描述了经济变量之间较为稳定的关系,但是计量模型假设经济结构不变,当用于描述经济拐点导致的结构变化期时,计量模型会出现较大的误差。因此,经济先行指标体系对拐点的判断有助于判断已有的计量模型是否适用,是否需要修正。

一年以内的短期预测的主要工具是 ARIMA 模型、ADL 模型和 VAR 模型。先行指标体系方法只能提供经济景气方向上的判断,并不能像计量模型或者时间序列模型一样提供量化预测,因此,预测需要这些模型提供定量估计来作为补充。这些不同的方法结合在一起使用,取长补短、互为补充、互相印证,形成了一个系统性的决策支持架构。

7.3　系统功能模块

本节基于7.2节系统需求分析结果和业务模型,综合各种业务工具的使用特性,设计并实现了一个具体的宏观经济监测预警系统。系统采用基于分析主题的设计思想。所谓分析主题,是用户要分析的经济中的某个特定方面,如经济增长分析主题关注与经济增长相关的方面,而通货膨胀分析主题下的分析都与通货膨胀相关。

系统的业务流程如图 7-6 所示。首先建立分析主题,确定要分析的经济问题并选择该经济问题下的基准指标。其次选择进行指标初选还是设定监测指标。若进行指标初选,则选好指标后,可以进行先行指标体系构建和信号灯体系构建;进行先行指标体系构建和信号灯体系构建后,可以进行单指标预测、合成指数预测、综合警情指数预测。最后可设定已建立的先行指标体系、信号灯体系和(或)监测指标为展示层展示结果。政策模拟作为相对独立的一个模块存在,可以配置要展示的政策模拟结果。

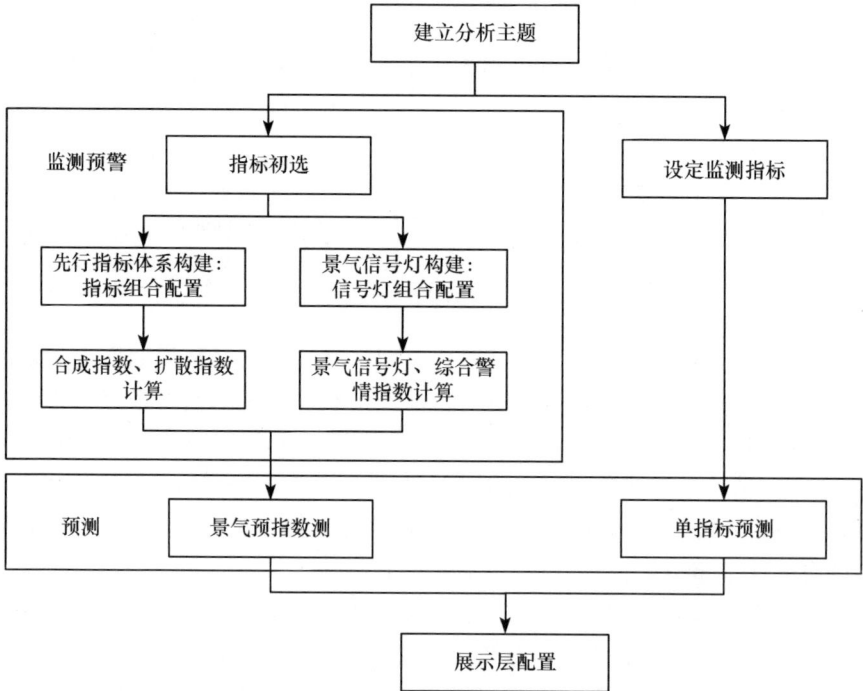

图 7-6　总体业务流程

系统在设计上可支持多套先行指标体系和景气信号灯体系,提供灵活的配置模式和支持用户定制的经济分析主题,采用操作层与展示层动态结合的技术,能够很方便地使多个分析人员协同进行景气分析与预警工作。整个软件平台建立在统一的系统动态配置与数据访问策略基础上,可提供灵活的功能访问权限设置和数据访问权限设置。根据用户分析需要,系统中可同时存在多个分析主题,每个分析主题包括唯一的一个基准指标、多套合成扩散指数配置和景气信号灯配置、多个合成扩散指数和多个景气信号灯系统,以及多个景气指数预测模型。软件系统平台的功能框架如图 7-7 所示。系统包含的功能模块包括配置与管理模块、基础工具模块、模型配置、主题分析和展示层配置。主题分析下包含了监测预警与景气指数预测、单指标预测。

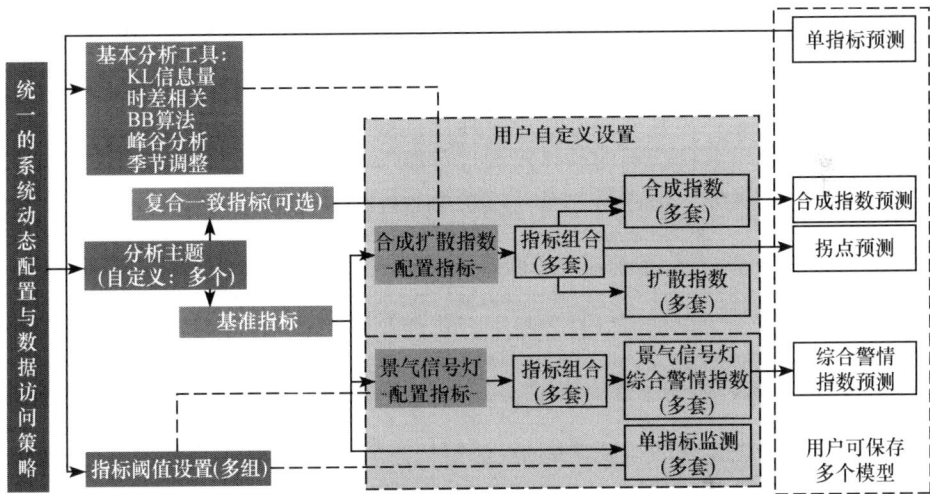

图 7-7 系统功能框架

7.3.1 配置与管理

7.3.1.1 系统管理

系统管理模块为管理员提供管理整个系统的功能,通过这个模块,用户(系统管理员)可以对用户、用户组、系统角色、数据库和分析主题进行管理。这一部分主要包括用户与权限管理、日志管理、系统配置与数据备份,以及分析主题管理。这部分功能目前只针对系统管理员组开放。

用户与权限管理为管理员提供对用户及用户组进行添加、修改、删除及编辑的功能。同时,系统可以对用户组进行权限设置使之具有不同的系统角色。

日志管理部分主要为管理员提供对用户登录及系统操作的一些历史信息,使管理员可以清楚了解到系统的使用情况。

系统配置与数据备份部分为管理员提供对数据库连接方式进行设置,以及进行数据备份和恢复的功能。

分析主题管理部分为用户提供设定新的分析主题及对已有主题进行查询的功能。

7.3.1.2　数据管理

数据管理是本系统运行的基础,本模块的主要功能是为系统运行的各类指标进行初始化设置及对指标数据进行相应的管理,主要包括经济指标设置、指标数据管理。

经济指标设置:这一部分主要为系统运行的各类指标进行初始化设置。例如在指标类别里设置系统运行的指标分类;在指标信息里设置系统运行所需要的具体指标,包括指标代码、指标名称、组名称、单位等。用户还可以为指标设定属性;设定系统指标数据提供者的代码及其名称;对指标数据调整进行设置,系统推荐的指标数据调整是对某些指标的具体属性进行加 100 处理。

经济指标设置模块里的每一个子模块中为指标设定的内容都可以根据用户自己的需要进行增加、修改、删除操作。

指标数据管理:这一部分为用户提供月度、季度和年度数据的导入导出,以及数据录入的功能。用户也可以对数据进行查询及修改。

7.3.1.3　经济模型管理

经济模型管理模块的主要功能是:模型信息管理和模型估计管理。经济模型管理工作是基于主题的分析功能模块实现的,为所有的主题分析提供公共的模型管理机制。

(1) 模型信息管理。模型信息主要包括模型的经济意义和模型结构。这里的模型结构主要指一个计量经济模型的形式,包括模型由哪些经济变量组成,这些经济变量间的关系怎样体现为方程或方程组的,模型采用哪种估计算法等信息。一个计量经济模型可能由一个方程组成(如单方程模型和评价方程模型),也可能由多个方程组成(如 VAR 模型和 VECM 模型)。在这里需要对各种经济模型的信息进行统一的管理。

(2) 模型估计管理。模型参数估计是基于经济计量模型的经济分析与预测的重要环节的。在大部分情况下,使用计量模型进行分析之前需要对模型进行重新估计。一个计量模型可能有多个参数估计,模型估计相关信息包括样本区间、变量处理、参数取值、模型检验统计量、计算时间、计算人及用户提供的说明性信息等。同一模型对不同经济问题和不同的样本数据可能产生不同的实证结论,即会有不同的参数估计和检验结果。模型估计管理提供对上述信息的查询和维护功能。

7.3.2 基本分析工具模块

基本分析工具模块的主要功能是对选定指标与基准指标进行定性和定量综合分析,判断指标相对于基准指标的先行、一致和滞后性。它包括指标分析和复合一致指标两个部分。

(1) 指标分析。这一部分是对用户选定指标与基准指标进行定性和定量的综合分析,即计算选定指标和基准指标的相关性。例如,KL 信息量通过计算选定指标从后退 12 阶至前进 12 阶与基准指标的 KL 信息量值,并从中选取最小的 KL 信息量对应阶数,作为该指标与基准指标的先行或滞后阶数;时差分析通过计算选定指标从后退 12 阶至前进 12 阶与基准指标的相关性,并从中选取最大的相关性对应阶数,作为该指标与基准指标的先行或滞后阶数;BB 算法分析通过使用 BB 算法计算出选定指标和基准指标的峰谷,并通过峰谷对应确定选定指标和基准指标的对应关系;峰谷图形分析实现任意指标组合的图形比较功能;X12 季节调整算法和 DFA 算法实现对任意单个指标的季节调整功能。此外,还提供格兰杰因果检验、协整检验、单位根检验等工具。

在系统中,不仅选定指标是可变的,基准指标也是可变的,以满足用户的不同需求。

(2) 复合一致指标。在这一部分,提供复合一致指标的功能。用户可以在选择一个基准指标的情况下,选择一些指标进行复合一致指标的计算,以备在指标分析和指标合成中,作为"基准指标"调用。

7.3.3 模型配置

模型配置功能模块为用户提供了动态设置模型的功能。用户可以根据自己的需求,灵活地对指标组合进行选择及设置。它包括主题分析管理、指标配置、指标组合设置、景气信号灯设置、景气预测模型设置。

(1) 主题分析管理。主题分析管理包含新建主题、主题信息修改、删除主题等功能。它可以对主题进行功能设置,主题下可选的功能设置包括单指标监测、合成指数、扩散指数、景气信号灯、景气预测。在主题分析管理中每添加一个主题,"主题分析"模块下就会出现这个新建主题的相关页面。

(2) 指标配置。这一部分基于指标分析,对所分析的指标根据先行、一致、滞后的性质进行分类,组成某一主题下的指标分类体系。

(3) 指标组合设置。这一部分为用户提供选取合成指数及扩散指数所用指标组合,包括添加和删除指标。同时,系统会设定几组推荐的用于合成指数和扩散指数计算的指标组合供用户选取。

（4）景气信号灯设置。在此模块里，用户从设定的 14 个待选指标中选择 10 个指标，设置它们作为景气信号灯的最终指标组合，并从预先设定的四套指标阀值（经济理论、国际惯例、人工经验、统计特征）中选取采用的阀值组合。

（5）景气预测模型设置。这一部分不仅向用户提供对预测结果进行查询和分析的功能，还可以让用户分别设置预测模型中每个指标的预测参数。具体提供的预测模型包括基于 ARIMA 模型的单指标预测、合成指数预测、综合警情预测、Probit、Logit 拐点预测。

7.3.4 主题分析

在模型配置模块中，用户对主题进行了定制。在主题分析模块中，用户可链接到单个主题，操作单个主题下定制好的功能。下面以预设定的经济增长主题为例，对主题下提供的具体功能进行讲解。

假设设定的经济增长主题包括单指标监测、合成指数、扩散指数、景气信号灯和景气预测 5 个功能点，设定工业增加值为基准指标，则可以通过经济增长分析主题链接到合成指数页面，利用指标组合配置中配置好的指标组合进行合成指数计算和分析。系统提供的合成指数分析功能包括 BB 算法、峰谷图形分析等。合成指数的计算结果可保存，也可通过经济增长分析主题链接到扩散指数页面，通过选择指标组合配置中配置好的指标组合进行扩散指数计算和分析；类似地，我们可以通过该主题链接到景气信号灯页面，选择信号灯组合设置中配置好的指标组合和阀值生成的信号灯图形、综合警情图形及综合警情因素分析的结果。在该主题的单指标监测页面下，用户可以选择添加要单独监测的指标，采用的监测方法同信号灯对入选指标进行阈值的设定与分析。在该主题的景气预测页面下，用户可选择与经济增长相关的单指标建立 ARIMA、ADL 或者 VAR 模型，也可建立对选定的合成指数或综合警情指数预测的模型，以及 Probit、Logit 拐点模型。模型建立后，可进行模型估计和预测，并可保存预测结果。

7.3.5 展现层配置

展现层与操作层功能不同，展现层系统是专门为察看操作层结果而建立的，数据来源于操作层的结果，展现层的用户在展现层仅能查看经济、金融变量的走势及景气监测结果，而不能进行修改。展现层主要分为三大部分：吉林省经济走势、全国经济走势以及其他省市经济走势。使用者进入每一部分，都能查看到当前选定区域里的各种经济指数、指标的图形、图形说明，用户自己也可以在登录系统后，发表相关的评论。要说明的是，在其他省市经济走势部分，使用者只能查看原始指标，而不能查看经过计算得到的合成指数、扩散指数等指数。

展现层定制主要包括以下功能。

（1）监测指标展示。供用户设置要展示的重要经济指标的走势和冷热状况，用户可对具体指标的具体展示形式（饼状图、柱状图等）进行设定。

（2）不同分析主题的预警和预测结果展示。展现层主题设置部分供用户设置展现层要展示的分析主题，设定主题后，可设置要展示的先行指标体系计算结果、景气信号灯结果、综合警情指数结果、预警指数的预测结果及系统生成的评论；同时，还可以展示多维预警的结果。

（3）经济报表展示。供用户设置要展示的具体报表。

7.4 系统实现与关键技术

示例系统采用基于 Net Framework 2.0 平台四层架构的设计，由数据访问层、业务逻辑层、业务外观层、网络界面层组成，如图 7-8 所示。EWS Data Base 为系统数据库，采用 Microsoft SQL Server 2000 数据库管理系统。数据访问层采用单例模式提供数据对象的访问。业务逻辑层主要提供系统所需要的各种指标分析、指数计算和预测方法。业务逻辑层中的预测模型建模功能采用调用本地控制

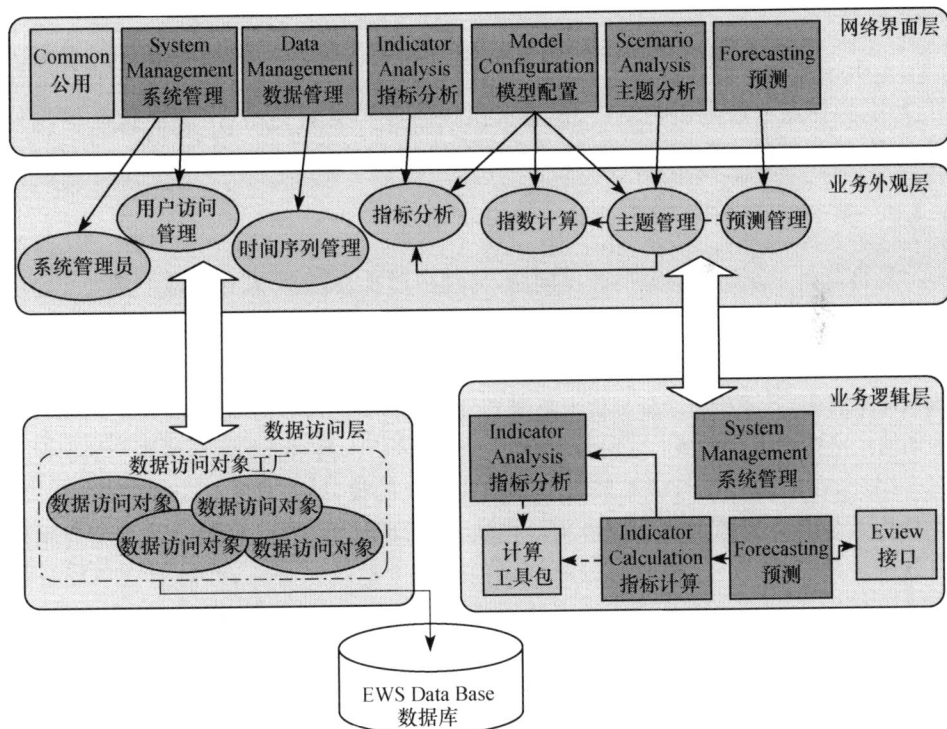

图 7-8 系统架构图

台 Evews 接口的方式实现。业务外观层调用数据访问层和业务逻辑层相应的对象和方法,响应来自于网络界面层的客户的请求。在网络界面层采用"用户菜单/导航技术"方便用户操作;采用"用户控件技术"实现快速的模块化开发。

系统的主要特点包括以下几个方面。

(1) 用户界面。界面友好,用户在使用时能够清楚自己每一步操作具体在做什么,并明白该操作的结果,避免发生大的失误。

(2) 开放性。因预警理论仍在不断发展,中国经济的特点也在发生变化,必须保证系统具有追加性,根据情况变动进行修改。系统风格一致便于后期开发人员理解代码、修改系统并追加功能。

(3) 交互性。根据用户特殊情况,软件使用时保证用户能够积极参与,软件对于用户操作分别有具体的响应,能读取用户的要求,做出正确的判断响应。

(4) 数据兼容性。因系统有一部分是对数据库进行处理,需反复调用数据、计算数据、存储数据,并考虑到数据库类型繁多,所以系统应能处理不同类型数据库,具有较强的兼容性。

(5) 动态处理。系统要处理的数据经常变动,数据量又大,需采用有效的算法,对各种数据进行处理。在数据库数据扩容之后,能自动判断数据量并对数据进行处理。

系统在实现中涉及许多关键技术,具体包括基于主题与分析工具相结合的分析模式、操作层与展现层相结合、预定义模板与客户定制相结合、智能化建模与分析支持,以及集成式数据与权限管理。

7.4.1　基于主题和分析工具相结合的分析模式

经济分析主题指待研究的经济问题,如经济增长、通货膨胀和房地产景气。经济分析工具指经济分析采用的理论体系与模型方法,如先行指标体系、时间序列模型和单方程模型等。经济分析主题与经济分析工具是宏观经济分析的两个维度。在分散的软件系统中,只能按照经济分析工具来划分经济分析的内容,如利用时间序列模型对不同的经济指标进行预测。这种分析模式不利于分析人员对分析问题整体上的把握。

因此,在面向宏观经济的监测预测预警系统的设计中,应采用分析主题和分析工具相结合的分析模式。在经济预测模块,有时间序列模型、宏观经济模型等不同的分析工具,在这些工具下,可以对不同的经济主题进行分析,并可对比不同分析工具产生的分析研究结果进行统一评价,形成集成式的宏观经济分析与预测模式。尤其是在"宏观经济计量模型"模块,对于选定的经济主题,可以选择不同的建模方法(如 ADL 模型、ECM 模型、VAR 模型等)进行分析。

在经济预警模块,可采取以某一经济问题的研究(如经济增长、通货膨胀,或者一些重点行业)为中心构建先行指标体系,利用不同的指数合成工具和指数预测工具进行分析研究,可对比不同分析工具产生的分析研究结果并进行统一评价,形成集成式的宏观经济预警模式。

7.4.2　操作层与展现层相结合

用户对数据和分析结果的展现也具有较高的要求。针对这一点,新系统应特别提供丰富的结果展现功能和灵活的报表生成功能。除了面向业务人员分析和建模的操作层外,系统还将开发专供高级用户和领导使用的展现层。展现层可以清晰地展现业务人员和专家对经济形势的分析,而无须了解具体的业务细节。

在技术实现上,采用计量工具,以 Windows Service 或 Web Service 的形式发布在经济监测预测预警系统上,供展现层和操作层共同调用。

7.4.3　预定义模板与客户定制相结合

在统计图表生成和经济模型建模功能设计中,系统的易用性与操作的灵活性往往会产生矛盾。Eviews 等专业计算软件可对统计图形和模型进行灵活的定义,但在操作上往往比较复杂,用户需要手工进行一些重复性操作。而嵌入信息系统的模型在操作上很方便但在复杂的模型修改方面会有所欠缺。监测预测预警系统的设计采用定义模板和客户定制相结合的方式,提供丰富的建模与统计图表生成设置接口,在此基础上提供常用的模型和统计图表模板,方便用户批量操作。同时,系统提供用户对模板的修改功能,使系统兼容未来可能存在的业务上的改变。

7.4.4　智能化建模与分析支持

智能化建模支持指用户可通过设定一定的参数,来自动对模型进行选择或验证。例如,从用户指定的序列中选出满足某些统计规格要求的序列;或者根据指定的参数,自动匹配 BB 算法得到峰谷,进而计算两个序列间的先行性质等。对经济状况的智能分析指系统可根据一些先验性的知识对景气分析结果或指数计算结果进行分析。例如,根据某一指标组合计算得到的先行、一直、滞后指数的走势,自动提供对近 12 个月经济形势的描述。

7.4.5　集成式数据与权限管理

建立统一的集成式数据管理机制,所有宏观经济数据实现统一管理、统一更新,减少经济分析人员的重复性劳动。对不同来源的数据建立索引,在不改变数据的存储位置的前提下进行统一管理。系统数据的主要来源是未来的宏观经济数据库,其他数据来源包括已有的分析报告文档和已存在的系统数据库。对于不再使用的系统的数据库,可采取一次性迁移的办法,对于仍然使用的数据库需要采用建立同步机制、定期批量更新的方法与策略。集成式数据管理为应用系统和数据库系统间建立起统一控制策略,相应地,用户对应用系统的访问及由此引发的对数据库系统的访问权限也需要进行统一管理和控制。集成式数据与权限管理的总体要求是对数据库访问及用户操作权限进行集中管理,要求在系统运行期间不需要重新更改和编译源程序就能够实现对数据来源、数据内容和用户操作权限的动态管理。

7.5　应用实例分析

本节以中国科学院预测科学研究中心与中国人民银行总行合作的中国宏观经济金融监测预警系统为例,演示如何利用系统对吉林省经济增长分析主题进行监测预测与预警。业务流程遵循图 7-6。囿于篇幅,本节省略了景气预测和政策模拟部分。

7.5.1　建立分析主题

首先在系统中新建一个名为"经济增长分析"的分析主题(图 7-9)。该主题的基准指标是吉林省工业增加值当期同比数据,主题下包括合成指数、扩散指数、景气信号灯和单指标监测功能。

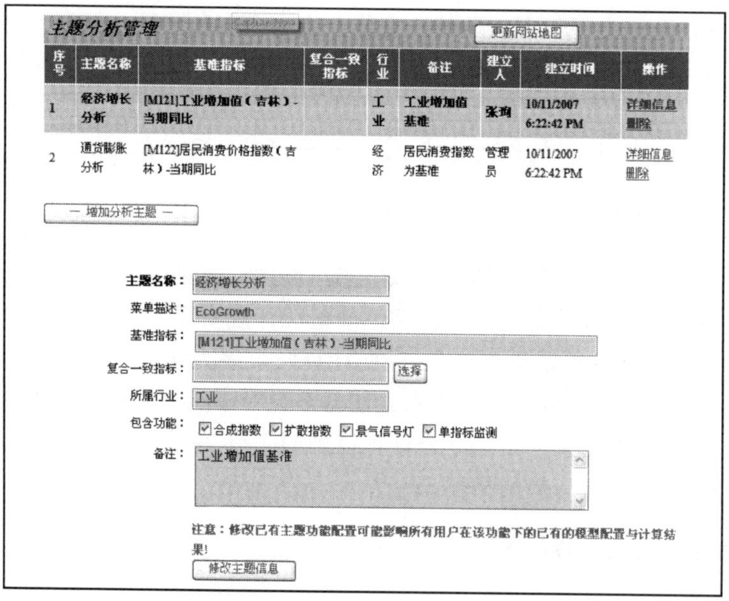

图 7-9　新建分析主题

7.5.2　指标初选:判断指标先行性

利用系统提供的基本工具,计算待选指标与基准指标的时差相关系数、KL 信息量(如图 7-10 所示),对符合 KL 信息量和时差相关系数满足一定条件的指标,进一步分析其与基准指标的峰谷对应关系(如图 7-11 所示),最后根据统计量和峰

谷对应配置指标(如图 7-12 所示)与基准指标的先行/一致/滞后关系,以及各指标
与基准指标对应的和对应的好/一般/不好水平。

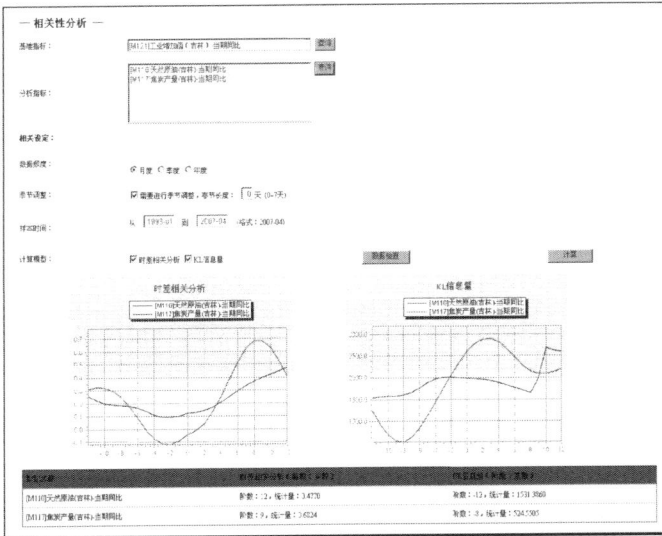

图 7-10　相关性分析

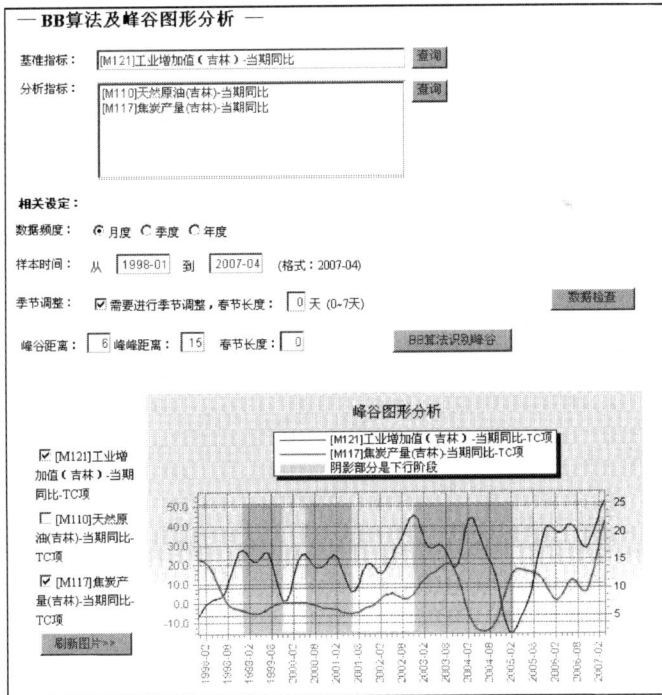

图 7-11　BB 算法及峰谷图形分析

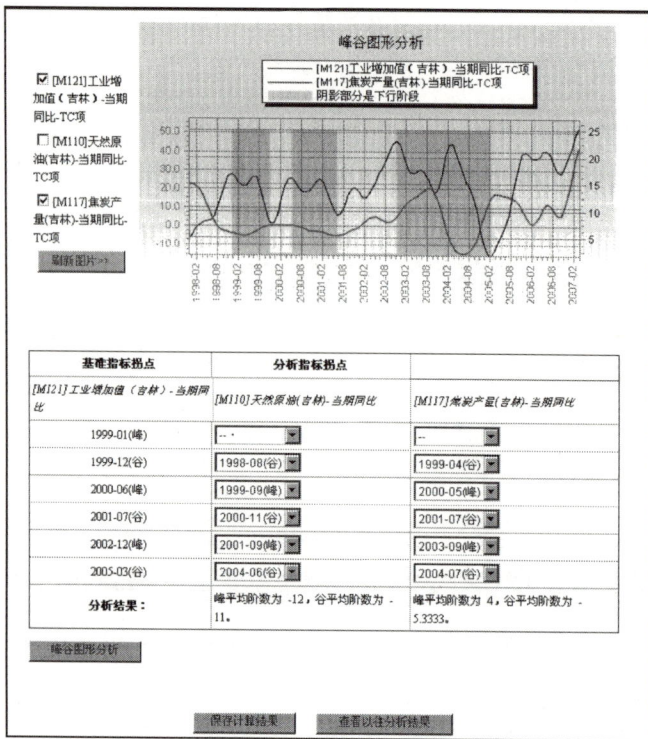

图 7-11　BB算法及峰谷图形分析(续)

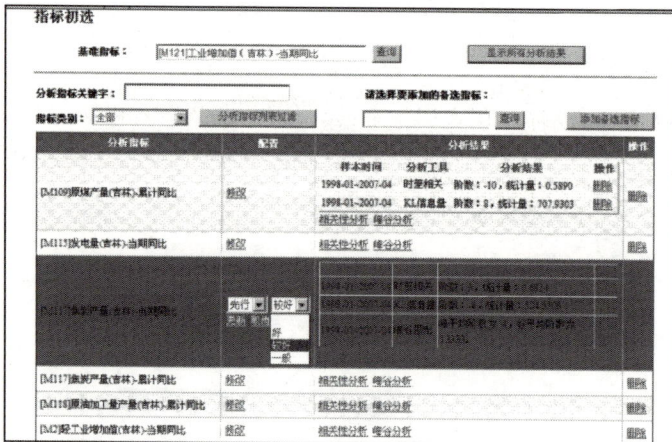

图 7-12　指标配置

7.5.3　先行指标体系构建

　　一个经济主题下可以有多套先行指标体系,每套先行指标体系均可用于计算合成指数和扩散指数。每一套先行指标体系以指标组合的形式保存在系统中。新建一个名为"经济增长"的组合后,修改指标组合中包含的先行、一致和滞后指标。只有用户配置为"先行"的指标才会被允许作为指标组合中的先行指标,一致和滞后指标同理。如果用户想进入指标组合删除或者添加指标,只需要在图 7-13 对应指标的选中框中选中删除或添加即可。指标组合建好后,点击"结束指标组合修改"即可保存。

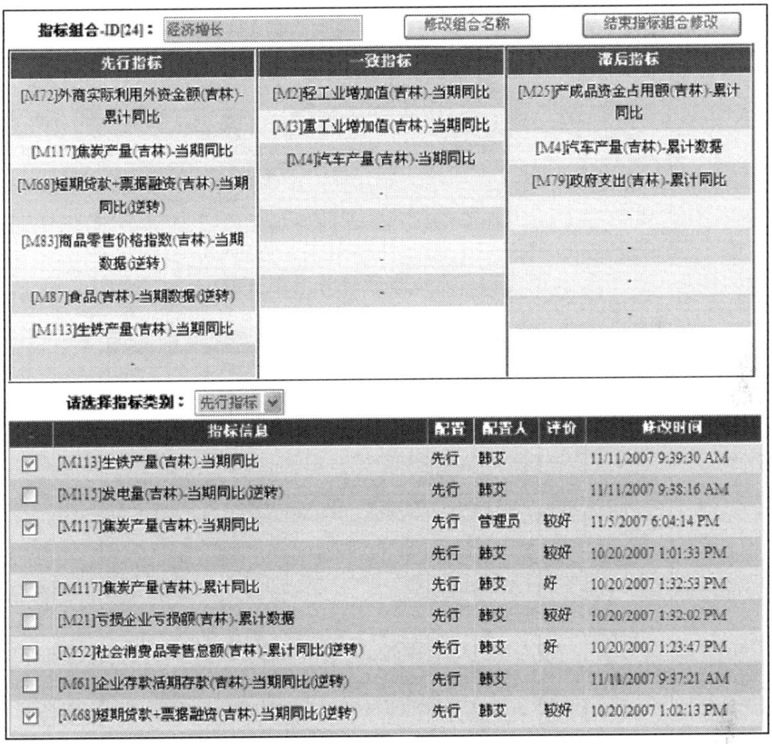

图 7-13 合成/扩散指标组合修改

指标组合修改结束后,可选定计算的样本期,根据指标组合计算得到合成指数或扩散指数。每一个合成、扩散指数的计算值都可以保存在系统中,以列表的方式供用户查看。而在具体的查看页面中(图 7-14 所示),分析人员可应用 BB 算法和峰谷图形算法分析指数。

7.5.4 景气信号灯指标体系构建

同一个经济主题下可以有多套信号灯指标体系,而每个信号灯指标体系以信号灯组合的形式保存在系统中。每一个信号灯指标组合可用于计算综合警情指数,其计算结果也可保存在系统中(如图 7-15、图 7-16 所示)。

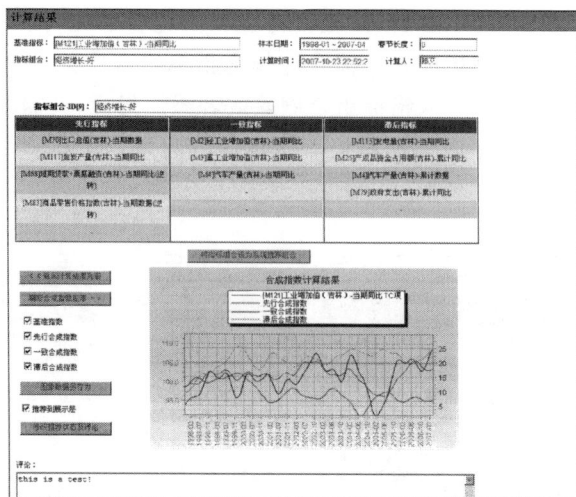

图 7-14　合成指数计算结果查看

图 7-15　信号灯指标组合配置

7.5.5　设定监测指标

在单指标监测页面中,可以配置重要经济指标的冷热阀值。如图 7-17 所示在经济增长主题下配置了汽车产量和工业增加值的冷热区间。

7.5.6　展现层分析结果设置

在展现层配置模块中可配置展示层的具体展示内容。如图 7-18 所示,要设置的展示主题是吉林省经济增长,选择展示合成指数和景气信号灯为计算结果。其

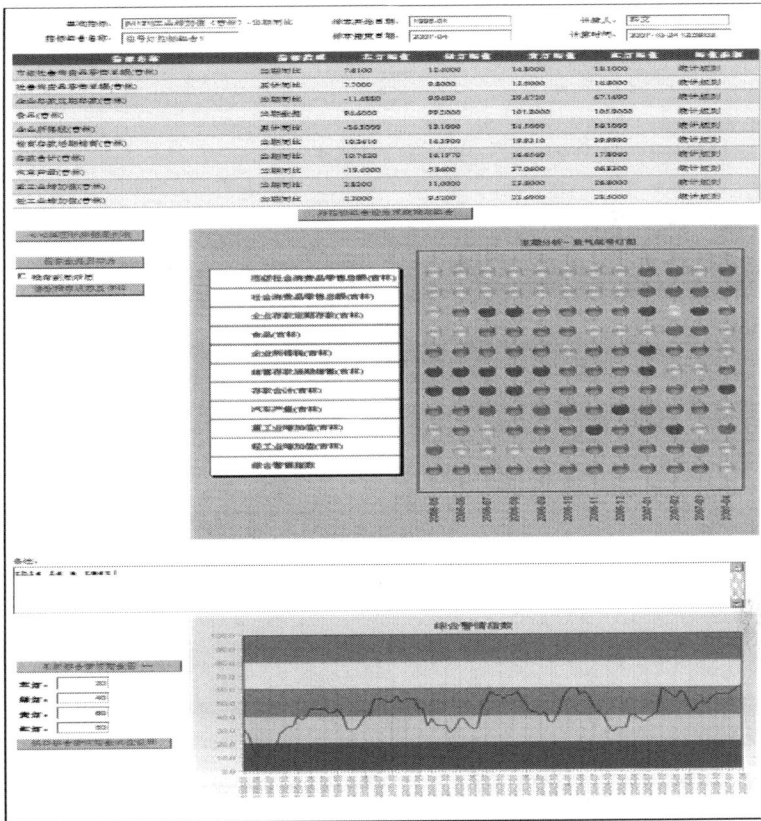

图 7-16 信号灯指标组合计算结果查看

图 7-17 单指标监测

中合成指数设置选择的指标组合名叫"经济增长-好"。另外,还设置在展现层中显示吉林省工业增加值的监测结果。

图 7-18　展现层配置

　　展现层最终的一个展示页面如图 7-19 所示。这是吉林省经济增长主题下,合成指数的展示页面。用户可选择查看先行、一致、滞后合成指数中的任一个。在图形下方,是自动生成的关于三个合成指数构成的说明和合成指数走势的介绍。

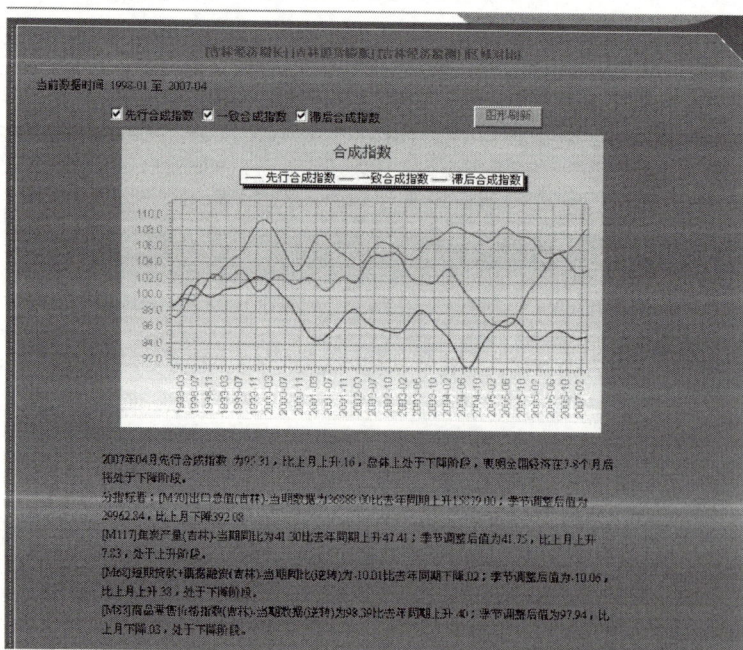

图 7-19　展现层页面举例

参 考 文 献

程建华,杨晓光.2006.构建面向宏观调控的决策支持系统.中国软科学,2:68~73

王恩德,陈飞,梁云芳.2008.辽宁省宏观经济景气分析系统的研究与应用.统计与决策,9:27~30

中国人民银行调查统计司.2006.时间序列 X-12-ARIMA 季节调整:原理与方法.北京:中国金融出版社

Hamilton James D. 1999. 时间序列分析. 刘明志译. 北京:中国社会科学出版社

Marcellino M. 2006. Leading indicators. Handbook of Economic Forecasting,1:879~960

Schips B,Wildi M. 2004. Signal extraction:A direct filter aproach and clustering in the frequency domain. Sydney:paper presented at the ISF conference

Schips B,Wildi M. 2005. Signal extraction:how(in)efficient are model-based approaches? An empirical study based on TRAMO/SEATS and Census X-12-ARIMA. Zürich:KOF working paper,04~96

Wildi M. 2004. Signal extraction:efficient estimation,unit roots and early detection of turning points. Lecture Notes in Economics and Mathematical Systems,547. New York:Springer Berlin Heidelberg

Wildi M. 2007. Real-time signal extraction,beyond maximum likelihood principles. New York:Springer Berlin Heidelberg

运行程序附录

附录 1　SW1 方法

运行环境:Eviews 软件

程序代码:

定义状态空间模型:需要说明的是,这里的例子采用了 7 个指标序列,因此定义了 7 个量测方程。具体的定义方法请参考 Eviews 软件的帮助文档。

```
dnc1=c(1) * swai+c(11) * swai1+dncu1
dnc2=c(2) * swai+c(21) * swai1+dncu2
dnc3=c(3) * swai+c(31) * swai1+dncu3
dnc4=c(4) * swai+c(41) * swai1+dncu4
dnc5=c(5) * swai+c(51) * swai1+dncu5
dnc6=c(6) * swai+c(61) * swai1+dncu6
dnc7=c(7) * swai+c(71) * swai1+dncu7
@state swai=c(81) * swai(-1)+c(82) * swai1(-1)+[var=1]
@state swai1=swai(-1)
@state dncu1=c(111) * dncu1(-1)+c(112) * dncu11(-1)+[var=exp(c(118))]
@state dncu11=dncu1(-1)
@state dncu2=c(121) * dncu2(-1)+c(122) * dncu21(-1)+[var=exp(c(128))]
@state dncu21=dncu2(-1)
@state dncu3=c(131) * dncu3(-1)+c(132) * dncu31(-1)+[var=exp(c(138))]
@state dncu31=dncu3(-1)
@state dncu4=c(141) * dncu4(-1)+c(142) * dncu41(-1)+[var=exp(c(148))]
@state dncu41=dncu4(-1)
@state dncu5=c(151) * dncu5(-1)+c(152) * dncu51(-1)+[var=exp(c(158))]
@state dncu51=dncu5(-1)
@state dncu6=c(161) * dncu6(-1)+c(162) * dncu61(-1)+[var=exp(c(168))]
@state dncu61=dncu6(-1)
@state dncu7=c(171) * dncu7(-1)+c(172) * dncu71(-1)+[var=exp(c(178))]
@state dncu71=dncu7(-1)
```

附录 2 FHLR1 方法

运行环境：Matlab

程序代码：

```
%
function S=cestimate(x,nfactors,w)
%define some useful quantities
[T,N]=size(x);
W=2 * w+1;
B=triang(W);
%compute covariances
S=zeros(N,N,W);
for k=1:w+1,
    S(:,:,w+k)=B(w+k) * (x(k:T,:))' * (x(1:T+1-k,:))/(T-k);
    S(:,:,w-k+2)=S(:,:,w+k)';
end
%compute the spectral matrix in W points(S)
Factor=exp(-sqrt(-1) * (-w:w)' * (0:2 * pi/W:4 * pi * w/W));
for j=1:N
    S(j,:,:)=squeeze(S(j,:,:)) * Factor;
end
%compute the egenvectors for all points(E)
[A,D]=eigs(S(:,:,1),nfactors);
S(:,:,1)=A * D * A';
for j=2:w+1,
    [A,D]=eigs(S(:,:,j),nfactors);
    S(:,:,j)=A * D * A';
    S(:,:,W+2-j)=conj(S(:,:,j));
end
for j=1:N
    S(:,j,:)=real(squeeze(S(:,j,:)) * conj(Factor).'/W);
end
```

附录 3 FHLR2 方法

运行环境：Matlab

程序代码：

```
%
%   prediction=onesidedprediction(x,nfactors,nn,nstaticfactors,h)produces the
h-step head prediction of the common components of a generalized dynamic factor model.
%   x is the matrix having on the columns the observed series,nfactors is the num-
ber of dynamic factors,nn is the Bartlett
%   lag-window size to use as input in the subroutine "cestimate",nstaticfactors
is the number of static factors.(see Forni,Hallin,Lippi,Reichlin,
%   The generalized Static factor model:one-sided estimation and forecasting
%
%
function prediction=onesidedprediction(x,nfactors,nn,nstaticfactors,h)
T=size(x,1);
covc=cestimate(x,nfactors,nn);
n=size(covc,3);
G=squeeze(covc(:,:,(n+1)/2));
S=cov(x)-G;
Gh=squeeze(covc(:,:,(n+1)/2+h));
clear covc;
[R,D]=eigs(G,diag(diag(S)),nstaticfactors);
H=(R' * (G+S) * R)^(-1);
K=Gh * R * H * R';
prediction=x(T,:) * K';
```

附录 4　变系数的 MS 模型的估计程序

运行环境:Gauss7.0

估计方法主要采用 Filardo 和 Gordon(1998)

介绍的方法[①]。

部分代码引用 Martin Ellison

下载地址:http://www2.warwick.ac.uk/fac/soc/economics/staff/faculty/ellison/software/

仅给出持久期依赖的变系数模型,解释变量包含先行指数及两者均包含的模型类似,这里不作赘述

```
/ * * * * * * * * * * * * * * * * * * * * * * * * * * * * * * * * * * * * * * * * * /
/*                                                                            */
/*                                                                            */
```

[①]　Filardo A J,Gordon S F.1998.Business cycle durations.Journal of Econometrics,85:99~123

```
/*      Inputs                                                        */
/*                                                                    */
/*      yz. dat         China CCI,t x 1 vector                        */
/*      sz. dat         business cycle dates,t x 1 vector             */
/*      li. dat         China CLI,t x 1 vector                        */
/*                                                                    */
/*      lag           number of lags                                 */
/*                                                                    */
/*      a             alpha prior                                     */
/*      Aa            alpha variance prior                            */
/*      g           gamma prior                                       */
/*      Ag            gamma variance prior                            */
/*                                                                    */
/*      loops         number of Gibbs samples                        */
/*      skip          number of samples to skip at start             */
/*      when          how often to update graph                      */
/*    Outputs                                                         */
/*      dup0          the duration of state 0                         */
/*      dup1          the duration of state 1                         */
/***********************************************/new;
cls;
library pgraph;
graphset;
pqgwin manual;
format 8,5;

/* Load data */
load y[210,1]=yz. dat;          /* CCI */
load s[210,1]=sz. dat;          *  business cycle dates */
load lead[210,1]=li. dat;        /* CLI */
y=y[6:210];
s=s[6:210];
lead=lead[1:205];
lead=lead-meanc(lead);
y=y-meanc(y);
y=y';
```

```
s=s';
lead=lead';
/* Settings and preliminaries */

lag=4;
loops=1000;
skip=100;
when=50;
t=cols(y);
xaxis=seqa(1,1,t)';
phis=zeros(lag,loops-skip);
as=zeros(2,loops-skip);
gs=zeros(3,loops-skip);
qs=zeros(t,loops-skip);
q10s=zeros(t,loops-skip);
q01s=zeros(t,loops-skip);
syav=0;
dup0=zeros(t,loops-skip);
dup1=zeros(t,loops-skip);


nber=s;

/* Prior for alzpha */

a=(-0.34|0.596902);/* estimate by y=s and c */
Aa=diagrv(zeros(2,2),(100|100));

/*  Prior for gamma  */

g=zeros(3,1);
g[1]=cdfni(1-0.95);
g[2]=0;
g[3]=cdfni(0.95)-g[1];
Ag=diagrv(zeros(3,3),100 * ones(3,1));

/*******************************************************/
/*  Start Gibbs sampling loop                          */
/*******************************************************/
```

```
k=1;
do until k>loops;

/*******************************************************/
/*  STEP 1a:draw non-switching phi parameters(F&G 4.2.1)      */
/*******************************************************/

/* Condition data on mean,define exogenous and endogenous variables */

yt=y-a'(ones(1,t)|s);
x1=yt[lag:t-1];
i=2;
do until i>lag;
        x1=(x1|yt[lag+1-i:t-i]);
        i=i+1;
endo;
y1=yt[lag+1:t];

/* Estimate and define residuals */

phi=invpd(x1 * x1') * (x1 * y1');
Aphi=invpd(x1 * x1');
e=y1-phi'x1;
Vy0=t-lag;
Sy0=Vy0^-1 *e *e';

/* Make a draw for the residual variance from inverted gamma distribution */

Syd=((Vy0/2) * Sy0. * (rndgam(1,1,Vy0/2))^-1);

/* Make a draw for the phi parameters from normal distribution */

phid=phi+chol(Syd. *.Aphi)'* rndn(lag,1);

/*******************************************************/
/*  STEP 1b:draw switching alpha parameters(F&G 4.2.1)       */
/*******************************************************/
```

```
/*  Condition data on phid,define endogenous and exogenous variables    */


x1=y[lag:t-1];
s1=s[lag:t-1];
d1=ones(1,t-lag);
i=2;
do until i>lag;
          x1=(x1|y[lag+1-i:t-i]);
          s1=(s1|s[lag+1-i:t-i]);
          d1=(d1|ones(1,t-lag));
          i=i+1;
endo;
s1=s[lag+1:t]-phid[.,1]'s1;
d1=1-phid[.,1]'d1;
y1=y[lag+1:t]-phid[.,1]'x1;
x1=(d1|s1);


/* Estimate */


a=invpd(x1 * x1') * (x1 * y1');
Aa=invpd(x1 * x1');


/* Draw alpha from truncated normal distribution */


ad=zeros(2,1);
do until ad[2]>0;
          ad=a+chol(Syd. * .Aa)' * rndn(2,1);
endo;
a=ad;


/*****************************************************/
/*  STEP 2:draw state variable(st)recursively(F&G 4. 2. 2)        */
/*****************************************************/


q=zeros(1,t);
p=zeros(1,t);
zp10=zeros(1,t);
```

```
zp01=zeros(1,t);
/************************/
q11s=zeros(1,t);
q00s=zeros(1,t);
/************************/
/* Calculate smoothed probabilities q=prob(s[i]=0)and p=prob(s[i]=1)… */

i=t;
do until i<lag+1;

        /* …conditional on s[i-1] … */

        latent=-g[1]-g[2] * lead[i-lag]-g[3] * s[i-1];
        q[i]=cdfn(latent);
        p[i]=1-cdfn(latent);

        /* …conditional on s[i+1]… */

        if i<t;
                latent=-g[1]-g[2] * lead[i-lag];
                if s[i+1]==0;
                        q[i]=q[i] * cdfn(latent);
                        p[i]=p[i] * cdfn(latent-g[3]);
                else;
                        q[i]=q[i] * (1-cdfn(latent));
                        p[i]=p[i] * (1-cdfn(latent-g[3]));
                endif;
        endif;

        /* … conditional on y[i] and s[j] for j<>i … */

        /* m is maximum number of lagged observations */

        if i>t-lag;
                m=t-i;
        else;
                m=lag;
```

```
        endif;

        s1=s;
        s2=s;
        s1[i]=0;
        s2[i]=1;
        c=0;
        do until c>m;
                z1=y[i+c]-a'(1|s1[i+c]);
                z2=y[i+c]-a'(1|s2[i+c]);
                j=1;
                do until j>lag;
                        z1=z1-phid[j]'(y[i+c-j]-a'(1|s1[i+c-j]));
                        z2=z2-phid[j]'(y[i+c-j]-a'(1|s2[i+c-j]));
                        j=j+1;
                endo;
                q[i]=q[i] * exp(-0.5 * (z1)' * inv(Syd) * (z1));
                p[i]=p[i] * exp(-0.5 * (z2)' * inv(Syd) * (z2));
                c=c+1;
        endo;

        /* Final definition of smoothed probabilities */
        zp10[i]=q[i];
        zp01[i]=p[i];
        q[i]=q[i]/(q[i]+p[i]);
        p[i]=1-q[i];

        /* Draw state st from uniform distribution */

        r=rndu(1,1);
        if r<q[i];
                s[i]=0;
        else;
                s[i]=1;
        endif;

i=i-1;
endo;
```

```
/* Store results */

if k>skip;
        qs[.,k-skip]=q';
         q10s[.,k-skip]=zp10';
         q01s[.,k-skip]=zp01';
        phis[.,k-skip]=phid;
        syav=syav+syd;
        as[.,k-skip]=a;
endif;
/***********************************************************/
/*  STEP 3:draw latent variable(ststar)(F&G 4.2.3)         */
/***********************************************************/

sstar=zeros(1,t);

/* Draw sstar from truncated normal */

i=lag+1;
do until i>t;
        latent=g[1]+g[2] * lead[i-lag]+g[3] * s[i-1];
        r=rndn(1,1);
        if s[i]==0;
                do until latent+r<0;
                        r=rndn(1,1);
                endo;
        else;
                do until latent+r>0;
                        r=rndn(1,1);
                endo;
                endif;
sstar[i]=latent+r;
i=i+1;
endo;


/***********************************************************/
/*  STEP 4:calculate posterior gamma distribution(F&G 4.2.4)    */
/***********************************************************/
```

```
/* Define exogenous variables */

W=(ones(1,t-lag)|lead[1:t-lag]|s[lag+1:t]);

/* Estimate */

Ag1=invpd(invpd(Ag)+W * W');
g1=Ag1 * (invpd(Ag) * g+W * sstar[lag+1:t]');

/*  Draw gamma from normal distirbution  */

g=g1+chol(Ag1)'rndn(3,1);
Ag=Ag1;



/* Print intermediate results */

locate 1,1;
print "Pass no. " k;
if k>skip;
        gs[.,k-skip]=g;
        if fmod(k,when)==0;
                print "********************************* ";
                print "Intermediate results";
                print "********************************* ";
                print "alpha"(meanc(as[.,1:k-skip]')~ stdc(as[.,1:k-skip]'))';
                print "********************************* ";
                print "phi"(meanc(phis[.,1:k-skip]')~ stdc(phis[.,1:k-skip]'))';
                print "********************************* ";
                print "g"(meanc(gs[.,1:k-skip]')~ stdc(gs[.,1:k-skip]'))';
                print "********************************* ";
                print "Sy" syav/(k-skip);
                 begwind;
                _ptitlht=0.8;
                window(2,1,1);
                title("nber dates");
                xy(xaxis[5:t]',nber[5:t]');
```

```
                    nextwind;
                    title("smooth probability");
                    xy(xaxis[5:t]',meanc(qs[5:t,1:k-skip]'));
                    endwind;


            endif;
endif;


/*********************** compute the duration ************************/
q11s=1-zp10;
q00s=1-zp01;


tt=1;
/***********the duration ********************/
N=6;
if k>skip;
do until tt>t-N;
ii=1;
do until ii>N;
paipi=1;
jj=1;
if jj<ii-1;
paipi=paipi * q00s[tt+jj];
jj=jj+1;
endif;
dup0[tt,k-skip]=dup0[tt,k-skip]+ii * (1-q00s[tt+ii]) * paipi;
dup1[tt,k-skip]=dup1[tt,k-skip]+ii * (1-q11s[tt+ii]) * paipi;
ii=ii+1;
endo;
tt=tt+1;
endo;
endif;


k=k+1;
endo;
```